개정 증보판

21세기에서 문화와 예술을 바라보다

음악·문화·예술·스포츠 편

개정 증보판

21세기에서 문화와 예술을 바라보다

음악 · 문화 · 예술 · 스포츠 편

강규형 지음

한국학술정보㈜

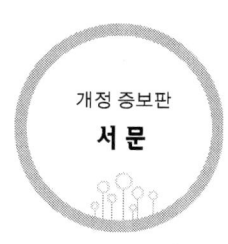

필자가 학위를 마치고 귀국했을 때는 IMF 구제금융 시기였다. 서울은 잿빛 도시로 보였고, 삶은 팍팍했다. 그 당시 낙(樂)은 대학교에서 강사이자 비정규직 연구교수로 나의 천직인 '선생님' 일을 하면서 가르치는 보람과, 문화적인 취미생활을 간간이 하면서 글을 쓰는 것이었다. 다행히 여러 언론매체와 음악잡지에서 글 청탁이 들어왔고, 그 이후 꾸준히 나의 글쓰기는 계속됐다. 어떤 때는 그동안 익힌 지식과 문제의식을 가지고 한국사회를 분석하고 나름대로 옳은 방향을 제시했던 사회비평을 했었고, 어떤 때는 초창기 힘든 생활 속에서도 문화를 향유하며 즐거운 글쓰기를 했었다.

동아일보, 조선일보, 중앙일보, 주간조선, 주간동아, 월간조선 등에 썼던 시사 칼럼들과 Classical CD Guide(구(舊) 월간음악), Choir & Organ, Stereo Music, Club Balcony와 같은 음악전문지와 월간 "미르", 인터넷 신문 "업코리아" 등에 썼던 음악칼럼을 비롯한 문화 이야기들을 모아보니 꽤 많은 분량이었다. 그래서 그중 선별된 글들을 가지고 21세기의 첫 10년을 정리·분석하고 기록을 남기는 차원에서 두 권의 책을 발간하게 됐다. 극히 일부분 오자교정이나 윤문을 하거나, 분량상 실리지 못했던 부분을 추가한 경우도 있지만, 대개는 원문을 그대로 살렸다. 제목도 그대로 살렸지만, 편집자의 의견에 의해 바꾸어진 제목 중 원래 의도와 약간 다른 경우는 저자의 원래 제목으로 바꾼 경우도 있다.

첫 번째 책 "21세기 첫 십 년의 기록: 정치·사회·국제·교육 편"

은 해당 분야에 관한 진지한 주제들을 다뤘고, 두 번째 책인 "21세기에서 문화와 예술을 바라보다: 음악·문화·예술·스포츠 편"은 문화, 예술, 스포츠 분야의 다양한 주제를 다뤘다.

그동안 여러 과목을 가르쳐 왔다. 그런데 '역사와 문명', '서양음악의 이해', '서양음악사', '현대세계의 이해' 같은 과목을 가르치며, 학생들에게 프린트물의 형태로 해당 글들을 나눠주는 것은 비효율적인 측면이 있었다. 그래서 이번 기회에 이 수업을 듣는 학생들에게 잘 정리된 수업교재용 책을 제공하는 것도 괜찮은 일이라 생각해서 책을 출간하는 의미도 있다. 초간본을 낸 후에 또 많은 글을 발표해서 그 글들을 포함한 개정 증보판을 내게 됐다.

그동안 필자의 글을 실어준 여러 매체들에 감사함을 느낀다. 그 과정에서 맺은 수많은 좋은 인연은 계속 이어져 오고 있고, 필자 인생의 큰 자산이다. 먼저 학문적인(또는 사적인) 토론과 대화를 통해 나의 지적 영감을 자극한 여러분에게 감사드린다. 필자의 나이를 초월한 "예술을 사랑하는 친구"들. 나의 사랑스러운 그리고 자랑스러운 제자들. 그리고. 이 책이 나오는 데 여러모로 도움 주신 언론계의 인사들과 귀중한 사진들을 제공한 크레디아와 마티에게도 감사를 표하고 싶다.

출간을 허락해 주신 한국학술정보(주) 채종준 사장님과 기획을 담당하신 이주은 님, 편집을 담당하신 김소영 님에게도 감사드린다. 무엇보다 여러모로 곤란했던 시절 필자에게 따뜻한 보금자리를 마련해 준 명지대학교에 느끼는 고마움은 각별하다.

마지막으로 5년 전 돌아가신 아버님과 나의 글의 가장 "열렬한" 애독자인 어머님과 가족에게 마음속 깊은 사랑과 존경을 보낸다.

2011년 8월 남가좌동 연구실에서
강규형

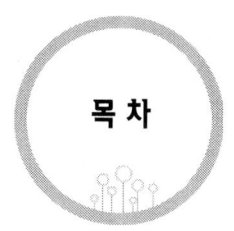

목차

01

음악

수백 년 전 작곡가들이 점령한 클래식 음악 세계와
현대음악의 현황

클래식 음악은 대중음악에 비해 그 시장이 훨씬 작다. 또 그동안 클래식 음악 시장을 떠받치고 있던 레코딩 산업은 인터넷 발달 등 여러 이유로 인해 위축되고 있다. 저명한 음악 평론가 노먼 레브레히트는 이러한 현상을 최근에 번역된 그의 책 <클래식, 그 은밀한 삶과 치욕스런 죽음>(The Life and Death of Classical Music: 장호연 역, 마티)에서 설득력 있게 설명한다.

하지만 全(전) 세계 주요 도시에서는 오케스트라 · 오페라 · 발레 공연은 물론, 독창회 · 독주회 · 실내악연주회 등이 거의 연중무휴로 계속된다.

서울도 마찬가지다. 표 한 장에 45만원이라는 초고가(超高價)가 매겨져도 베를린 필하모니 같은 초일류 교향악단 공연의 표는 일찌감치 매진된다. 예브게니 키신의 피아노 리사이틀은 예매 시작 5시간 만에 매진이 되고, 그의 연주에는 팝스타 못지않은 열렬한 환호가 쏟아진다.

몇 달 전 키신의 내한공연에서는 무려 30여 회의 커튼 콜과 10곡의 앙코르곡이 선사됐고, 연주회는 11시 반이 넘어서야 끝났다. 그 이후에도 팬들은 그의 사인을 받기위해 긴 줄을 서서 기다렸다. 결국 자정을 넘긴 12시35분이 지나서야 사인회가 끝났다.

클래식 공연은 비싸기도 하지만 싼 공연, 무료 공연도 많다. 그렇다면 클래식 음악은 아직도 생생히 살아 있는 것 아닌가?

재미있는 것은 인기 있는 클래식 음악의 레퍼토리 대부분은 20세기 이전 작곡가들에 의해 만들어졌다는 사실이다. 클래식 음악의 특징 중 하나는 '히트곡'의 생명력이 길다는 것이다. 수백 년 전 작곡된 바흐나 헨델의 음악은 물론, 그보다 훨씬 전의 중세음악도 아직까지 큰 인기를 누리고 있다. 대중음악의 히트곡들은 클래식 음악과는 비교할 수 없는 폭발적 인기를 누리지만 생명력이 비교적 짧다. 작년 이맘때 제일 인기 있었던 대중음악의 노래제목과 가수의 이름을 기억할 수 있는가?

여기서 몇 가지 의문이 생긴다. 왜 클래식 음악 작곡가들 중에서 옛날 사람들의 작품이 주로 인기를 유지하고 있는가? 이 세상의 많은 고전음악 중에 왜 유독 서양의 클래식 음악이 전 세계적인 인기를 유지하는가? 서양 클래식 음악의 미래는 어떨 것일까? 소위 얘기하는 현대 음악가들은 그들 선배가 누리는 인기를 얻을 가능성이 있는가?

서양음악의 절정은 바그너 · 말러

서양음악의 역사는 中世(중세)시대부터 시작한다. 고대에도 음악에 대한 사랑이 넘쳐났다는 것은 여러 기록이나 신화 등을 통해 확인된다. 네로 황제의 에피소드라든지 전설에 나오는 오르페우스의 애틋한 사랑 이야기에서 보듯이 음악이 애호됐다는 증거는 무수히 많다. 그러나 記譜法(기보법)이 발전되지 않은 관계로 우리는 당시 음악의 진면목을 알 수가 없다. 단지 추측만 할 뿐이다.

이런 상황은 중세시대에 들어와 변화했다. 서양 중세음악의 핵심은 교회음악이었다. 특히 기독교의 예배의식에서 음악은 중요한 위치를 차지했다. 예배를 위한 음악은 악보에 기록되면서 후세에 전해지게 됐다.

그레고리안 성가(Gregorian Chant)는 최초의 음악 기록이다. 수세기 동안 발전되어 온 교회의 성가를 교황 그레고리우스 1세가 600년대에 집대성했는데, 이 기록 덕분에 우리는 그 당시 음악을 완벽하게 재현할 수 있게 됐다. 무반주의 單聲音樂(단성음악 · monophony)인 그레고리오 성가는 그 단순함과 정갈함이 복잡한 삶을 사는 현대인들에게 안식을 주기 때문에 큰 인기를 끌고 있다.

그 후 기보법이 발전하고, 서양음악의 특징인 多聲音樂(다성음악 · 두 가지 이상의 선율이 동시에 불리는 음악, polyphony)이 발전하면서 서양음악은 다른 지역과는 차원이 다른 입체감을 가진 음악으로 발전했다. 이와 함께 춤곡을 위시한 세속적인 음악도 발전하면서 기보법으로 남기 시작했다.

서양음악은 르네상스 시대에 비약적으로 발전했다. 그 중심에 선 인물이 오늘날 프랑스 지역에서 태어난 조스캥 데 프레와 오늘날 이탈리아에서 태어난 팔레스트리나였다. 이들의 음악은 대단히 밀도가 높은 형태의 걸작이었고, 오늘날의 기준으로 봐도 전혀 손색이 없는 수준 높은 음악들이었다.

1600~1700년대 중반까지의 바로크 시대에도 음악은 발전을 거듭했다. 이 시기에는 소나타 · 협주곡 · 오페라 · 칸타타 등의 주요 음악 형태가 나타났다. 이탈리아가 음악의 중심지가 됐지만, 바로크 후기에는 오늘날 '(서양)음악의 아버지와 어머니'로 칭송받는 독일 태생의 바흐와 헨델이 음악 발전을 이끌었다.

그 후 하이든 · 모차르트 · 베토벤으로 대변되는 고전주의 시대와 슈베르트 · 슈만 · 멘델스존 · 바그너 등이 이끈 낭만주의 시대, 구스타프 말러와 리하르트 슈트라우스가 이끈 후기 낭만주의 시대에 대해서는 너무나 잘 알려져 있기에 여기서는 설명을 생략한다.

바그너의 오페라와 말러의 교향곡으로 서양음악은 和聲學的(화성학적)으로 절정에 이르렀고, "악보로 표현할 수 있는 것은 이미 다 한 상태"라는 평가도 생겼다.

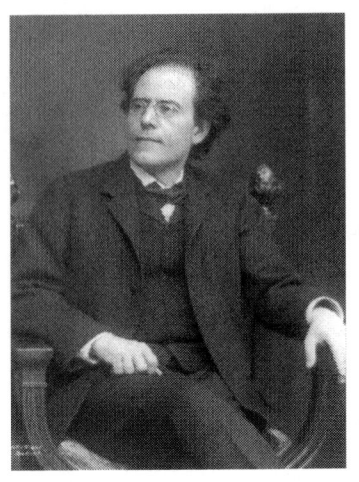

구스타프 말러

현대음악은 왜 사랑받지 못하나?

후기 낭만주의 시대를 넘어 20세기의 현대음악은 다른 양상으로 발전됐다. 현대음악의 지평을 여는 데 큰 영향을 미친 작곡가들은 프랑스에서 대거 나타났다.

그중 대표적인 사람이 클로드 드뷔시였는데, 당시로서는 혁신적인 화성과 리듬으로 탐미적이고 몽환적인 세계를 펼쳐보이면서, 음향에서 색채를 강조하는 인상주의 시대를 열었다.

드뷔시의 뒤를 이어 현대음악에 결정적 영향을 준 작곡가는 러시아에서 태어나 파리와 미국에서 주로 활동한 이고르 스트라빈스키였다.

20세기의 작곡가들은 현대인 내면의 불안과 고통 그리고 공포를 표현하기 위해 불협화음을 즐겨 사용하기 시작했다. 이러한 불협화음의 과도하고 원시적인 사용은 1913년 파리 초연 때 센세이션을 불러일으켰던 스트라빈스키의 '봄의 제전'에서 이미 파격적으로 시도됐으며, 이후 많은 작곡가들이 발전시켜 나갔다.

아마 '현대음악의 아버지'를 규정한다면 오스트리아 빈에서 활약한 유대계 작곡가 아르놀트 쇤베르크를 들 수 있을 것이다. 원래 후기 낭만주의적 작풍을 갖고 있던 그는 1908년경쯤 전통적인 調性(조성·主音 및 그 화음에 따라 결정되는 곡조의 성질)을 파괴하는 無調主義的(무조주의적) 음악을 시도했고, 피아노의 한 옥타브를 이루는 12음 모두를 한 번씩만 사용하는 12음 기법을 그의 제자들인 알반 베르크와 안톤 베베른과 함께 발전시켜 나갔다.

그러나 서양 고전음악사에서 현대음악은 대중으로부터 철저하게 외면 받고 있다. 극소수 마니아층을 제외하고는 난해한 현대음악을 멀리하고 있으며, 중세시대부터 후기낭만주의에 이르는 시대의 음악가들에게만 대중의 사랑이 집중되는 현상이 100여 년 동안 지속되고 있다.

그렇다면 왜 수백 년 전 음악가들의 작품만 인기가 있을까? 여기에는 여러 가지 설명이 있을 수 있다. 필자는 일단 그 이유의 단초를 현대음악의 前衛性(전위성)에서 찾고 싶다. 그렇지 않아도 복잡한 세상을 살면서 현대인들은 음악을 통해 치유를 받고 안식을 얻으려 하지, 불안하고 기괴한 음악을 들으면서 더 피곤해지고 싶어하지는 않는다.

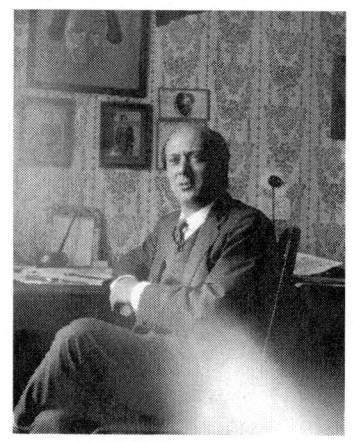

오죽하면 음악사의 3대 비극이 '모차르트의 이른 죽음, 슈베르트의 이른 죽음, 그리고 쇤베르크의 탄생'이라는 농담이 나왔을까. 음악을 복잡함과 난해함의 세계로 끌고 간 쇤베르크에 대한 야유일 것이다.

아르놀트 쇤베르크

현대음악, 살아남기 위한 몸부림

오히려 단순한 그레고리오 성가가 20세기 말과 21세기 초에 폭발적인 인기를 끈 것은 의미하는 바가 크다. 20세기 가장 위대한 지휘자 중 하나였던 카를 뵘은 생전에 쇤베르크의 작품을 전혀 연주하지 않았다. 등산애호가였던 그는 "나는 아름다운 산(쇤 베르크)은 좋아하는데?"라는 유머로 쇤베르크에 대한 아쉬움을 토로했다.

현대음악에서는 작곡가의 시대가 가고, 연주자·지휘자의 시대가 도래했다. 대중음악이 비약적 발전을 하면서 고전음악 작곡은 사양길로 들어섰다. 레너드 번스타인, 빌헬름 푸르트뱅글러, 피에르 불레즈와 같이 20세기를 풍미한 대지휘자들은 작곡에도 손을 댔으나, 지휘자로서의 명성이 훨씬 더 큰 경우다. 번스타인처럼 '웨스트사이드 스토리'나 '캔디드' 같은 뮤지컬로 인기를 끈 경우는 있지만 이는 매우 예외적인 경우다. 이는 대중음악과의 크로스오버를 통해 인기를 얻은 경우이기도 하다.

현대음악에서는 이후에도 존 케이지의 전위음악(아방가르드 음악)이나 칼하인츠 슈톡하우젠의 전자음악처럼 새로운 돌파구를 마련하기 위한 진지한 노력들이 있었다. 케이지의 제자였던 백남준은 원래 전위음악가로서 명성을 얻다가 비디오 아티스트로 영역을 넓혀 세계적인 인정을 받은 경우다.

그러나 이런 시도들은 현대음악을 더욱 더 대중으로부터 유리시켰다. 소음의 적극적 이용과 전위적인 행위예술과의 접목을 시도하는 전위음악은 그 독특함으로 인해 사람들에게 호기심을 자극하고, 기존의 정형화된 예술의 한계를 넘어서는 신선한 시도였다.

그러나 참을 수없이 난해하다는 근본적인 한계를 벗어나기 어려웠다. 과도한 불협화음의 사용, 난해함을 넘어선 기괴함이 주는 당혹성 등 한 번 듣고 보기에는 괜찮지만, 계속해서 감상하기에는 괴로울 것 같은 느낌을 준다. 그래서 예술이 갖는 영속성이라는 측면에서 치명적인 약점을 노정한다.

아방가르드 예술은 극히 소수의 추종자를 가질 수밖에 없었다. 훗날 현대음악에 대한 인식이 넓어져서 대중적인 사랑을 받을 날이 올지도 모르겠지만, 그럴 가능성은 적어 보인다.

오히려 현대음악에서의 다른 경향들은 생명력을 유지하고 있다. 라흐마니노프 · 프로코피에프나 힌데미트와 같은 작곡가들은 20세기에서도 후기낭만파의 틀 안에서 과거지향적인 음악을 구사하는 新(신)고전주의적 作風(작풍)으로 다른 현대 음악가들보다 더 많은 인기를 누리고 있다.

크로스오버로 탈출구 모색

또 다른 경향은 미니멀리즘(minimalism)이다. 짧은 음악적 주제를 약간씩 변주하면서 계속 반복하는 형식으로 다른 현대음악에 비해 비교적 이해하기가 쉽다. 필립 글라스나 존 애덤스가 이러한 작풍의 대표적 작곡가인데, 근년에는 폴란드의 헨릭 구레츠키가 미니멀리즘의 최고인기 작곡가로 애호 받고 있다.

홀로코스트를 묘사한 구레츠키의 교향곡 3번 '슬픔의 노래'는 1991년 데이비드 진맨이 지휘한 런던 신포니에타 연주, 소프라노 던 업쇼의 노래로 발매돼 빌보드 클래식 차트에서 31주 연속 1위에 오르며 100만 장 이상의 판매고를 올리기도 했다. 한국에서도 그동안 50여만 장이 팔린 것으로 집계되고 있다.

미국에서 발달된 재즈 어법을 적극 차용해서 인기를 누리는 방식도 존재한다. 러시아계 유대인인 조지 거쉬윈이 대표적인 경우인데,

그는 재즈를 비롯한 미국 대중음악과의 과감한 교감을 통해 혁신적이고 예술적 향취도 있으면서 대중의 사랑을 받는 작품을 다수 작곡했다. '랩소디 인 블루', '파리의 아메리카인', '포기와 베스'와 같은 작품에서 그의 개성적이면서 친근한 선율을 만끽할 수 있다.

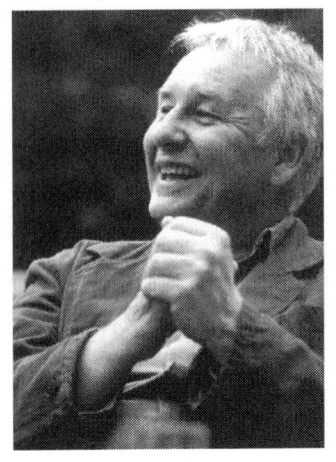

헨릭 구레츠키

재즈 이외에도 다른 대중음악과 고전음악 사이의 크로스오버(crossover)라는 형태의 교감을 통해 훌륭한 작곡과 연주가 이루어지는 경우도 많다.

예를 들어, 20세기 가장 위대한 밴드인 비틀스의 곡들은 유명 클래식 지휘자나 연주자들이 연주하기를 꺼려하지 않는다. 비틀스의 곡들은 어느 기준으로 보더라도 기존 클래식 음악과 비교할 때 결코 수준이 떨어지지 않는다.

서양 고전음악은 옛 작곡가들의 작품이 계속해서 사랑받고 있으며, 현대에 들어와서도 연주와 교육이라는 형태로 사회에 깊게 뿌리박고 있다. 비록 현대 음악 작곡가들은 대체적으로 침체된 상태이나 몇몇 경우 대중음악과의 적극적인 교류와 같은 여러 시도를 통해 지속적인 사랑을 받고 있다.

한국 사람들은 유난히 음악을 사랑하고, 고전음악에 대한 사랑도 여느 나라 못지않다. 음악교육에 대한 열의는 세계적으로 가장 높은 수준이다. 그러다 보니 세계적인 수준의 연주자들도 다수 배출해 낸다. 더 고무적인 일은 한국의 고전음악 팬 층이 다른 어느 나라보다 젊다는 점이다. 해외 유명 오케스트라나 연주자가 訪韓(방한)할 경우 그들이 놀라는 것은 한국의 젊은 팬이다. 이런 점에서 한국 클래식

계의 앞날은 밝다.

젊은 클래식 팬이 한국 클래식 음악의 희망

그러나 음악 자체에 대한 사랑보다는 音大(음대) 입시에 더 큰 관심이 있다거나, 연주회의 음악 자체보다는 클래식 음악회가 주는 고급스러운 분위기와 사회적 네트워크를 위해 음악회에 가는 俗物的(속물적) 관행도 일부 존재한다. 유명 음악인이나 연주단체가 來韓(내한) 했을 때 반짝 관심을 보이고 정장을 차려입고 음악회 가는 것보다는, 꾸준히 음악을 사랑하고 자신들 주위의 음악단체나 음악인들의 연주를 '정기적'으로 감상하는 음악애호가들이 많을 때 그 사회의 문화수준이 높아진다.

클래식 음악은 생각보다 우리 곁에 가까이 있다. 이 불완전한 세상에 아름다운 음악만큼 완벽한 것이 또 있을까? 그런 의미에서 합창석이나 3층석 발코니석을 마다하지 않으며 작은 음악회도 즐겨가며 음악을 사랑하는 진정한 음악애호가가 비교적 많은 우리나라의 고전음악계는 희망이 있다고 생각한다.

[월간조선] 2009년 9월호

발레 전성시대, 그리고 발레의 대중화에 대한 단상 :
국립발레단 〈신데렐라〉 공연을 보고

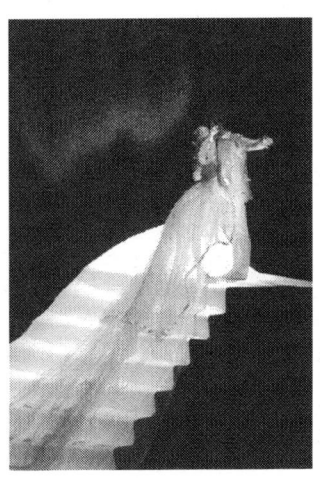

마이요 연출, 국립발레단의
〈신데렐라〉

　서양음악의 기초는 교회음악이었고, 교회음악의 중심에는 성악이
있었다. 그러나 성악곡만이 진정한 음악으로 인정받던 중세시대에도
춤곡(Dance Music)만은 유일하게 허용된 음악이었다. 춤과 음악은 불
가분의 관계에 있으니, 농민들의 춤에 맞춘 춤곡들은 다양한 형식으

로 발전됐고, 그 후 기악음악의 성립에 지대한 영향을 미쳤다. 이러한 춤곡 중에 대표적인 장르가 바로 발레음악과 왈츠이다.

마이요 연출, 국립발레단의 〈신데렐라〉

발레(ballet)는 춤, 음악, 문학, 미술, 의상, 무대, 조명 등이 어우러진 우아한 종합예술이다. 발레는 르네상스시대에 탄생했다. 이탈리아 궁정연회宮庭宴會에서 유행하던 것을 유럽 궁정에 소개한 것은 프랑스 앙리 2세의 왕비가 던 메디치(Medici) 가문의 딸이었다고 전해진다. 원래 발레는 음악에 맞추어 춤만 추는 형식이 주를 이루었으나 차후에 스토리를 가진 것으로 발전됐고, 프랑스 발레는 19세기 중반에 절정기를 맞게 된다.

이렇게 발레음악이 발전돼 가는데 결정적인 역할을 한 이가 바로 그 유명한 부르봉 왕가의 '태양 왕' 루이 14세였다. 그러나 "짐이 곧 국가다"라고 했던 절대군주 루이 14세는 원래부터 큰 권력을 가진 왕이 아니었다. 너무 어렸을 적에 왕이 되어 어머니의 섭정攝政을 받았고, 그의 위치는 늘 도전받는 불안한 어린 시절을 보냈다. 루이는 이러한 스트레스를 극복하려 춤에 빠져들었고, 그의 곁에는 그를 위해 음악을 작곡해 주는 이태리 출신의 충직한 궁정음악가 장-밥티스트 륄리(Jean-Baptiste Lully)가 있었다. 루이 14세와 륄리사이의 우정 그리고 나중에 소원해진 관계에 대해선 "왕의 춤"이란 영화에 잘 묘사돼 있다.

자신이 전문 무용가였던 루이14세는 명실상부한 군왕이 된 이후 본격적으로 발레를 위시한 춤을 육성했다. 왕립발레학교를 세워 발레를 진흥시킨 것이 대표적인 예이다. 륄리를 시켜 소박한 프랑스

농민 춤이었던 미뉴에트를 세련되고 우아한 궁중 춤음악으로 변신시킨 것도 그이다. 그리하여 프랑스 파리는 춤음악과 발레의 중심지가 됐으며, 오늘날에도 프랑스인들의 발레에 대한 사랑은 유별나다. 이후 프랑스에서는 아돌프 아당(Adolphe Adam)이나 레오 들리브(Leo Delibes)같은 발레음악 전문 작곡가에 의해 작곡된 <지젤>이나 <코펠리아>같은 걸작傑作이 탄생한다.

그러나 19세기 중반에 들어서면서 발레의 중심지는 러시아로 옮겨 간다. 유럽의 후진국가였던 러시아는 자신의 낙후성을 깨닫고 맹렬히 유럽을 쫓아가려 노력했고, 그중 하나가 바로 음악을 비롯한 문화 분야였다. 프랑스에서 발레 전문가를 이주시켜 그들의 선진적인 발레를 익혔고, 신체적으로도 발레에 적합한 체구를 가진 러시아인들은 그들만의 빛나는 발레전통을 수립해 나갔다.

러시아 발레의 발전에 가장 큰 영향을 미친 사람은 마리우스 프티파, 표트르 차이코프스키, 세르게이 디아길레프, 세 사람이었다. 프랑스인이었던 프티파(Marius Petipa)는 러시아로 이주해 50여 년간 활동했다. 그가 안무한 65편의 작품은 고전발레 형식의 기초를 세웠다. 특히 불세출의 러시아 작곡가 차이코프스키와의 협력관계는 발레라는 예술을 정점에 오르게 했다. 훌륭한 교향곡 작곡가이기도 했던 차이코프스키는 발레음악에 교향악적 요소를 도입해 발레음악을 한 차원 높은 단계로 발전시켰다. 그의 발레음악은 기존 발레음악보다 훨씬 더 밀도가 짙고 풍성했다. 그의 <백조의 호수> <호두까기 인형>, 그리고 <잠자는 숲속의 미녀>는 발레 역사상 3대 작품으로 칭송되기도 한다.

여기에 디아길레프(Sergei Diagilev)라는 희대의 흥행사가 20세기 초반 파리를 중심으로 러시아 발레단(발레 뤼스)을 이끌면서 프티파의 안무로 된 차이코프스키의 작품을 위시한 여러 작곡가들의 수준 높은 발레를 소개하면서 발레예술은 화려하게 만개滿開했다. 차이코프스키 이후에도 하차투리안(Khachaturian, 스파르타쿠스 작곡), 프로코피에프(Prokofiev, <로미오와 줄리엣>, <신데렐라> 작곡), 그리고 스트라빈스키(Stravinsky, <봄의 제전>, <불새> 작곡)등의 기라성綺羅星 같은 작곡가들이 나타나 빛나는 러시아 발레의 전통은 계속됐다.

이러한 발레는 한국에서도 현재 큰 인기를 끌고 있다. 한국발레는 두 가지 문제를 가지고 있었다. 먼저, 발레는 타고난 신체조건이 절대적으로 중요한 예술이다. 그래서 팔다리가 짧은 신체적 핸디캡 때문에 한국인들의 체형에는 잘 맞지 않아, 수준급 무용수가 나오기 힘들었다. 그러나 요즘 들어 젊은 세대의 체형 변화와 기량향상으로 훌륭한 무용수들이 많이 배출되고 있다. 영양상태의 호전에 따른 신체조건의 개선과 더불어 발레에 대한 관심 증가는 세계수준의 무용수들이 대거 나타나는 기폭제가 됐다.

슈투트가르트 발레단의 프리마 돈나인 강수진을 위시해서 김지영, 김주원 등의 스타 발레리나들이 많이 나타났고, 2007년 로잔 발레콩쿨의 우승자인 박세은과 같은 유망주들도 즐비하게 대기 중이다. 둘째, 남자가 춤을 추는 데 대한 거부감 때문에 전문 발레리노를 육성하기 어려웠다. 그러나 이러한 상황도 많이 호전됐다. 남자 발레리노들이 꾸준히 증가해 파리 발레단의 김용걸, 국립발레단의 장운규같이 팬을 몰고 다니는 발레리노도 나타났다.

그리고 국립발레단과 유니버설 발레단의 발전적 경쟁관계도 발레 발전의 기폭제 역할을 하고 있다. 두 발레단이 경쟁적으로 크리스마스 시즌에 올리는 차이코프스키의 <호두까기 인형>공연은 이미 유명한 볼거리가 됐다. 연말에 가족들과 같이 두 발레단의 공연을 보고 비교 평가하기를 권한다.

그러나 발레는 기본적으로 고급 예술이고 비싼 예술이기에 일반 대중이 다가가기에는 조금 부담스런 측면이 없지 않았다. 하지만 3월 22~24일 예술의 전당 오페라 하우스에서 열린 국립발레단의 <신데렐라> 공연은 이러한 한계를 넘기 위한 의미 있는 시도였다. 프로코피에프 작곡의 이 발레는 원래 고전발레인데 몬테카를로 발레단의 안무가인 장 크리스토프 마이요(Jean-Christophe Maillot)의 안무로 현대 발레로 재탄생됐다.

고전적인 스토리를 뒤틀어 괴상하게 해석해 내는 마이요의 연출은 많은 추종자들을 거느리고 있다. 마이요의 연출은 1995년 몬테카를로 발레단 <신데렐라> 내한공연 때 국내에 처음 소개됐었고 그 이후 꾸준히 한국무대를 장식했다. 필자는 2005년 말 몬테카를로 발레단의 <신데렐라>를 보았었다. 충격적이고 신선한 해석으로 신데렐라 스토리를 조금 비튼 이 공연은 신기하고 흥미로왔다. 같은 해에 공연된 영국의 로열 발레단과 프리마 돈나인 다시 베셀(Darcey Bussell)에 의한 고전적 해석과는 천양지차로 다른 느낌을 주었다.

개인적으로는 너무 파격적인 마이요의 해석을 그다지 좋아하지 않는다. 예를 들어 2007년 성남 아트센터에서의 <잠자는 숲속의 미녀> 공연은 괴기스러움의 극치를 보여줬다. 그러나 이번에 예술의 전당 오페라극장 재개관 기념공연 중 하나로 기획된 국립발레단의 <신데렐라> 공연은 마이요 특유의 재치와 뒤틀기도 존재했지만, 비교적 전통적인 해석을 해서 거부감이 덜했다. 게다가 한국발레계의 스타이자 영원한 라이벌인 김지영(신데렐라 역 , 현 네덜란드 국립발레단소속, 전 국립발레단 프리마돈나)과 김주원(엄마/요정 역, 현 국립발레단 프리마 돈나)이 동시 출연해 무대 위에서 불꽃 튀는 경쟁을 했고, 인기 발레리노인 장운규(아버지 역)도 출연해 발레 팬들의 기대를 한 몸에 모은 공연이었다.

공연 자체도 초현대적이고 상징적인 무대와 춤으로 기대를 충족시킨 호연好演이었다. 도봉구 창동에 위치한 서울열린극장에서도 4월 3~4일 공연이 있었다. 최태지 국립발레단 예술감독의 노력으로 표값을 대폭 낮춰 최저가를 5천원으로 하는 등 발레의 대중화를 꾀한 점도 칭찬받아 마땅하다. 그래서 유료관객 점유율 87%라는 경이적인 기록도 달성했다. 창동 공연도 전석全席 만원의 가격에 어린이 단체관람으로 저변확대底邊擴大를 꾀했다.

바야흐로 한국에도 발레의 전성기가 도래했다. 훌륭한 인재들이 계속해서 충원되고 있고, 발레 팬들도 비약적으로 증가하고 있다. 이런 좋은 조건에서 한국발레가 더 높은 단계로 도약함과 동시에 저변확대에 성공하길 조심스레 기대해본다.

[시대정신] 2009년 여름호

국립오페라단 〈사랑의 묘약〉 관람기 :
신예 가수들의 가창력 돋보인 벨 칸토 오페라의 名作

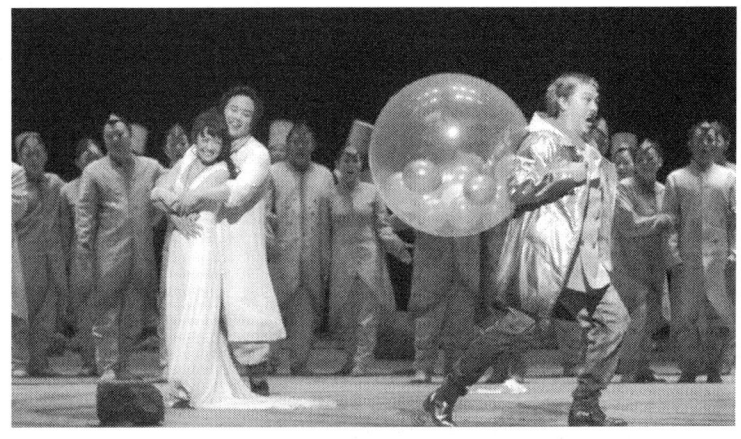

영화 <귀여운 여인>(Pretty Woman)에서 남자 주인공 리처드 기어는 여주인공 줄리아 로버츠에게 "한번 오페라를 보고 좋아지면 평생 오페라를 사랑하게 된다"고 얘기한다.

한국에도 정신과 의사나 알아주는 증권 맨으로 살다가 오페라에 몰입해서 자기 직업을 버리고 '오페라 전문가'로 변신한 사람이 있다. 1958년 제1회 차이콥스키 콩쿠르에서 우승한 스타 피아니스트 반 클라이번은 피아노보다 오페라를 더 좋아해서, "오페라 무대의 단역 兵士(병사)역도 마다하지 않겠다"고 공언하기도 했다.

확실히 오페라에는 사람을 미치게 하는 요소가 있다. 오페라는 무대·의상·연극·춤에 사람 목소리까지 더해지는 종합예술이다.

사람의 목소리는 모든 악기 중 가장 아름다운 악기(물론 사람 나름이지만)일 뿐 아니라, 가장 다양한 악기다. 오페라에서는 사람의 목소리 없이 오케스트라만 연주되는 파트도 있지만 사람 목소리라는 '악기'가 독창, 2중창, 3중창, 4중창, 5중창, 합창이라는 형태로 오케스트라와 어우러지니 어찌 아름답지 않겠는가?

오페라는 드라마틱하다. 인간의 喜怒哀樂(희로애락)이 극단적으로 표출된다. 마치 소포클레스나 에우리피데스 같은 古代(고대) 그리스 비극작가들의 작품들처럼 인간 감성이 무한히 넘쳐난다.

오페라는 바로크 시대에 태어났지만 그 전성기는 낭만주의 시대였다. 틀에서 벗어난 자기표현과 개성에 몰두한 낭만주의 시대의 분위기와 오페라는 '찰떡궁합'이었다. 당시 거세게 일던 민족주의와 오페라가 결합해 사람의 마음을 휘젓는 걸작들이 탄생하기도 했다.

이런 성향이 커져 황당무계한 비현실적 내용이나 비윤리적 내용이 주를 이루기도 했다. '막장 오페라'라고 흔히 얘기되듯이, 오페라에는 시기·질투·분노·복수·정욕·열정·살인·강간·납치·사기·불륜 같은 인간 감정과 행동의 극단적인 분출이 종종 나타난다.

이런 요소는 인간의 마음을 황폐하게 만드는 요인이 되기도 했다. 어떤 사람은 "오페라의 종주국인 이탈리아의 유아 납치율이 제일 높은 것과 오페라의 인기가 직접적인 상관관계가 있다"고 한다. 여성의 평화적인 성향을 강조하는 극단적 페미니즘(feminism)을 비판할 때 오페라에 나오는 여성 캐릭터들의 잔인함과 사악함을 예로 들기도 한다.

뚱뚱한 몸매, 날카로운 성격의 성악가들

오페라는 매우 비싸고 어려운 예술이다. 무대장치, 의상에 들어가는 돈은 물론이고 일급 성악가·연주자·지휘자를 구하려면 천문학적 액수가 들어간다.

마이크 없이 그 큰 오페라 하우스나 음악당을 울리는 聲量(성량)을 갖는다는 것은 매우 어려운 일이다. 특히 오페라의 주역을 맡는 주역 소프라노들은 청중의 환호와 찬사를 한 몸에 받기에 디바(Diva, 여신)란 애칭을 갖는다.

이들은 타고난 '소리통'이 좋아야 하기에 대개 넉넉한 체구를 가지고 있다. 영어에 "until the fat lady sings"라는 표현은 "주역 여가수가 노래 부르기 전에는 끝난 것이 아니다"라는 뜻으로, 의역하면 "아직 끝나지 않았다"는 의미다. 대개 디바들은 뚱뚱한 체구를 가지고 있는 데서 나온 숙어다.

아주 드물게 빼어난 외모를 가진 디바들도 나타난다. 요즘 인기 절정을 달리는 안젤라 게오르규나 안나 네트렙코 같은 소프라노가 그들이다. 외모와 실력 모두 출중한 이들은 큰 인기와 함께 엄청난 개런티를 보장받는다.

실력과 미모로 절정의 인기를 누리고 있는 안젤라 게오르규(위)와 안나 네트렙코(아래)

디바들은 물론이고 다른 성악가들도 일반인이 상상하기 힘든 스트레스를 받고 산다. 몸이 악기라 몸, 특히 목을 잘 다스려야 한다. 1960년대의 名(명)테너 프랑코 코렐리는 평소에도 조용조용 얘기하면서 성대를 보호했다고 한다.

이들은 공연에서 실수할 경우 쏟아질 비난 같은 것에 매우 민감하기에 성격이 날카롭게 될 가능성이 높다. 사람들은 자기를 떠받들고 환호하는 반면 공연과 건강에 대한 스트레스는 매우 크기에, 유명 성악가들은 대개 자기중심적이고, 까다롭고 별나기로 유명하다.

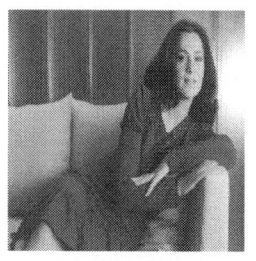

안젤라 게오르규

오페라 역사상 가장 위대한 디바였던 마리아 칼라스는 표독스런 성격으로 유명했다. 20세기 전반기의 가장 위대한 테너였던 엔리코 카루소도 '폭군'이라 불릴 정도로 난폭한 성격의 소유자였다. 얼마 전 來韓(내한)했던 제시 노먼은 넉넉한 체구와는 달리 계약서상에 온갖 까다로운 조건을 붙이기로 유명하다. 캐슬린 배틀은 거만한 성격 때문에 메트로폴리탄 오페라극장에서 해고된 경력을 가지고 있다.

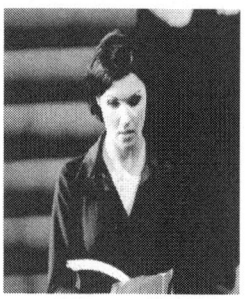

안나 네트렙코

그래서 가끔가다 성격이 좋은 디바가 나타나면 해외토픽감이 된다. 지금 전성기를 달리는 르네 플레밍이 그런 경우다. 그는 출중한 능력과 더불어 온화한 성품과 우아한 자태까지 갖고 있어 종종 기사거리가 된다. <타임>지는 "인생이 공평하지 않다는 것은 르네 플레밍을 보면 알 수 있다"라고까지 언급했다.

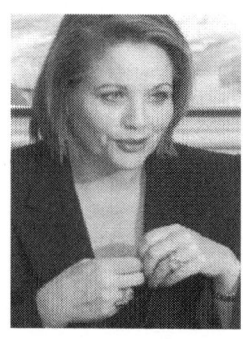

르네 플레밍

출중한 실력과 온화한 성품, 우아한 자태를 자랑하는 르네 플레밍

벨 칸토 오페라

2009년 9월 26일부터 30일까지 예술의전당 오페라 극장에서 공연된 가에타노 도니제티의 오페라 <사랑의 묘약>은 '막장 오페라'가 아닌 따뜻하고 사랑스런 오페라다. 결말도 해피 엔딩이고 내용도 도덕적이다.

작년에 취임한 예술감독 이소영이 이끄는 국립오페라단은 2008년에는 모차르트의 작품(<마술피리>, <피가로의 결혼>)에 집중하더니 올해는 낭만주의 시대 이탈리아의 벨 칸토(Bel Canto) 오페라에 승부를 걸었다.

'아름다운 노래'(bel canto)라는 말 그대로 벨 칸토 오페라는 18~19세기 초기 이탈리아의 아름답고 화려한 唱法(창법) 위주의 오페라다. 아름다운 선율과 초절기교를 생명으로 하는 벨 칸토 오페라는 로시니, 도니제티, 벨리니라는 세 사람에 의해 절정을 맞게 된다.

희대의 천재였던 조아키노 로시니는 당대 제일의 인기 작곡가로 <세빌리아의 이발사> <신데렐라> 같은 오페라 부파(Opera Buffa, 희극 오페라)에 능했던 多作(다작)의 작곡가였다.

로시니보다 몇 살 아래의 도니제티는 부파와 비극 오페라에 능한 작곡가였다. <람메르모어의 루치아> <라 파보리타> 같은 비극 걸작과 <사랑의 묘약> <돈 파스콸레> 같은 부파의 걸작들을 두루 작곡했다.

도니제티보다 몇 살 어린 빈센초 벨리니는 34세라는 젊은 나이에 요절했지만 <노르마> <청교도>와 같은 역사에 남는 유장하고 진지한 걸작을 작곡했다.

그동안 국립오페라단을 어려움에 처하게 했던 합창단 문제가 일단

락되고 올 6월 말 국립오페라단이 야심차게 올렸던 <노르마> 공연은 여러모로 대성공이었다. 박스오피스의 성공은 차치하고라도, 21년 전인 1988년에 이규도를 타이틀 롤로 내세운 공연 이후 처음으로 무대에 다시 올린 어려운 대작을 훌륭하게 요리해 냈다.

A팀의 노르마였던 김영미의 능숙함도 좋았지만, B팀 노르마였던 신예 박현주의 가창은 현기증이 날 정도로 놀라웠다. 칼라스의 금속성 목소리를 줄여놓은 듯한 카리스마와 표현력, 탁월한 연기력은 앞으로의 활동에 기대를 하기에 충분했다. 그녀는 훌륭한 토스카(푸치니의 <토스카> 중)와 비올레타(베르디의 <라트라비아타> 중)가 될 자질을 보여줬다. 아울러 사랑스럽고 젊은 메조 배역인 아달지사를 정감 있게 노래한 A팀의 양송미의 발견도 수확이었다.

〈사랑의 묘약〉에 유럽파 총출동

두 번째 벨 칸토 공연이 바로 이번의 <사랑의 묘약>이었다. 사모하는 동네 처녀 아디나의 환심을 사기 위해 <사랑의 묘약> (실제로는 싸구려 포도주)을 떠돌이 가짜 약장수 둘카마라에게서 사는 마을의 어리바리한 청년 네모리노. 그를 둘러싼 뒤죽박죽 스토리에 기반한 이 유쾌한 오페라는 도니제티가 2주 만에 완성한 오페라 부파의 걸작이다.

네모리노가 부유한 삼촌의 사망으로 엄청난 유산을 상속받게 된 것을 안 동네 처녀들의 애정공세에 영문을 모르고 어리둥절해 하면서도 묘약의 '효과'를 확신하는 장면은 여러 번 봐도 배꼽을 잡게 하는 장면이다.

이 공연의 특징은 현재 유럽 최정상의 바로크 소프라노로 떠오른 임선혜를 필두로 빈 국립오페라단 등에서 현역으로 맹활약하는 정호윤·심인성·강형규 등 일급 유럽파가 총출동한 것이었다. 각자 자기 역할에 딱 어울리는 호연을 펼쳤다.

임선혜는 순도 높은 美聲(미성)으로 사랑스런 아디나를 아쉬움 없이 표현해 냈다. 바로크 시대뿐 아니라 벨 칸토 영역에서도 충분히 통할 수 있음을 보여준 절창이었다. 그녀의 트레이드 마크인 연기력도 특기할 만했다. 더블 캐스팅 없이 4일 연속으로 아디나역을 부른 것도 주목할 일이다.

능글맞게 약장수를 노래한 심인성, 네모리노의 戀敵(연적)인 벨코레를 자신감 넘치게 표현한 강형규는 적절한 캐스팅이었다. 노르마에서 박현주가 새로운 발견이었다면 이번 공연에서는 B팀에서 네모리노를 노래한 조정기가 新星(신성)으로 떠올랐다. 젊은 나이임에도 결이 고운 리리코-레제로의 진수를 보여줌으로써 앞으로 벨 칸토 테너 역할, 특히 로시니 테너로서의 활약을 예견케 했다. 국립합창단의 합창은 모범적이라 할 만큼 충실했다.

이소영 표 오페라의 마력

참고로 <사랑의 묘약>은 레코딩 디스코그라피에서 불운한 작품이었다. 소위 얘기하는 결정판적인 레코딩이 존재하지 않는 작품 중 하나였다. 파바로티와 서덜랜드가 공연한 1970년대 리처드 보닝 판(Decca/London)이 그나마 대중의 인기를 얻었던 판이었다. 파바로티가 이 녹음에서 부르는 '남 몰래 흐르는 눈물'은 레코딩 역사에 길이 남는 절창이리라. 파바로티는 1950년대에 주로 활약했던 페루치오 탈리아비니(추억의 명화 <물망초>에서 주인공을 열연한 배우) 이후 네모리노를 가장 잘 부른 테너일 것이다.

그런데 영상물의 시대가 오면서 <사랑의 묘약>에서 운 좋게도 빼어난 연주들이 쏟아져 나왔다. 1970~80년대 네모리노를 가장 잘 부른 파바로티의 두 가지 공연을 추천하고 싶다. 주디스 블레겐과 협연한 구판(레시뇨 지휘/ Decca)과, 배틀과 협연한 메틀로폴리탄 오페라 극장의 신판(레바인 지휘/ DG) 둘 다 파바로티의 매력을 충분히 살린 명연이다. 화질은 신판 쪽이 낫다.

현존 최고 미녀 소프라노인 안젤라 게오르규(리용 오페라 실황/ Decca)와 안나 네트렙코(빈 국립극장 실황/ Virgin)는 각각 로베르토 알라냐와 롤란도 비야손이라는 현존 최상의 테너 파트너와 함께 만족할 만한 <사랑의 묘약>을 선사한다.

다시 이번 공연으로 돌아가 얘기하자면, 연출을 담당한 예술감독 이소영의 해석은 파격적이었다. 19세기 유럽이 아니라 미지의 행성으로 무대를 옮긴 이소영의 창의적 발상은 신선했다. 무대를 우주적 스케일로 가져가며 어떤 시대 어떤 곳에서건 사랑의 본질이 동일하다는 것을 보여주려는 의도로 해석됐다.

단 요즘 老眼(노안)이 심해지면서 시력에 문제를 갖게 된 필자에게는 우주를 표현해 내기 위해 침침하게 처리된 무대가 잘 안 보이는 문제가 생겼다. 특히 객석 뒤편에서 감상한 첫날 공연에서 그런 아쉬움이 더 컸다. 타임앙상블의 오케스트라도 깔끔하긴 했지만 압도적인 유려함을 선사할 역량에는 미치지 못했다.

그러나 이런 아쉬움은 부차적인 문제였다. 전체적으로 도니제티의 걸작 부파인 <사랑의 묘약>을 음악적으로 감상하고 이채로운 연출로 즐기기에 모자람이 없었다. 재치 있는 대사 意譯(의역)도 흥미를 돋우는 요소였다. 상쾌한 느낌이 감도는 好演(호연)이었다고 총평하고 싶다.

언제나 수준 이상의 연출력을 보이며 '이소영 표 오페라'라는 브랜드를 갖게 된 그의 미래는 한국오페라 연출의 미래이기도 하다.

탁월한 연출력을 보여주고 있는 이소영 국립오페라단 예술감독

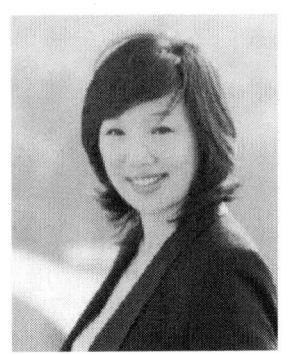

　내년 국립오페라단은 오페라 세리아(Opera Seria. 18세기에 주로 유행했던 진지한 오페라)의 최고 걸작인 모차르트의 <이도메네오>(원제는 <크레타의 왕 이도메네오>)와 오페라의 '개혁자'인 크리스토프 빌리발트 글룩(오페라 역사에서 사실적인 극의 전개와 독창, 중창, 합창, 오케스트라가 잘 어우러진 구성을 추구한 개혁자)의 <오르페오와 에우리디체> 같은 고음악 오페라가 예정돼 있다.

　특히 <피가로의 결혼> <마술피리> <돈 지오반니>와 같은 그의 인기 오페라에 가려져 진정한 평가를 받지 못하는 <이도메네오>에 큰 기대를 걸고 있다. 향후 <티투스 왕의 자비> 같은 모차르트의 다른 세리아 걸작이나 헨델의 바로크 오페라 세리아 작품들이 임선혜, 카운터 테너 이동규 등의 참여로 연주되길 기대한다.

　세르게이 프로코피예프의 <세 개의 오렌지의 사랑>이나 아리고 보이토의 <메피스토펠레>같이 덜 알려진 작품을 준비 중이라는 얘기도 반갑기 그지없다. 정명훈의 지휘도 잘하면 같이 볼 수 있을 것이라는 풍문과 함께 마음을 설레게 한다. 내년에도 오페라 팬들이 국립오페라단에 거는 기대가 크다.

[월간조선] 2009년 11월호

현대카드 수퍼콘서트 Ⅵ 빈 필하모닉 & 조수미 공연을 보고 : 소키예프의 조심스런 지휘, 조수미의 변신

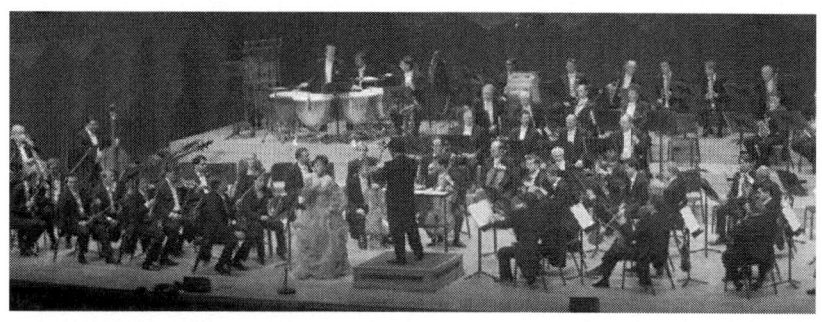

지난 **9월 29일** 서울 '예술의 전당'에서 열린 빈 필하모닉 내한공연에서 협연자인 소프라노 조수미(가운데)가 열창하고 있다.

필자가 클래식 음악에 눈뜨고 즐기기 시작했던 소싯적에는 해외 유명 오케스트라가 來韓(내한)하는 경우가 흔치 않았다. 그러나 경제 사정이 좀 나아진 1970년대에는 이화여대 대강당과 세종문화회관을 중심으로 몇몇 세계 정상급의 오케스트라가 내한공연을 했었다.

베르나르트 하이팅크가 이끈 암스테르담 콘세르트헤보우(현재 이름은 로열 콘세르트헤보우, 원래 발음은 허바우라고 한다), 유진 오먼디가 이끄는 필라델피아 오케스트라, 레너드 번스타인과 에리히 라인스도르프의 뉴욕 필하모닉, 볼프강 자발리쉬가 지휘한 스위스

로망드 오케스트라, 그리고 로린 마젤의 클리블랜드 오케스트라가 언뜻 기억나는 악단들이다.

필자 일생에 가장 훌륭한 연주회 경험은 바로 오먼디와 필라델피아 오케스트라였다. 세종문화회관 개관 기념 공연의 일환으로 한국을 방문한 그들은 애국가 연주부터 청중을 압도했다. 외국 교향악단이 음악회 직전에 첫 리허설을 해봤다는 애국가를 어찌 저리 아름답게 연주할 수 있단 말인가?

그리고 이틀에 걸쳐 벨라 바르토크의 '현과 타악기와 첼레스타를 위한 협주곡', 오토리노 레스피기의 '로마의 소나무', 시벨리우스의 교향곡 1번, 그리고 바흐의 '파사칼리아와 푸가'(레오폴드 스토코프스키 편곡) 등 흔치 않은 레퍼토리를 그들의 트레이드 마크인 유려한 '필라델피아 사운드'로 유감없이 들려줬다.

소위 얘기하는 최정상급 오케스트라는 당시 유럽에 5개, 미국에 5개가 존재했다.

빈 필(비엔나 필이라는 애칭으로도 불린다), 런던 심포니, 헤르베르트 폰 카라얀의 베를린 필, 에르네스트 앙세르메의 스위스 로망드, 그리고 오이겐 요훔과 베르나르트 하이팅크가 육성한 암스테르담이 유럽의 대표 주자였다. 미국에는 레너드 번스타인의 뉴욕 필, 레오폴드 스토코프스키와 유진 오먼디의 필라델피아 오케스트라, 피에르 몽퇴가 주도한 보스턴 심포니, 조지 셀이 조련한 클리블랜드 오케스트라, 그리고 프리츠 라이너와 게오르그 솔티의 시카고 심포니가 있었다.

오케스트라 랭킹

요즘도 이들 오케스트라의 명성은 대체로 유지되고 있지만, 적지 않은 변동이 있었다. 세계적인 음악권위지인 "그라모폰"이 2008년

12월호에 선정한 세계 오케스트라 순위는 30~40년이 흐른 지금 오케스트라 계의 현황을 보여주는 하나의 지표 역할을 한다.

유럽 전통의 악단인 콘세르트헤보우와 베를린 필, 빈 필의 건재가 확연하고, 바이에른 방송과 로스앤젤레스 필의 약진, 그리고 스위스 로망드의 몰락이 눈에 띈다.

그라모폰의 세계 오케스트라 순위

순위	국가	오케스트라名
1위	네덜란드	암스테르담 로열 콘세르트헤보우 오케스트라
2위	독일	베를린 필하모닉
3위	오스트리아	빈 필하모닉
4위	영국	런던 심포니 오케스트라
5위	미국	시카고 심포니 오케스트라
6위	독일	바이에른 방송교향악단
7위	미국	클리블랜드 오케스트라
8위	미국	로스앤젤레스 필하모닉
9위	헝가리	부다페스트 페스티벌 오케스트라
10위	독일	드레스덴 슈타츠카펠레
11위	미국	보스턴 심포니 오케스트라
12위	미국	뉴욕 필하모닉
13위	미국	샌프란시스코 심포니 오케스트라
14위	러시아	마린스키 극장 오케스트라
15위	러시아	내셔널 오케스트라
16위	러시아	상트페테르부르크 필하모닉
17위	독일	라이프치히 게반트하우스 오케스트라
18위	미국	메트로폴리탄 오페라 오케스트라
19위	일본	사이토 키넨 오케스트라
20위	체코	필하모닉

필라델피아 대신 사이토 키넨이 순위에 오른 것은 의외다. 일본 교향악단으로는 NHK가 선정될 것으로 예상됐었다. 빈 필과 베를린 필은 창단 이래 일류의 위치에서 벗어난 적이 없는 유서 깊은 선도

적인 오케스트라다. 그래서 초청 개런티가 가장 비싼 교향악단이기도 하다. 관람료도 가장 비싼 축에 속하니, 작년 베를린 필의 서울 공연 R석은 45만 원에 달했다.

지난 9월 29일 예술의 전당 콘서트홀에 초청된 빈 필하모닉 오케스트라는 1842년에 창단돼 160여 년 동안 정통성과 보수성을 고집하며 세계의 최정상을 지키고 있는 오케스트라다. 빈 필하모닉은 악단 자체의 독립성을 보존하기 위해 상임 지휘자를 두지 않는 독특한 전통이 있다.

그러나 빈 필의 역대 한국공연은 악단의 명성에 미치지 못한 감이 다소 없지 않다. 빈 필의 비싼 개런티 때문에 운동장 공연을 한 것도 그 이유 중 하나였다. 2003년에는 '주빈 메타-사라장'의 조합으로 상암 월드컵경기장에서 공연했고, 2006년에는 발레리 게르기예프 지휘로 '예술의 전당'과 상암경기장에서 번갈아 공연을 했다. 표 값도 매우 비쌌던 기억이 난다.

몇몇 축제적인 성격의 연주회를 제외하곤 이렇게 체육관이나 대형 운동장에서 마이크와 스피커를 이용해 공연하는 것에 대해 거부감을 갖고 있다. 클래식 음악의 대중화에는 기여하는 바가 있지만, 예술적으로나 음향적으로 매우 불만족스럽기 때문이다. 집에서 DVD를 보는 것이 오히려 낫다고 생각한다. 이런 운동장 공연은 주빈 메타가 '쓰리 테너'와 같이 한 공연이 폭발적 인기를 끌면서 유행된 경향이 있다.

주빈 메타 건강악화로 갑자기 지휘자 교체

빈 필의 올해 내한공연은 다행히 음향사정이 비교적 좋은 '예술의 전당' 콘서트홀에서만 열렸고, 가격도 조금 싸게(R석 35만원) 책정됐다. 현대카드 수퍼콘서트의 여섯 번째 공연으로 열린 이 공연은 과거 체조경기장 등에서 열렸던 것과 달리 이 시리즈 사상 처음으로 음악당에서 진행된 기록도 갖게 됐다.

게다가 한국에서 가장 지명도가 높은 성악가 조수미 씨가 협연을 하니, 예매 시작 한 시간도 안돼 전석이 매진되는 기록을 세웠다. 주최 측은 표를 못 구한 음악팬들이나 주머니 사정이 가벼워 표를 구입할 수 없었던 음악팬들을 위해 '예술의 전당' 비타민스테이션 야외무대에 선착순 700석을 배정하고 생중계를 했다. 이런 형식의 공연중계는 적어도 상암경기장에서 비싼 돈을 내고 보는 것보다 더 좋은 음향과 비주얼, 그리고 만족감을 제공한다. 주최 측의 결단에 찬사를 보낸다.

好事多魔(호사다마)랄까. 원래 지휘를 맡기로 했던 주빈 메타가 건강사정으로 모든 스케줄을 갑자기 취소해 혼선이 빚어졌다. 한국 공연과 함께 10월 3~4일 양일간 빈에서 예정되어 있던 빈 필하모닉 2009~2010 시즌 오프닝 공연 지휘도 취소됐다.

빈 필이 대신 택한 지휘자는 러시아 출신의 신예인 투간 소키예프였다. 그는 이 공연뿐 아니라 메타 대신 빈필의 2009~2010 시즌 오프닝 공연의 지휘도 맡게 됐다. 메타도 이제 나이가 나이다 보니 빡빡한 스케줄을 소화하기 버거울 것이리라. 며칠 후인 10월 12일 같은 장소에서 열린 뉴욕 필하모닉 공연 후에 무대 뒤에서 만난 뉴욕 필의 회장인 자린 메타(주빈 메타의 친동생)에게 물어 보니 주빈이 완쾌됐다고 한다.

이렇게 갑자기 지휘자가 바뀌는 일은 그리 드문 일이 아니다. 대리 지휘를 통해 혜성처럼 스타로 등장한 경우도 있다. 아르투로 토스카니니와 레너드 번스타인의 성공적인 代打(대타) 공연은 이제는 전설로 남아 있다.

그러나 아쉽게도 소키예프는 번스타인이 아니었다. 적은 머리 숱 때문에 실제보다 더 나이가 들어 보이는 소키예프는 워낙 급박한 스케줄 변동에 의해 지휘대에 서게 돼서인지 모험보다는 안전운행을 택했다. 번뜩인다기보다는 무난한 지휘로 빈 필을 이끌었다. 어떤 부분에서는 빈 필이 소키예프를 이끈다는 느낌이 들기도 했다.

다행히 첫 번째 곡인 빈 고전파의 巨匠(거성)이었던 하이든의 교향곡 104번 '런던'은 비교적 평이한 곡이고 빈 필이 자주 연주하는 레퍼토리이기에 편안하게 들을 수 있었다.

조수미의 변신

전반부의 두 번째 순서부터는 조수미의 무대였다. 빈 필의 반주로 부른 요한 슈트라우스 2세의 <박쥐> 중 아델레의 경쾌한 아리아 '여보세요 후작님'은 조수미의 목소리에 딱 어울리는 곡이다. 그녀는 자신의 장기인 콜로라투라(오페라 아리아 등에서 빠른 연속음이나 떨리는 음 등 고도의 기교를 통해 노래를 화려하게 장식하는 기법)를 뽐내며 이 화사한 곡을 멋지게 불렀다.

두 번째 곡은 베르디의 <라 트라비아타> 중 비올레타의 아리아 '아, 그이인가?…언제나 자유라네'였다. 비올레타는 사실 조수미가 일반 무대에서 부르는 역할이 아니다. 그러나 나이가 듦에 따라 리리코-콜로라투라(서정적인 콜로라투라)에서 조금 더 심각한 역으로의 전환을 꾀하는 그녀로서는 도전해 볼 만한 곡이었다.

청중의 열화와 같은 커튼 콜 속에서 그녀는 인심좋게도 두 곡의 앙코르곡을 불렀다. 첫 번째 앙코르는 카치니의 '아베 마리아'. 크로스오버적으로 이 노래를 부르는 것이 유행이라 그런지 조수미는 마이크를 사용했다. 이것이 화근이었다. 스피커에서 나는 잡음은 곡 감상을 방해할 정도였다.

다음 앙코르곡은 김바로의 '오! 대한민국'. 다소 생뚱맞은 선택이었다. 흥겹긴 했지만 빈 필과의 협연에서 앙코르곡으로 사용되기에 적당한 곡인지는 의문이 들었다.

휴식 후 후반부의 레퍼토리는 브람스 교향곡 '4번'. 인생의 가을을 맞은 52세의 브람스가 쓴 그의 마지막 교향곡은 침잠하면서 내면적인, 그래서 가을적인 곡이다.

그런데 소키예프는 놀랍게도 이 곡을 화사하게 표현해 내고 있지 않은가? '브람스 4번이 이렇게 화사해도 되는가?'라는 의문을 내내 품으며 이 곡을 감상했다.

앙코르곡으로 소키예프와 빈 필은 유명한 브람스의 '헝가리 무곡 5번'과 요한 슈트라우스 2세의 '트리치 트라치 폴카'를 선사했다. 두 곡 다 빈 필이 앙코르곡으로 즐겨 연주하는 곡이기에 마치 몸에 딱 맞는 옷을 입은 듯한 느낌이었다.

슈트라우스 가문의 흥겨운 음악으로 장식되는 빈 필하모닉의 신년 음악회가 세계의 명물이 된 것은 우연의 산물이 아니다. 특히 그들이 수백 번도 더 연주해서 눈을 감고도 연주할 수 있을 것 같은 '트리치 트라치 폴카'는 물 흐르듯이 연주된 이날 공연의 하이라이트였다.

[월간조선] 2009년 12월호

실내악(室內樂)을 좋아하세요? :
서울 스프링 실내악 페스티벌

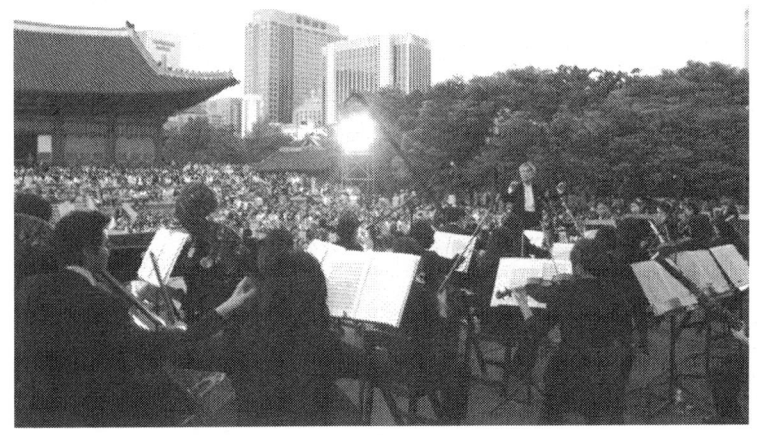

작년에 덕수궁에서 열린 서울 스프링 실내악 국제페스티벌 공연 모습

실내악(室內樂)이라는 말이 처음 쓰인 것은 17세기 바로크 시대였다. 그러나 본격적으로 인기를 끈 것은 18세기와 19세기 귀족사회에서 음악가들이나 음악애호가들이 실내에서 음악을 연주하는 것을 즐기면서였다. 이런 형태의 음악을 실내악, 즉 Chamber Music이라 불렀다. 여기서 chamber는 방을 뜻한다.

이러한 실내악은 관현악과 비교해서 소규모의 연주형태인데, 주로 2개 이상의 악기에 의한 소규모의 음악을 뜻한다. 실내악은 말 그대로 실내에서 주로 연주되나, 큰 음악당에서도 자주 연주되고 야외에서도 연주될 수 있다. 물론 세종 체임버홀, 금호아트홀처럼 실내악 전문 연주장에서 연주될 때 가장 이상적이지만, 유명 실내악단이 내한해 대규모 콘서트 홀에서 연주하는 경우도 왕왕 있다.

실내악의 편성은 가장 작은 조합인 2중주부터 3중주, 4중주, 5중주, 6중주, 7중주, 8중주 등 매우 다양하며, 실내악 중에는 가장 규모가 큰 실내 관현악단(Chamber Orchestra)까지 존재한다. 오페라, 교향곡처럼 웅장한 맛은 없어도 아기자기한 앙상블을 즐길 수 있고, 수많은 조합이 가능한 매우 매력적인 음악장르이다. 그래서 음악 팬 중에는 실내악만 집중적으로 듣는 분들이 있다. 실내악은 앙상블의 예술이다. 연주자끼리 친밀한 분위기에서 교감을 나누며 섬세하게 협력해 나가는 것이 바로 실내악의 묘미라 할 것이다.

2중주와 3중주

자, 그러면 두개의 악기가 어우러지는 가장 단순한 조합의 이중주(二重奏 · duo)부터 차근차근 살펴보자.

2중주가 단순한 조합이라 하더라도 그 안에는 무궁무진한 조합이 가능하다. 하나의 선율악기와 피아노가 어우러지는 것이 2중주에서 가장 흔한 형태이다. 즉 피아노와 바이올린 · 첼로와 같은 선율악기가 어우러진 바이올린 소나타, 첼로 소나타 같은 것들이 가장 일반적이다. 이러한 형태의 곡으로는 베토벤의 첼로 소나타, 모차르트와 베토벤의 바이올린 소나타와 같은 걸작들이 있다.

그러나 생소한 조합의 곡들도 많다. 두 대의 피아노를 같이 연주하는 피아노 듀오도 가능하다. 그리고 두 개의 선율악기가 조합되는 경우도 있는데, 예를 들어 두개의 바이올린, 바이올린과 비올라를 같이 연주하는 2중주가 그것이다. 희귀한 조합의 연주곡도 있는데, 그 좋은 예가 우리나라에서 인기 TV 드라마 <모래시계>에서 '혜린의 테마'로 쓰여 유명해졌던 니콜로 파가니니(Paganini)의 '기타와 바이올린을 위한 소나타 e단조 Op.27-6'이다. 이 곡 중 안단테 부분을 사용한 혜린의 테마는 서정적이고 애절한 선율로 많은 사랑을 받았다. 바이올리니스트 길 샤함(Gill Shaham)과 기타리스트 외란 쉴셔(Goran Solscher)는 이 생소한 곡을 녹음해 높은 매출액을 기록하기도 했다.

3중주(trio)도 여러 조합이 가능하지만 일반적으로 바이올린, 첼로, 피아노가 조합되는 피아노 트리오가 가장 선호된다. 하이든과 모차르트가 이러한 형태를 정립했다 하는데, 이 장르의 가장 걸작은 베토벤의 3중주이다. 그중에서도 '유령'이라는 부제를 가진 Op.70-1과 베토벤의 후원자였던 루돌프 대공(大公)을 위해 헌정한 '대공' Op.97이 가장 유명하다.

현악4중주는 베토벤에서 절정 이뤄

4중주(quartet)에서도 여러 가지 조합이 가능하다. 그러나 4중주에서 가장 인기 있는 형태일 뿐 아니라 실내악을 통틀어 가장 인기 있는 조합이 바로 현악4중주(string quartet)이다. 제1바이올린, 제2바이올린, 비올라, 첼로로 구성된 이 형태는 많은 음악 팬에 의해 음악에 있어서 가장 이상적이며 완벽한 조합이라는 찬사를 받고 있다. 실내악에서 피아노가 다른 악기를 압도하는 경향이 보이기도 하는데, 현악4중주에서는 피아노 없이 현악기 4개가 절묘하고 고르게 융합하는 모습을 보인다.

하이든과 모차르트에서 비약적인 발전을 보인 이 음악형태는 역시 베토벤에서 절정을 이룬다. 베토벤의 현악4중주 전집, 특히 후기 현악4중주집은 클래식 음악사에서 불멸의 위치를 차지한다. 필자는 예전에 어느 유명한 미국 음악평론가의 책에서 음악사상 가장 위대한 사이클은 베토벤의 9개 교향곡 전집이 아니라 그의 현악4중주집이라 주장하는 것을 읽은 적이 있다. 그의 교향곡 사이클도 전부 위대한 곡들이지만 각 곡의 질적 균등성(質的 均等性)이라는 점에서는 현악4중주 전곡이 더 위대하다는 주장이다. 물론 음악애호가마다 다른 의견을 갖고 있겠지만, 이러한 주장의 핵심은 그만큼 베토벤의 현악4중주 사이클의 위대성을 인정한다는 것이리라. 이 사이클은 어느 현악4중주단이건 꼭 도전해 보고 싶지만 너무나도 우뚝 솟아 경외감을 느끼게 하는 고산준봉(高山峻峰)과 같은 존재이다. 고금(古今)의 유명 현악4중주단들에 의한 멋진 연주가 즐비하니 애호가들은 본인 입맛에 맞게 고르는 재미가 있을 것이다.

현악4중주 부흥시킨 브람스

슈만과 멘델스존 이후 침체기를 겪었던 현악4중주는 브람스에 이르러 부흥을 이루었다.

낭만주의 시대에 들어와서도 현악4중주의 걸작들이 계속 쏟아져 나왔다. 가족과 화목하게 실내악 연주를 하기 위해(참고로 슈베르트는 비올라를 연주했다) '가정용'으로 현악4중주를 작곡했던 슈베르트는 나중에 전문적으로 현악4중주곡들을 썼는데, 특히 '죽음과 소녀'는 스토리를 가진 매우 극적인 작품으로 이 곡을 듣다 보면 마치 작은 오케스트라를 듣는 것과 같은 착각에 빠질 정도로 풍부하고 다양한 음향을 즐길 수 있다. 수많은 현악4중주단이 이 곡을 녹음했고 동명의 연극과 영화가 나오기도 했다. 필자는 이탈리아 4중주단(Quartetto Italiano)의 화려하고 비장미 넘치는 연주를 특히 선호한다.

슈만과 멘델스존도 좋은 현악4중주를 남겼는데 두 사람의 사후(死後) 좋은 현악4중주가 작곡되지 않은 '침묵의 시대'가 있었다. 그러나 멘델스존 사후 26년 만에 브람스가 다시 현악4중주를 중흥시켰고 그 뒤를 이어 차이코프스키, 드보르자크, 스메타나, 보로딘과 같은 훌륭한 현악4중주곡 작곡가들이 계속 나왔다. 20세기에도 알반 베르그와 같은 작곡가들에 의해 현악4중주의 명곡들이 작곡됐다. 현대에 들어와서도 현악4중주는 꾸준히 작곡되고 있는 음악형식이다.

4중주에는 현악4중주 이외에도 피아노4중주(피아노, 바이올린, 비올라, 첼로)나 관악4중주(목관악기로 이루어지는 목관4중주와 금관악기 4개로 이루어지는 금관4중주)가 있다.

5중주(quintet)가 되면 구성이 더 복잡해진다. 현악4중주에 첼로나 비올라가 추가되는 현악5중주, 그리고 현악4중주에 피아노가 더해지는 피아노 5중주도 있고, 관악기 5개가 어울리는 관악5중주도 있다.

현악5중주는 하이든과 동시대를 살았던 보케리니의 독무대였다. 그는 무려 120개가 넘는 현악5중주곡을 작곡했는데 그중 현악4중주+첼로의 조합을 이용한 현악5중주 Op.11-5는 특히 인기가 높다. '보케리니의 미뉴엣(Minuet)'이라는 애칭으로 사랑받는 선율은 바로 이 곡의 3악장이다. 모차르트, 베토벤, 슈베르트 모두 좋은 현악5중주곡들을 남긴 반면 의아하게도 하이든은 한 곡도 남기지 않았다.

가장 인기 있는 5중주곡은 슈베르트의 '송어'

5중주에서 가장 인기 있는 곡은 단연코 슈베르트의 피아노5중주 '송어'이다. 5악장으로 구성돼 있는 이 곡은 피아노, 바이올린, 비올라, 첼로, 콘트라베이스라는 매우 독특한 콤비네이션을 택했다. 청명하기 짝이 없는 이 곡은 대중의 무한한 사랑을 받아 왔다. 하나 지적하고 넘어갈 것이 있는데, 우리나라에서는 웬일인지 이 곡을 '숭어'라고 잘못 불러 왔다. 숭어는 바다에 사는 큰 물고기로, 슈베르트가 묘사하고자 했던 것은 민물에 뛰노는 송어(Die Forelle)였기에 이 곡의 제목을 앞으로는 '송어'라고 불러야 할 것이다.

필자가 5중주에서 '송어'만큼 많이 듣는 곡은 다름 아닌 클라리넷 5중주이다. 클라리넷은 현악기와 잘 블렌드(blend)되는 목관악기이기에 현악4중주와 클라리넷이 만나 펼쳐지는 클라리넷 5중주의 명곡들은 단아한 멋을 풍긴다. 모차르트, 베버, 브람스가 이 장르의 걸작을 남겼다.

특히 브람스의 작품은 쓸쓸함이 넘치는 명곡이다. 어디에선가 '가을에 가장 듣기 좋은 곡'으로 브람스의 클라리넷 5중주가 꼽힌 것을 본 적이 있는데 참으로 탁월한 선택이 아닐 수 없다. 모차르트, 베버, 브람스 전부 다 당대의 명 클라리넷 주자들을 위해 이 곡들을 작곡했다고 하는데, 요즘도 명 클라리넷 주자와 명 현악4중주단이 함께 모여 훌륭한 연주를 하며, 좋은 녹음을 남기는 경우가 많다. 제르바즈 드 파이에, 카를 라이스터, 데이비드 쉬프린 등 당대 최고의 클라리넷 주자들도 예외 없이 훌륭한 녹음을 남겼다.

6중주 이상은 관현악적 성격이 강해지면서 실내악의 성격이 약해지기에 작품들이 많지 않다. 그중에서는 브람스의 현악6중주, 베토벤과 슈베르트가 남긴 8중주가 유명하나 연주기회는 그리 많지 않다.

서울 스프링 실내악 국제페스티벌

지금까지 간략하게나마 실내악에 대한 소개 글을 써 봤다. 서두에도 얘기했지만 실내악은 앙상블의 예술이다. 연주자끼리 친밀한 분위기에서 교감을 나누며 섬세하게 협력해 나가는 것이 바로 실내악의 묘미라 할 것이다.

이러한 실내악에 대한 우리나라의 본격적인 국제규모의 페스티벌인 서울 스프링 실내악 국제 페스티벌(SSF, 집행위원장 신동엽 연세대 경영대 교수, 운영총감독 김영호 연세대 음대교수, www.seoulspring.org)이 2006년 '동서양의 만남'이란 주제로 처음 열렸고, 올해 벌써 5년째를 맞는다. 작년은 'B4+, 베토벤과 함께 시련을 넘어 희망으로'라는 주제로 주피터 현악4중주단, 에벤 4중주단 등 저명한 해외 현악4중주단을 비롯해 여러 연주단체에 의해 국내 최초로 베토벤 현악4중주 전곡 연주가 펼쳐지기도 했다.

올해는 5월 5일 특별히 올해 새롭게 조성된 한강시민공원 여의지구 플로팅 스테이지에서 무료로 시민에게 개방되는 '시민과 함께하는 가족 음악회'를 필두로 5월 18일까지 광화문에 위치한 세종 체임버홀을 중심으로 시내 곳곳에서 펼쳐질 예정이다. 올해 축제의 주제는 'Unfinished Journey(못다한 여정)'로서 슈베르트의 작품을 위주로 공연될 예정이다. 슈베르트는 31세가 채 되지 않아 요절(夭折)하였지만 손수 작곡한 1000여 개의 작품을 통하여 음악사에 뛰어난 업적을 남겼다. 그의 음악과 삶을 기념하여 아직 끝나지 않은 슈베르트의 여정을 이번 2010 서울스프링실내악 축제에서 그려낼 예정이다.

서울문화재단은 국제적 축제 개최를 통해 서울의 문화도시 브랜드를 강화하고 국내에서 침체된 실내악 분야를 활성화하여 신진 연주자를 육성하고, 다양한 계층 시민들이 클래식을 접할 수 있는 기회를 확대하고자 서울스프링실내악축제를 개최해 왔다. 잘츠부르크 페스티벌, 탱글우드 페스티벌 같은 세계적인 음악축제를 원대한 목표로 삼은 SSF. 올해도 바이올리니스트 강동석 예술감독을 필두로 한국의 이름을 드높이고 있는 다수의 음악가가 주축이 되어 해외의 유명 연주자들과 조화로운 무대를 선보인다.

名 바리톤 홀츠마이어 초청

작년에 강동석과 SSF는 대원음악대상을 수상했으며, SSF의 운영위원인 첼리스트 양성원은 대원음악상 연주자상을 받았기에 올해 공연은 자축하는 축제로서의 감격까지 가미됐다 하겠다. 5년이라는 짧은 역사에도 저렴한 비용으로 다양한 장소에서 수준 높은 프로그램을 제공한다는 점에서 브랜드 서울을 대표하는 문화명물로 자리매김하고 있다.

올해 공연 중 가장 기대가 되는 것은 오스트리아 출신의 명(名) 바리톤인 볼프강 홀츠마이어(Wolfgang Holzmair)가 5월 14일과 16일 세종 체임버홀에서 'Winterreise / 겨울나그네'와 'Die schöne Müllerin / 아름다운 물방앗간의 아가씨'를 부르는 공연이다. 그의 정교한 발성으로 슈베르트의 걸작 연가곡을 들을 생각하니 벌써부터 흥분된다.

세계 정상급의 피아노 트리오인 칼리히슈타인-라레도-로빈슨 트리오(Kalichstein-Laredo-Robinson Trio)도 눈에 띄는 초청자이다. 필자는 박사과정 유학시절에 오하이오 대학 음악당에 초청된 이 트리오의 연주를 보고 감명을 받았었는데 20여년 만에 그들을 실황으로 다시

보게 돼 기쁜 마음이다. 프랑스의 클라리넷 악대 레봉벡과 함께 떠나는 '80분간의 세계일주'는 흥겨운 음악극 형태로 진행되는 공연이라 부담 없이 즐길 수 있는 기회라 생각한다.

5월 8일 예술의전당 콘서트홀에서 열릴 '가족음악회-세 남자의 못다한 사랑이야기'는 타

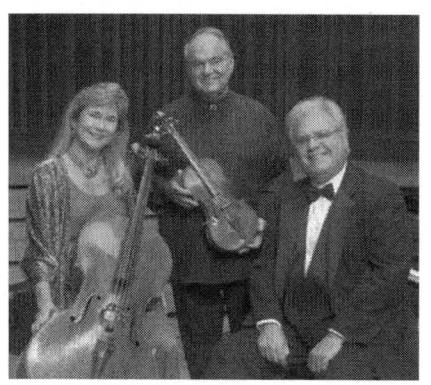

칼리히슈타인-라레도-로빈슨 트리오

임머신으로 슈베르트, 슈만, 쇼팽에게 전화를 해 그들과 통화하며 이야기가 있는 음악회로 진행될 예정이다. 그 이외에도 강동석, 양성원, 신수정, 김대진, 이경선, 김상진, 최희연을 위시한 한국의 대표적 음악가들과 필립 뮬러 등 여러 외국 초청자들이 혼연일체가 된 즐거운 축제가 될 것이다.

국립오페라단 Wolfgang A. Mozart
<Idomeneo>(이도메네오) 공연평

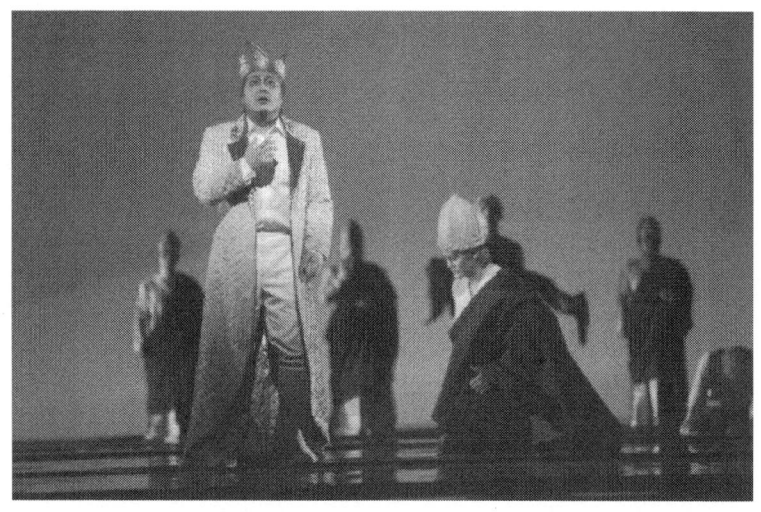

야심찬 기획으로 국립오페라단을 이끌고 있는 이소영 음악감독이 올해 첫 공연으로 선택하고 직접 연출한 작품은 모차르트의 <이도메네오> (원제는 '크레타의 왕, 이도메네오' Idomeneo, Il Re di Creta) 였다.

평소 한국오페라계의 아쉬움 중에 하나가 모차르트의 인기 있는 부파(buffa 희극) 오페라인 <피가로의 결혼>, <돈 지오반니> 등은 자주 상연되지만 <이도메네오>나 <티투스 왕의 자비> 같은 그의 세리아(opera seria: 정가극(正歌劇)-신화나 영웅담에서 소재를 얻은 진지한 내용의 오페라) 걸작들이 공연되지 못했다는 점이다. 음악애호가 중에 도 모차르트의 이런 작품들이 있는지조차 모르는 분들이 꽤 많다. 이도메네오는 모차르트가 24세에 작곡, 25세에 초연했는데, 무척 아끼고 사랑했던 작품이다. 그리고 이 오페라는 단지 모차르트의 걸작일 뿐 아니라 오페라 역사상 최고의 세리아 걸작이기도 하다.

<이도메네오>는 전 3막으로 구성된 이태리어로 된 오페라이다. 그 이전에 유행했던 기교 중심의 바로크 기법을 넘어서서 극적으로 짜임새 있는 혁신적인 오페라였다. <이도메네오>에는 유려한 중창이 자주 등장하며 합창 또한 중요한 역할을 담당한다. 내용 또한 주어진 숙명에 순응하는 힘없는 인간의 비극이 아니라, 아들을 지켜내기 위해 신의 뜻을 거역하고 끓어 넘치는 사랑과 용기로 운명을 거스르는 주인공의 고뇌와 의지를 그려내고 있다.

트로이 전쟁에서 돌아오는 크레타의 왕 이도메네오는 폭풍우 속에서 침몰 위기에 빠지자 바다의 신 넵튠과 약속을 하고 살아난다. 그 약속은 육지에서 처음 만난 인간을 희생으로 바치겠다고 맹세한 것이었는 데, 공교롭게도 표류 끝에 육지에 닿아 처음 만난 사람은 사랑하는 아들 이다만테였다. 자신의 운명을 저주하며 넵튠과의 약속을 지키지 않고 아들을 지키려는 이도메네오, 이다만테와 사랑하는 사이이자 연인을 위해 자기 목숨을 바칠 각오가 돼있는 적국 트로이의 공주 일리아, 그리고 이다만테를 짝사랑하는 정벌군 총사령관 아가멤논의 딸 엘레트라의 질투와 분노가 어우러진다. 이 대서사극은 이도메네오의 아들 사랑에 감복한 넵튠의 용서로 끝이 난다. 넵튠은 대신 이도메네오의 퇴위와 이다만테의 즉위, 그리고 일리아를 왕비

로 맞을 것을 계시한다. 엘레트라는 분노하지만 다른 모든 사람들은 기쁨의 합창을 부르며 막이 내린다.

이 오페라에서 이다만테 역은 초연 때 카스트라토(거세가수 castrato) 배역이었다가 1786년 빈 공연 때 테너 역으로 바뀌었고, 오늘날에는 메조소프라노가 부를 수도 있다. 이번 공연은 메조소프라노가 이다만테 역을 부르는 버전이었다. 이렇게 여성가수가 남자역할을 맡아 노래하는 것을 오페라에서는 바지역할(trouser role)이라 한다.

잘츠부르크 궁정성당의 주임신부인 잠바티스타 바레스코의 대본으로 1781년 1월 29일 뮌헨 궁정가극장에서의 초연에서 대성공을 거두었지만, 요즘에는 공연 기회가 많지 않은 비운의 오페라이기도 했다. 아마도 매우 긴 공연 시간과 다소 장황한 구성 때문에 그런 것이리라. 원래 바레스코의 대본은 너무나 길었기에 모차르트는 여러 번 대본을 축소했다. 하지만 최종 완성본 역시 꽤 길었기에, 요즘은 이 오페라를 조금 더 줄이고 콤팩트하게 만들어서 공연하는 경우가 대부분이고, 이번한국 초연도 축약판으로 진행됐다. 정명훈 씨가 밀라노에서 공연한 판본을 서울공연에서도 썼다 한다. 물론 그래도 한 번의 휴식시간 포함 장장 3시간 30분이 걸리는 대작이다.

필자는 이소영 단장이 취임했을 때 현재 유럽 무대에서 절정기를 맞고 있는 임선혜를 일리아 역으로 기용한 국내 초연을 권유했었는데, 다행히 여러 조건들이 들어맞아 이도메네오의 한국 초연이 성사됐다. 게다가 지휘와 반주가 정명훈과 서울시립교향악단이니 금상첨화라 아니할 수 없다. 다른 캐스팅도 타이틀 롤(주인공)에 김재형을 위시해서, 독일에서 프리마돈나로 활약하는 헬렌 권, 그리고 요즘 주목받는 신예 메조 소프라노인 양송미이니, 일단 캐스팅 면에서는 더 바랄 것이 없는 진용이었다. 특히 마에스트로 정명훈은 2004년 9월 국립오페라단의 <카르멘> 이후 5년 만의 오페라 지휘였다.

필자는 첫날 공연인 A팀 공연을 봤다. 이 공연의 백미는 뭐니 뭐니해도 김재형의 압도적인 호연이었다. 김재형은 젊어서부터 주목을 받은 테너로서, 베르디의 <라 트라비아타>의 알프레도 역 등으로 명성을 쌓아갔다. 그래서인지 그의 외국어 이름은 알프레도 김(Alfredo Kim)이다. 김재형은 이도메네오라는 난역(難役)을 너무나 쉽게 그리고 진지하게 불러나갔다. 무대 용어를 쓰자면'완전히 물이 오른 상태'라 할 정도로 현란한 가창을 선사했다. 지금 절정기를 맞고 있는 듯하니, 앞으로 더 무거운 역할에 도전해도 될 듯하다. 앞으로의 활동이 기대된다. 일리아 역의 임선혜는 이미 언급했듯이 거장 르네 야콥스와 바로크 물 오페라에서의 눈부신 활동으로 전성기를 누리는 월드스타이다.

Harmonia Mundi에서 낸 이도메네오 레코딩에서도 르네 야콥스는 임선혜를 기용했다.세계적인 레이블의 레코딩 회사에서 나오는 CD/ DVD를 통해 임선혜의 노래를 듣는 것은 한국 팬들의 즐거움이다.

일리아 역은 임선혜에게 딱 어울리는 역이다. 특유의 정감있는 목소리로 사랑스럽고 헌신적인 일리아 역을 유감없이 표현해 냈다. 엘레트라 역의 헬렌 권은 함부르크 오페라단의 주역으로 활동하는 소프라노이다. 낙소스(Naxos) 레이블에서 발매한 모차르트의 <마술피리>에서 '밤의 여왕'역을 호연해 국제적인 명성을 얻었다. 그런데 이날 공연에서는 묘하게도 무거운 음색을 자주 나타냈다. 질투와 분노에 찬 엘레트라의 성격과 어울리기도 했지만, 조금은 아쉬움이 남는 가창이었다. 이다만테의 양송미는 작년 국립오페라단의 벨리니<노르마(Norma)>공연에서 아달지사 역을 잘 소화해 내며 혜성처럼 등장했다. 무난하고 차분한 표현으로 이다만테를 노래했다.

무대연출은 화려하고 고전적인 스타일이 아닌 현대적이고 미니멀리즘(minimalism)적 접근을 택했다. 일부 음악애호가들은 너무 단출한 무대에 대한 실망감을 표현했지만, 조명과 영상으로 다채로운 표현을 해낸 것은 평가받아야 한다. 필자는 특히 넵튠의 분노를 표현한 해일장면의 스펙터클함에 높은 점수를 주고 싶다. 하나 아쉬운 점은 공연책자에서 이도메네오의 여러 판본에 대한 소개와 이번 공연에서 택한 판본에 대한 자세한 소개가 있었으면 관객들이 더 잘 이해할 수 있지 않았을까 한다.

김재형, 임선혜와 함께 이 공연의 또 다른 주인공은 마에스토로 정이었다. 그의 '악기'인 '서울시향'과 함께 자칫 늘어지고 흐트러지기 쉬운 이 오페라에 한 치의 빈틈도 없는 질서를 부여하면서도, 결이 고운 고급 사운드를 선사했다. 전체적으로 이도메네오 한국 초연은 대성공이었다. 식상한 레퍼토리가 아닌 참신하고 어려운 레퍼토리에 도전해 이만큼의 호연을 펼쳐냈다는 것은 한국 오페라사에 남을 일이다. 아리고 보이토의 <메피스토펠레> 한국 초연 등 올해 다른 공연들도 기대된다.

참고로 <이도메네오>는 레코딩 역사에 있어 운이 좋은 작품이다. 훌륭한 CD와 DVD가 즐비하니, 이 걸작 오페라에 더 빠져들고 싶은 음악애호가들은 다양한 선택을 통해 이도메네오 공연을 즐길 수 있다.

[시대정신] 2010년 봄호

소피아 필하모닉 내한공연 :
이영칠의 발견과 한국음악교육계의 문제점

　　1928년 창단돼 80년 전통을 자랑하는 불가리아의 대표적인 교향
악단, 소피아 필하모닉 오케스트라가 역사상 첫 내한공연을 가졌다.
이 공연은 한국과 불가리아의 수교 20주년을 기념하는 의미도 갖고
있다. 88올림픽 직후 숨 가쁘게 진행됐던 동서 화해와 동구 공산권
의 몰락 속에 구 공산권 국가와의 수교가 눈부시게 이뤄졌던
1989~1990년의 상황이 새삼 머리에 떠올랐다. "벌써 20년이 지난
일이구나. 새로운 세대는 이 드라마를 기억하기는커녕 알기나 할까?"
　　더군다나 이 교향악단을 이끌고 오는 지휘자는 종신객원지휘자라
는 직함을 가진 이영칠이라는 한국인이었다. 그는 지난 7월에 영국
로열 필하모닉 오케스트라를 지휘해 화제가 됐고, 내년에는 일본
NHK 심포니 오케스트라 지휘를 포함해 1년 내내 스케줄이 잡혀있
는 떠오르는 지휘계의 신성新星이다. 그 외에도 모스크바 라디오 심
포니를 비롯해 세계 유수의 오케스트라를 지휘하며 동구권을 중심으
로 맹렬히 활동을 펼친다하여 큰 기대를 모았다. 원래는 호른 연주
자였다가 지휘로 전공을 바꿔 국내보다 국제적인 무대에서 먼저 성
과를 알린 음악인으로 이번 공연이 지휘자로서 국내 데뷔전이었다.

동유럽에는 여러 개의 실력파 오케스트라가 존재한다. 서유럽이나 미국의 유명 오케스트라보다는 세련미가 떨어지고 지명도도 떨어지지만, 구 공산권 시대에 구축한 탄탄한 실력을 가지고 거칠고 투박한 매력을 발산하는 경향이 짙다. 소피아 필하모닉도 그중 하나로서 서울/경기권의 제일 유명한 아트홀 5곳인 세종문화회관, 고양 아람누리 아람음악당. KBS홀, 예술의 전당 콘서트홀, 성남아트센터 콘서트홀에서 순회연주를 했다. 각기 다른 레퍼토리를 가지고 다른 협연자와 같이 협연하는 참신하고 독특한 포맷을 취한 점이 마음에 들었다. 러시아의 유명 피아니스트인 바딤 루덴코와 유럽에서 활동하는 여러 한국 연주자들을 협연자로 선택했고, 레퍼토리도 차이코프스키 피아노 협주곡 1번, 바이올린 협주곡, 교향곡 4번과 5번, 그리고 라흐마니노프 피아노 협주곡 2번 등 친숙한 곡들과 카알 라이네케의 플룻 협주곡 등 다소 생소한 곡을 고루 배치했다.

필자는 첫날 오프닝 공연인 11월 2일의 세종문화회관 공연을 관람했다. 첫 곡은 임준희의 창작곡인 "댄싱 아리랑(Dancing Arirang)". 연세대를 거쳐 블루밍튼 소재 인디애나 대학에서 작곡학 박사 학위를 받은 임준희는 1998년 안익태 작곡상 대상과 2007년 KBS국악대상을 수상한 중견 작곡가이다. 현대음악 어법의 작품을 주로 쓰다가 요즘은 국악과 클래식 음악의 조화를 추구하는 작품을 많이 쓴다. 2006년 국립오페라단이 위촉한 '천생연분'을 독일 프랑크푸르트에서 초연하고 한국, 일본 등지에서 공연한 것을 필두로 교향시 "한강"을 작곡하기도 했다. 장래가 촉망되는 작곡가이다. "댄싱 아리랑"도 국악과 클래식 음악의 결합이라는 화두에 충실한 흥겹고 감성적인 곡이었다. 동유럽 오케스트라의 연주로 국악적인 곡을 듣는 재미도 쏠쏠했다.

그러나 다음 레퍼토리에서 사단이 났다. 표트르 일리치 차이코프스키의 바이올린 협주곡. 난곡 중의 난곡이다. 총체적 파탄으로 끝난 결혼 이후 우울증 치료를 위해 스위스, 이탈리아 등지를 여행하다가 작곡한 곡이다. 당대의 거장인 레오폴트 아우어 교수에게 초연을 부탁했다가 "기교적으로 불가능하다"는 평가와 함께 거절당하자 3년을 묵혀뒀다가 아돌프 브로드스키라는 바이올리니스트에 의해 겨우 초연된 곡이다. 이곡은 당시에 혹독한 비평을 받았는데, 특히 당대 최고의 비평가였던 에두아르드 한슬리크는 "싸구려 보드카 냄새" "음악에도 냄새가 나는 작품이 있다는 것을 보여준 작품"이라고까지 힐난했다. 그러나 독특한 러시아적 정서와 아련함을 가진 이곡은 점점 인기를 끌고 오늘날에는 가장 사랑 받는 바이올린 협주곡 중 하나가 됐다.

이런 난곡 중 난곡을 연주할 연주자는 어려서부터 독일에서 교육받았다는 것 밖에는 들어본 적이 없는 나이 어린 여자 바이올리니스트였다. 그러나 요즘은 잘 안 알려진 신동 음악가가 즐비한 세상이니 한편으론 기대도 됐다. 그러나 결과는 처참했다. 전혀 준비돼지 않은 가여운 어린 연주자는 악보를 따라가기 급급했고, 혼자서 연주하는 패시지에서는 음악을 만들어낼 능력을 완전히 결여했다. 필자 옆에서 음악을 듣던 음악계의 한 유명인사는 "안쓰러워서 못 들어주겠다"는 멘트를 날리고 1악장 후에 표표히 음악회장을 박차고 나갔다. 2, 악장도 마찬가지였다. 협연자가 미궁을 헤매니 반주하는 소피아 필도 같이 당황해서 허둥댔다. 근래 들어본 연주 중 가장 격이 떨어지는 연주라 하기에 모자람이 없었다.

이런 불상사가 왜 일어났을까? 추측컨대 아직 준비가 덜 된, 또는 애초부터 이런 큰 무대에 유명 교향악단과 협연할 능력이 모자라는 어린 소녀를 무리하게 무대에 올린 부모의 과욕과 기획사의 무리수가 낳은 해프닝으로 판단된다. 어렸을 적 큰 무대에서 큰 교향악단과 협연한 경력은 나중에 연주자로서의 자산이 되기도 한다. 그러나 이렇게 큰 실패를 겪고 나면 오히려 그 경력은 오점이 된다. 해외에서의 조기교육이 꼭 좋은 결과만 낳는 것은 아니며 주위의 과욕이 연주자에게 도움이 되기는커녕 해가 될 수도 있음을 여실히 보여준 경우였다.

인터미션 이후 진행된 메인 이벤트인 차이코프스키 교향곡 4번. 차이코프스키는 생전에 6개의 교향곡을 작곡했고, 예술적으로 높이 평가받는 곡은 4, 5, 6번이다. 대중적인 인기는 6번(비창)-5번-4번 순이지만, 차이코프스키 자신은 5번보다 4번을 훨씬 더 아꼈다. 5번 같은 웅장함과 외면적 화려함은 없지만 슬라브적인 애수는 더 강한 명곡이다. 이영칠은 이 곡을 과도하게 비극적으로 해석하기보다는 부드럽고 매끈하게 표현해 냈다. 앵콜곡으로 보내 준 브람스의 "헝가리 무곡 5번"과 "아리랑(편곡)"도 무난하게 연주됐다. 이 연주회는 이영칠이라는 지휘계의 기대주를 확인하는 동시에 한국음악 교육계의 문제를 동시에 느끼게 해준 매우 이례적인 경험이었다. 초대권을 남발해서인지 관객들의 태도도 수준 이하였다. 악장樂章 간 박수가 우뢰와 같이 터지는 등 음악 감상에 방해가 되는 요소도 많았다.

이번 공연을 보면서 문득 세브란스 오케스트라의 정기공연 생각이 났다. 연주회에는 참석 못하고 나중에 공연 CD를 증정 받아서 들어 보았는데, 솔직히 아마추어 오케스트라라 큰 기대를 걸지 않았다. 그러나 2009년 8월 30일 연세대 백주년기념관에서 연주된 이 공연은 정열과 패기, 그리고 혼신의 노력이 드러나는 연주였다. 아마추어 오케스트라라 기교적으로 한참 못 미치는 것은 어쩔 수 없다 하더라도, 연주에 쏟은 순수한 열정이 고스란히 드러나는 열연이었다고 평가할 수 있다.

음악을 들을 때 기준으로 여기는 철칙이 하나 있다. 아무리 베를

린 필이 연주를 해도 연주자들이 성의 없이 연주하거나 루틴(routine)
적으로 연주하면 감동이 없다. 그러나 아마추어 오케스트라가 연주
를 하더라도 열과 성을 다해서 연습하고 연주하면 그 연주는 감동적
이다. 연주하는 사람들이 자기 연주에 감동하지 않으면 청중들도 감
동할 리가 없는 것이다. 세브란스 오케스트라 연주 후에 연주자들이
감격해서 눈물을 흘렸다는 후문을 듣고, 진정한 예술혼이 무엇인지
를 새삼 느꼈다. 그럼 점에서 소피아 필의 연주는 비록 유명 오케스
트라라 하더라도 그런 감흥을 느끼지 못했다는 덤에서 아쉬움이 남
는 연주회였다.

[시대정신] 2009년 겨울호

예술가의 위대한 업적과 정치적 업보 : 윤이상과 이응노의 경우

봄은 음악을 즐기기 좋은 계절이다. 지난달에는 통영국제음악제
(TIMF)가 열렸다. TIMF는 통영 출신의 작곡가 윤이상을 기리기 위
해 설립돼 몇 년간 성황리에 진행돼 왔다. 윤이상의 작품은 현대음
악답게 난해해서 일반인들이 쉽게 즐기기 어렵지만, 그는 분명 뛰어
난 작곡가였다.

그는 '동백림(동베를린) 사건' 때 무기징역을 선고받았다. 북한관련
실정법을 위반했던 것은 사실이지만, 죄에 비해 형량이 너무 가혹했
고, 수사과정도 강압적이었다. 어찌 보면 그도 거칠었던 시대에 화상
(火傷)을 입은 사람이었다. 그런 그를 기리는 음악제가 성대히 열린
다는 것은 우리 사회가 그만큼 열린 사회라는 증거이다. 그러나 그
를 "숭고한 민족사랑"을 가진 위대한 "애국자"로 칭송하는 예찬 열
기는 도가 지나치다.

동백림 사건 이후 윤이상 부부의 행적은 문제투성이였다. 북한을
자주 오가며 한 김일성과 주체사상 찬양 기록은 양(量)적으로 너무
많고 질(質)적으로는 심각하다. 김일성을 "우리 역사상 최대의 영도
자인 주석님"이라고 쓴 편지는 압권이다. 더구나 독일 유학생으로
경제학 박사학위를 마친 오길남 씨를 교수를 시켜주겠다며 가족과
함께 입북(入北)하도록 권유한 것은 심각한 경우였다.

오 박사는 약속과 달리 북한에 가서 대남 공작원으로 이용됐고, 북한체제의 실상을 알고 나선 탈출했다. 윤이상은 오씨의 북한 복귀를 강요하며 안 돌아갈 경우 "은혜를 베풀어준 주석을 배반"했기에 "가족을 가만두지 않겠다" "가족은 죽는 줄 아시오"라는 무시무시한 협박을 했다 한다. 실제로 오씨 가족은 현재 북한의 강제수용소에서 비참하게 살고 있다. 작곡가 윤이상과 인간 윤이상을 분리 평가해야 하는 이유이며, 그가 절대로 애국자가 될 수 없는 근거이다.

역시 동백림 사건 연루자였던 이응노 화백 부부도 마찬가지다. 한국의 대표적 피아니스트 백건우와 당대의 은막(銀幕) 스타 윤정희 부부는 묘하게도 1972년 뮌헨에서 윤이상의 오페라 '심청' 초연(初演)을 보러 와서 처음 만나 사랑에 빠졌다. 결혼 주례는 고(故) 이응노였다.

그런데 1977년 여름 백건우 부부는 유고슬라비아의 자그레브에서 북한에 납치될 뻔했다. (나중에 유령인물로 밝혀진) 한 스위스 부호가 백씨의 스폰서가 되고 싶으니 만나자는 거짓말로 이들을 유인한 사람은 놀랍게도 이응노의 후처(後妻)였다고 한다. 그녀는 한 인터뷰에서 "그 사건과 나는 관련이 없다"고 부인했다. 그러나 그대로 믿기 어렵다. 가까스로 탈출에 성공한 백·윤 부부는 미국 영사관에 몸을 의탁해 극적으로 생환했다. 백씨 부부가 북한에 납치돼 당했을 일들을 생각하면 오싹해진다.

몇 년 전 유고 공산당 문서가 비밀해제되면서 이 사건 당시 유고 주재 북한 대사가 북한이 치밀하게 계획한 소행임을 인정했던 것으로 드러났다. 명백한 증거가 나온 것이다. 또한 여러 정황을 보면 이 화백은 아닐지라도, 그의 처는 납치 기도에 직접적으로 연루됐다고 의심할 수밖에 없다. 이씨 부부는 사건 조사를 거부하고 잠적했으며, 결국 한국 국적을 버렸다. 그런데 그녀는 어느 순간부터 한국을 자유로이 드나들며, 김대중 정부 시절엔 청와대에도 초청되는 귀빈 대접을 받았다.

백건우 부부는 이에 놀라 납치 미수사건의 조사를 정식으로 요청했으나, 국가정보원은 철저히 수사하지 않고 어물쩍 넘어가 버렸다. 당시 국정원장은 "내 임기가 끝나 제대로 수사를 못했다"라는 어이없는 변명만 남겼다. 자국민의 납치사건도 제대로 수사 안 하고, 이 사건에서 결백할 수 없는 사람을 오히려 귀빈 대접한 나라가 제대로 된 나라인가. 하루빨리 재조사가 이뤄져야 하며, 누가 조사를 방해했는지, 그리고 진상은 무엇이었는지 밝혀야 한다. 어차피 공소(公訴)시효는 지났다. 진실을 역사에 남기자는 것이다. '죄지은 사람'이 있다면 죄를 인정하고 용서를 구해야 한다.

작품이 아니라 일부 예술인과 그 주변인들 자체에 대한 세간(世間)의 찬양 분위기는 무분별하고 진실과 다른 방향이다. 재고(再考)돼야 한다.

[조선일보 아침논단] 2010년 4월 22일

오페라, 한국

　지금으로부터 40년 전인 1966년 11월, 모차르트의 걸작 오페라 <피가로의 결혼>이 베를린 도이치 오페라단 초청공연으로 서울 시민회관에서 펼쳐졌다. 훗날 서독 총리로 동방정책을 추진한 빌리 브란트가 서(西)베를린 시장 자격으로 인사말을 보내왔던 이 공연은 1967년 하인리히 뤼프케 서독 대통령의 방한에 앞선 문화사절의 의미가 강했다.

　일단 출연진이 호화스러웠다. 엘리자베트 그뤼머(백작부인), 에리카 쾨트(수잔나), 게르트 펠트호프(피가로), 하인리히 홀라이저(지휘자)라는 일류 음악가에다가 솔리스트, 합창단, 오케스트라, 스태프, 기술진 등 180명이 초청된 초대형 이벤트였다. 이런 수준의 공연은 현재도 대단히 어렵다.

　공연은 여러 에피소드를 낳았다. 시민회관 스팀 파이프가 터져 의상이 물에 젖고 성악가들이 감기에 걸려 위기에 빠졌으나, 출연진이 긴장을 하고 공연에 임하여 놀랄 만큼 아름다운 음악을 선사했다고 한다. 다음 날 코리아타임스는 '기절할 것 같은 대성공'이었다고 평했다. 소설가 박경리 씨도 한국일보에 그날의 벅찬 감동을 자세히 기록했다. 참고로 많은 사람의 노력이 있기에 가능했지만 공연이 성사되고 성공을 거두는 데는 최정호 현 동아일보 객원 대기자(大記者)

(전 연세대 교수)의 공이 컸다.

필자는 나이가 어려서 보지 못했지만, 중학 시절 음악서적을 읽다가 이 공연에 대해 자세히 알게 됐다. 재미있는 사실은 공연을 위해 피 같은 외화를 한 푼도 쓰지 않았다는 점이다. 세계 최빈국 중 하나였던 한국을 배려해 서독 외교부가 경비를 부담하고 한국이 단원 체재비만 부담하는 파격적인 계약을 했다. 1인당 80마르크(당시 환율로 20달러)에 불과한 단원 체재비를 지불하거나 바꿔 줄 외화가 없어서 원화로 지불하고 그 돈을 한국에서 다 쓰는 조건을 한국이 제시했고, 서독이 사정을 이해하고 수용했다.

최상급 성악가가 당시 받던 하루 출연료가 5,000달러였으니 공연을 한국이 정상적으로 유치할 수 없었다. 한국 경제는 1인당 국민소득이 가까스로 100달러를 넘어섰고 수출이 2억 5,000만 달러인 참담한 수준이었는데, 이 수치조차 이전보다 많이 좋아진 것이었다. 1964년 12월 박정희 대통령이 뤼프케 대통령의 초청으로 서독을 방문했을 때 외화를 벌려고 파견했던 광원, 간호사를 만나 눈물을 흘린 사실은 잘 알려졌다. 대통령 전용기가 없어서 서독 루프트한자 비행기를 이용했던 것도 지금 젊은 세대는 도저히 이해할 수 없는 일이리라.

한국인은 음악을 유난히 사랑한다. 대중음악은 물론 고전음악 팬층도 상당히 두껍다. 나는 40년 전의 공연을 생각하면서 윗세대의 노력이 모여 한국문화계의 탄탄한 저변이 닦였다고 믿는다. 못살아도 예술을 사랑하는 애호가가 많았기에 한국 문화예술의 발전이 가능했다.

우리는 이제 전혀 달라진 환경에서 살고 있다. 유명 연주자, 오페라단, 오케스트라가 한 해에도 여러 번 오며, 그들의 출연료와 체재비를 못 낼 걱정도 없다. 얼마 전 축구스타 차범근 씨는 한 칼럼에서 "풍요와 여유를 누리는 지금의 젊은 세대가 부럽지만 그런 세상을 그들에게 물려준 우리 세대가 자랑스럽다"라고 했다. 선대(先代)의 열정과 노력이 경제적 풍요뿐만 아니라 문화적 풍요의 기반을 다음 세대에 선사했던 것이다.

한국의 젊은이는 이런 풍요 속에서도 행복해 보이지 않는다. 그들의 고통은 이해할 만한 부분이 많다. 영화화된 에이미 탄의 소설 '조이 럭 클럽(Joy Luck Club)'에서도 딸 세대는 불만에 가득 차 있다. 그러나 탄은 이들 젊은이의 어려움과 그들 어머니 세대가 살아남기 위해 겪었던 엄청난 고난을 극적으로 대비해 놓고 있으니, 2대의 아픔은 나름대로 심각하지만 1대가 겪은 형극(荊棘)에 비하면 너무나 하찮아 보인다.

선대를 무조건 찬양하라는 얘기가 아니다. 그러나 그들이 가져야 했던 시대적 한계와 도전, 극복하려는 노력, 그 대가로 아래 세대가 받은 여러 긍정적, 부정적 유산을 이제는 공정하게 그리고 성찰적으로 평가할 시점이 온 것 같다는 얘기다.

[동아일보 동아광장] 2006년 11월 18일

소극장 오페라가 반가운 까닭

며칠 전 세종M씨어터에서 공연한 모차르트의 <돈 지오반니(Don Giovanni)> 공연을 보았다. 유명 성악가도 출연하지 않았고 성악가 사이의 편차도 있었으며 일류 오케스트라 협연도 없었지만, 나름대로 앙상블이 좋았고 톡톡 뛰는 연출 아이디어가 흥겨운 작은 공연이었다. 관객들도 꽤 많이 들어왔었다.

음악 애호가로서 언제나 느끼는 것은 오페라가 매우 비싼 예술이라는 것이다. 공연하는 데 비용이 많이 들기에 표 값이 엄청나게 비싸기가 십상이라, 나 같은 열혈 애호가도 선뜻 좋은 좌석을 구매하기가 꺼려지고 어떤 경우는 아예 감상을 포기한다. 대신 집에서 DVD나 CD로 대리만족을 하는 경우가 많다.

그리고 대개 제작비를 최대한 뽑기 위해 오페라 공연에 적합하지 않은 대극장에서 공연하기에, 3층 저 멀리에서 개미만 해 보이는 성악가들의 잘 들리지 않는 목소리를 들으려 애를 쓸 때도 많았다. 예술성보다는 성량이 큰 성악가가 무조건적으로 선호되는 부수적 현상도 생겨났다.

그러다 보니 오페라가 대중과 유리된 '그들만의 리그'가 될 위험성이 다분히 존재한다. 이런 문제에 대한 대안으로 요즘 소극장 오페라가 대두되고 있다. 소극장에서 분량도 적절히 줄이고 기름기도 빼고 아기자기한 앙상블로 승부를 거는 공연 형태이다. 오페라를 잘 모르는 사람들도 소극장 오페라를 통해 쉽고 친숙하게 그리고 덜 비싸게 즐길 수 있다. 성악가들도 성량이 그리 안 커도 예술성만 있으면 된다. 앞으로 이런 형식의 소극장 오페라가 더 많아져 오페라가 좀 더 대중에게 친숙해지길 기원해 본다. 이번 주에 열리는 '서울 국제 소극장 오페라 축제'가 기대되는 이유이기도 하다.

[조선일보 일사일언] 2008년 07월 08일

정명훈, 그가 있기에 행복하다

한국은 1970년대까지도 참 못사는 나라였다. 그러나 낮은 경제력에 비해 높은 수준의 문화적 저력이 있었고 그 좋은 예가 음악분야였다. 훌륭한 음악가들이 끊임없이 배출됐으니 피아노에는 한동일, 바이올린에는 김영욱과 강동석이 있었다. 그러나 당시 세계 음악계에서 슈퍼스타급으로 인정받은 음악가는 뭐니 뭐니 해도 정경화였다. 1967년 그의 미국 레벤트리트 콩쿠르 우승은 한국인으로서 첫 유명 국제 음악 콩쿠르 우승이었다. 비록 석연치 않은 과정을 통해 이스라엘의 핀커스 주커먼과 공동우승이 주어졌지만 진정한 승자는 그였다.

22세이던 1970년에는 데카사에서 앙드레 프레빈이 지휘한 영국 런던 심포니 오케스트라와의 협연으로 시벨리우스와 차이콥스키의 협주곡을 녹음 발매했다. 이것도 한국인으로서는 처음으로 메이저 오케스트라와 협연한 메이저 음반사와의 녹음이었고 평단의 격찬을 받았다. 이 음반은 이후 다른 한국인 음악가들이 메이저 음반사와 녹음하는 길을 열어 준 계기가 됐으며 아직도 명반으로 대우받고 있다.

며칠 전인 18, 19일 바로 그 런던 심포니 오케스트라가 10년 만의 내한공연을 했다. 런던 심포니 오케스트라는 100여 년 전통의 교향악단으로 세계 음악계에서 확고한 위치를 고수하고 있는 명문이다.

그런데 이 악단의 영국과 아시아 투어를 이끈 지휘자는 다름 아닌 정경화의 동생 정명훈이다. 그는 이미 1996년의 런던 심포니 오케스트라 내한공연도 치러냈다.

정명훈, 그는 누구인가? 그는 21세이던 1974년 권위 있는 차이콥스키 콩쿠르 피아노 부문에서 주최국인 구소련의 안드레이 가브릴로프에 이어 당당히 2위를 차지했다. 현악에서는 정경화 이후 김지연, 장영주, 장한나, 다니엘 리, 양성원 등 세계 정상급 한국인 또는 한국계 연주자들이 계속 나왔지만 피아노와 성악에서는 신체적인 조건 탓인지 훌륭한 음악가가 나오기가 힘들었다. 최근 연광철, 조수미, 홍혜경과 같은 수준급의 성악가가 나오고 있고 진정한 거장으로 성장한 피아니스트 백건우가 있지만 정 씨의 입상은 당시로서는 놀랄 만한 일이었다. 그는 이후에도 독주자와 반주자로서, 그리고 자매들과 결성한 정트리오에서 계속 피아노를 치긴 했지만 주 전공을 지휘로 바꿨다. 1978년 25세의 나이에 대지휘자 카를로 마리아 줄리니(작년에 91세로 사망)의 부지휘자로 발탁돼 미국 로스앤젤레스 필하모니 오케스트라를 지휘하면서 정명훈은 본격적인 지휘자의 길을 가게 된다.

필자가 음악분야 수업을 진행하면서 가끔 받는 질문이 있다.

"지휘자는 그저 박자만 맞추는 역할만 하지요?", "정말로 지휘자에 따라 같은 오케스트라도 연주가 달라지나요?" 이런 질문에 나는 "같은 오케스트라라도 지휘자에 따라 천차만별의 연주를 할 수 있으며, 지휘야말로 한국인이 세계적인 수준에 오르기에 가장 힘든 음악분야"라는 대답을 한다. 훌륭한 지휘자는 '마에스트로(maestro)'라 불리며 전 악단을 일사불란하게 통솔하는 지도자의 역할을 수행한다. 이렇게 힘든 분야에서 정상의 지휘자로 성장해 런던 심포니 오케스트라를 이끌고 서울에 온 정명훈을 보는 것은 가슴 뿌듯한 일이 아닐 수 없다. 현재 구자범 등 젊은 지휘자들이 세계무대에서 밝은 미래를 약속하고 있지만 아직 정명훈과 같은 거장급 지휘자를 배출하지 못했다.

필자가 본 공연에서 정명훈은 중국이 자랑하는 쇼팽 콩쿠르 우승자이자 요즘 폭발적인 인기를 끌고 있는 윤디 리[李雲迪·리윈디]와 쇼팽 피아노협주곡 1번을 아름답게 연주했다. 메인 레퍼토리는 최근 들어 부쩍 많이 연주되는 구스타프 말러의 교향곡 5번이었다. 작년 6월 필라델피아 오케스트라의 내한공연 때 고 박성용 금호그룹 회장의 추모연주로도 이 교향곡의 4악장 아다지에토가 연주됐는데 정명훈의 런던 심포니 오케스트라는 더 훌륭하게 이 난곡을 연주했다.

진지한 표정으로 혼신의 힘을 다하다가도 가끔 연주가 마음에 든다는 듯한 미소를 환하게 짓기도 하면서 이 대곡을 지휘했는데, 특히 꿈같이 평안한 4악장이 끝나고 나서 5악장으로 넘어가는 순간의 정적은 지구상의 모든 것이 정지된 느낌을 줬다. 이 공연 이후에도 인기 절정의 메조소프라노 체칠리아 바르톨리의 첫 내한공연에서 피아노 반주까지 한다니 기대가 크다.

한국의 음악 팬들은 정경화가 있어 자랑스러웠고, 정명훈이 있기에 행복하다.

[동아일보 동아광장] 2006월 3월 27일

KBS교향악단의 위기

  암스테르담의 명문(名門)인 로열 콘세르트허바우 오케스트라를 취재하러 갔다가 아침 9시에 시민 1,000여 명이 '우리 오케스트라의 공개 리허설을 보기 위해' 길게 줄을 서고 있는 것을 보고 음악 강국의 저력을 새삼 느꼈다는 신문 기사를 흥미 있게 읽었다. 해외 유명 음악인이나 연주단체가 내한했을 때 반짝 관심을 보이는 것보다 주위의 연주회를 '정기적'으로 가는 꾸준한 음악 애호가들이 많을 때 그 사회의 음악 수준이 높은 것이다. 그런 의미에서 한국의 대표 악단인 KBS교향악단(이하 KBS향)이 갖는 의미와 책임감은 남다르다 하겠다. 필자는 일반 음악 애호가들에게 수준 높은 연주를 저렴하게 제공해 주는 KBS향을 진심으로 아낀다. 근년에는 정기 연주회의 협연자나 객원 지휘자의 수준이 높아졌다. 예를 들어 요번 달 초에 엘가의 협주곡을 협연한 힐러리 한은 인기절정의 바이올리니스트이다. 레퍼토리도 전보다 훨씬 다양해졌다.

  그러나 KBS향은 위기를 맞고 있다. 드미트리 키타옌코가 2004년을 끝으로 상임 지휘자를 그만둔 이후 상임 부재의 상황이 계속되고 있다. 총감독과 수석 객원 지휘자도 현재 공석이다. 대신 다양한 객원 지휘자들을 접할 수는 있었지만, 자신만의 색깔을 잃고 있다는 음악 팬들의 우려가 나오고 있다. 상임 지휘자가 있다고 만사형통은 아니지만, 상임도 없이 오래 방치되는 것은 문제가 있다. 정명훈을 영입해서 무서운 속도로 업그레이드하고 있는 서울시향은 물론이고, 상임인 알렉산더 아니시모프의 지도 아래 탄탄한 사운드를 들려주는 부산시향과 비교되는 것은 피할 수가 없다.

이러한 상황을 타개하기 위해 다니엘 바렌보임과 같은 거장급을 상임으로 모셔야 한다는 의견도 있으나, 거장들은 이미 몇 년 치의 스케줄이 잡혀 있는 상태라 현실성이 떨어진다. 그들을 서울로 끌어 올 동기도 약하며, 자금도 부족하다. 그렇다면 현실적인 대처 방안을 마련해야 한다. 이름값이 아니라 내실 있게 악단을 이끌 지도자가 필요하다. 앤드루 리튼, 제임스 저드 등 계약이 가능한 A급 후보들은 있다. KBS향과 궁합이 잘 맞는 수준급 지휘자군도 여러 번의 연주를 통해 파악이 끝난 상태다. 유베르 수당과 키즈 바클즈 등이 그들이다. 그들은 난곡(難曲)인 브루크너와 말러의 교향곡에서 발군의 솜씨를 보여 줬다. 그러나 2009년 상반기까지 스케줄이 거의 확정됐기에 지금 서둘러도 2009년 후반에야 상임을 둘 수 있다.

또 다른 문제는 독립 법인화이다. KBS에서 지원은 받되 좀 더 자립적인 단체가 되기 위한 노력이 필요하다. 처음엔 홀로서기가 힘들지라도 법인화가 되면 외부 지원을 이끌어 낼 수 있다는 장점이 있다. 참고로 세계 일류급의 NHK교향악단을 위시한 일본 악단들은 이미 법인화된 지 오래다. 오디션을 통해 내부 긴장감을 유지하는 것도 필요하다. 서울시향의 경우 이명박·정명훈 체제가 서고 나서 내부 반발을 무릅쓰고 오디션을 시행했다. 기존 단원들이 대부분 재계약을 이뤄 내는 등 예상외로 진통도 적었고, 한편으론 적절한 정도의 긴장감이 조성돼 서울시향은 업그레이드될 수 있었다. 무주공산과 무경쟁 상태에서 KBS향 단원들은 '만고강산' 편한 상태일지는 몰라도 부지불식간에 KBS향의 경쟁력이 약해지고 있지는 않은지.

까다로운 한국 음악 애호가들은 그런 것을 기가 막히게 잘 파악한다.

KBS 경영진의 관심이 다른 일에 집중돼서인지 교향악단 문제가 우선순위에서 한참 밀린다는 인상을 지울 수 없다. 그러나 한국 교향악을 이끌어 온 KBS향은 방치되기에는 너무나 소중한 존재다. 이제 KBS향의 미래를 심각하게 생각하고 행동해야 할 시점이 온 것 같다. 이미 시간이 너무 지나가 버렸다.

[조선일보 아침논단] 2007년 06월 30일

리히아르트 슈트라우스(Richard Strauss)
"네 개의 마지막 노래(Vier Letzte Lieder)" :
군둘라 야노비츠(Gundula Janowitz)

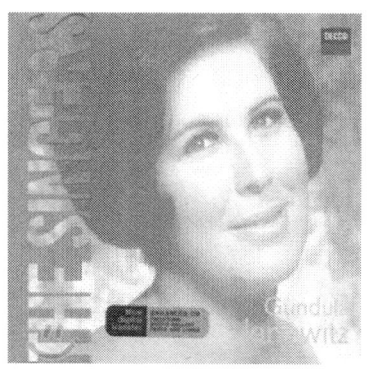

1948년 리히아르트 슈트라우스는 말년의 창작욕을 불태우고 있었
다. 전성기를 훨씬 지나 버린 이 노대가는 그의 마지막이 될지도 모
르는 오케스트라가 딸린 가곡집을 작곡하고 있었고 이것이 훗날 그
의 말년의 걸작으로 칭송받는 "4개의 마지막 노래"였다. 결국 84세
였던 그는 다음 해 사망함으로써 이 곡은 슈트라우스의 "백조의 노
래"가 되었다.

곡의 아름다움에 비해 일반에게는 덜 알려져 있지만 이 곡이 갖고

있는 독특한 향취는 거부하기 힘든 매력이 있다. 첫 번째 3곡은 헤르만 헤세(Herman Hesse)의 시에 노래를 붙였고 (제1곡: 봄, 제2곡: 9월, 제3곡: 잠자리에 들면서)와 요제프 폰 아이헨도르프(Joseph von Eichendorff)의 시에 제4곡(황혼에)의 음악을 붙였다.

이 곡은 대대로 독일계 프리마돈나의 향연장이었다. 특히 인기가 있었던 판은 대표적인 독일 소프라노였던 엘리자베트 슈바르츠코프의 모노 녹음(아커만 지휘, 필하모니아 오케스트라 EMI/Angel)과 스테레오 녹음(조지 셸 지휘, 베를린 라디오 심포니 EMI/Angel)이었다. 특히 그녀의 스테레오 녹음은 훌륭한 레코딩 음질에 특유의 매혹적이고 기교적인 목소리로 평론가들의 찬사를 받아 왔다. 그 외에도 리자 델라 카사(스위스), 세나 유리나츠(유고), 실비아 사스(헝가리), 키리 테 카나와(호주), 제시 노만(미국) 등의 고급의 프리마돈나들이 이 곡에 도전하여 나름대로의 영역을 구축했다.

그러나 개인적인 의견으로는 이 곡은 군둘라 야노비츠의 노래가 최고의 위치를 차지한다고 생각한다. 72~73년에 녹음되고 74년에 처음 LP로써 발매된 이 판은 야노비츠의 기품 있고 우아한 목소리와 카라얀의 주술적인 지휘가 어우러진 명판이 되었다.

필자가 군둘라 야노비츠를 처음 알게 된 것은 유명한 카라얀과 베를린 필하모니의 베토벤 교향곡 전곡 녹음판에서였다. 9번 합창곡에서 소프라노 파트를 부른 야노비츠의 젊었을 적 청아한 자태와 그에 비견되는 아름다운 목소리는 어린 필자가 듣기에도 인상적이었다.

그 이후 그녀의 많은 녹음들을 접하고 애호하게 됐는데, 특히 추천할 만한 판들은 위의 녹음 이외에도 하이든의 "천지창조"(카라얀 지휘 베를린 필, DG), 모차르트의 "피가로의 결혼" 중 백작부인 역(칼 뵘 지휘, 독일 오페라 오케스트라, DG)과 "마술피리" 중 파미나 역(오토 클렘페러 지휘, 필하모니아 오케스트라, EMI), 베버의 "마탄의 사수" 중 아가테 역(카를로스 클라이버 지휘, 드레스덴 국립 가극장 오케스트라, DG), 오르프의 "카르미나 부라나"(오이겐 요훔 지휘, 베를린 독일 오페라 오케스트라, DG), 바그너의 로엥그린 중 엘자 역(라파엘 쿠벨릭 지휘, 바이에른 방송교향악단, DG), 리히아르트 쉬트라우스의 "낙소스 섬의 아리아드네" 중 아리아드네 역(루돌프 켐페 지휘, 드레스덴 국립 가극장 오케스트라, EMI) 등이 있다.

몇 해 전 필자는 미국에서 "쇼생크 탈출"이라는 영화를 보다가 갑자기 "편지의 이중창"이 나오는 것을 듣고 무의식중에 벌떡 자리에서 일어났다. 교도소 내에서 주인공이 틀은, 그래서 모건 프리먼을 위시한 죄수들이 넋을 잃고 들은 그 노래는 바로 야노비츠와 마티스의 이중창이었다. 영화에서 프리먼이 독백했던 대로 그것은 그가 이제까지 들었던 어떤 것보다 더 아름다운 그 무엇이었다.

혹자는 야노비츠의 노래가 슈바르츠코프보다 기교적으로 또 성격표현적으로 떨어진다고 평한다. 그리고 브람스의 "도이치 레퀴엠"이나 모차르트의 "코시판투테" 공연같이 실황 녹음에서 들은 그녀의 가창이 기대에 못 미치는 것을 여러 번 경험했는데, 아마 그녀는 실연보다는 스튜디오 레코딩에 강한 성악가인지도 모른다. 실제로 그러한 비판이 없지 않다.

하지만 스튜디오 레코딩에서 나타나는 야노비츠의 목소리는 다른 표현이 필요 없는 천사의 목소리라는 것이 필자의 생각이다. 도대체 천사가 노래하는 데 무슨 기교와 성격표현이 필요하단 말인가? 1960년 비엔나 국립오페라에서 데뷔한 그녀는 그 이후 카라얀, 뵘, 클렘페러 등의 거장들의 총애를 받으며 주로 독일과 오스트리아에서 활동을 한다. 거장들과의 녹음은 주로 도이치 그라모폰(DG)과 EMI/Angel에서 이루어져 오늘날 우리는 꽤 많은 수의 그녀의 음반을 즐길 수 있다. 활동무대가 넓지 않고 레퍼토리가 한정되어 다른 프리마돈나들, 예

를 들어 크리스타 루트비히나 슈바르츠코프보다 세계적인 지명도에
서는 떨어지나 그녀의 목소리는 가히 한 세기에 하나 나올까 말까한
진귀한 소리이다. 야노비츠는 그 누구와도 구별되는 자신만의 고귀
한 사운드를 가졌던 몇 안 되는 소프라노였다.

　야노비츠는 그녀의 수정과 같이 맑기도 하면서 부드러운 목소리로
이 슈트라우스의 걸작을 그야말로 천상처럼 노래한다. 특히 제3곡
"잠자리에 들면서"에서의 베를린 필의 악장인 미셀 슈발베의 바이올
린과의 대화는 사람을 숨넘어가게 만든다. CD로는 두 번 발매되었
는데 첫 번째 발매는 슈트라우스의 오보에 협주곡 등과 커플링 되었
고, 최근 DG의 오리지널 시리즈로 리마스터되어 한결 더 싱싱한 녹
음으로 들을 수 있게 되었다.

[베를린 필하모니 오케스트라(Berliner Philharmoniker),
헤르베르트 폰 카라얀(Herbert von Karajan) 지휘(DG)]

[Stereo Music] 2002년 9월호

신명반 컬렉션 : 모차르트, 〈피가로의 결혼〉
(Le Nozze di Figaro, 1786년)

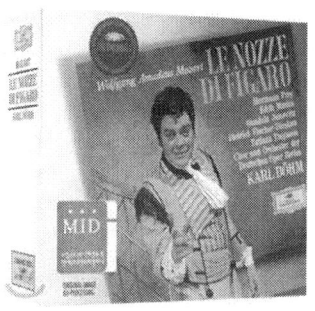

위대한 역사학자 겸 정치학자 크레인 브린튼(Crane Brinton)은 지금은 혁명에 관한 고전이 되어 버린 그의 명저 '혁명의 해부'의 한 부분을 '피가로의 결혼'에 할애하고 있다. '영원한 피가로'라고 제목 지워진 이 장에서 브린튼은 그가 장황하게 분석한 구체제의 모순을 피가로는 독백을 통해 단 몇 페이지에 극적으로 분석하고 있다고 찬탄을 금치 않았다.

"당신은 대영주이기 때문에 스스로를 위대한 천재라고 생각하고 계신다. ……귀족의 신분, 큰 재산, 관등, 관직 이런 것으로 의기양양하신다. 그러나 그런 멋진 것들을 가지기에 합당할 만큼 무엇을 당신은 했단 말입니까? 당신이 한 일이란 태어났다는 사실뿐입니다."

보마르셰는 자신의 분신인 피가로를 통해 앙시앙 레짐이라 불리는 구체제의 모순을 통렬히 비판하였고 이러한 비판은 혁명이 실제 일어나기 직전의 사회 분위기를 잘 나타내 주는 지표였다. 이러한 귀족에 대한 풍자 또는 비판은 전 프랑스에 유행하며 귀족사회 자체에까지 침투되어 '피가로의 결혼'은 프랑스 혁명이 일어나기 불과 5년 전인 1784년 귀족들의 알선, 특히 놀랍게도 (자기들이 단두대에서 처형될 것을 예견하지 못하고) 루이 16세의 부인인 마리 앙투아네트 왕비와 왕의 동생의 적극적 권유로 처음 상영되었고 커다란 성공을 가져왔던 것이다. 프랑스뿐만 아니라 혁명을 앞둔 사회는 어디에서나 이런 '피가로'들이 나타나 기존 질서에 대한 조롱과 풍자를 해댔던 것이다.

1786년에 비엔나에서 초연된 모차르트의 오페라 '피가로의 결혼'은 비록 로렌쪼 다 폰테의 각색에 의해 완화된 형태로 각색되었지만 은연중에 보마르셰의 혁명적 메시지가 녹아들어 있다. 그래서 '피가로의 결혼'을 들을 때 하나의 감상 포인트가 되는 것은 타이틀 롤인 피가로를 어떻게 해석하는가 하는 문제인 것이다. 대체적으로 얘기해서 피가로의 유형은 세 가지로 분류될 수 있다: 혁명가 또는 체제 비판자로서의 피가로, 연인으로서의 피가로, 그리고 코미디언으로서의 피가로. 물론 각 성악가들은 자신의 피가로를 이 세 가지가 결합된 모습으로 나타내려 할 것이지만 셋 중에 두드러지게 한 요소가 혹은 두세 가지 요소가 결합된 형태로 피가로의 성격이 표출된다 하겠다. 또 하나의 감상 포인트는 수잔나/백작부인, 피가로/백작의 커플링에 있어 서로 대비되면서 절묘하게 화합되는 성악진을 골라야 한다는 것이다. 두 커플링의 성악가들이 서로 비슷한 (그리고 개성 없는) 목소리를 가졌다면 이미 그 <피가로의 결혼>은 실패한 것이나 다름없다. 나중에 설명하겠지만 모포/슈바르츠코프, 마티스/야노비츠, 프라이/피셔 디스카우, 타데이/배히터 커플링은 그런 의미에서 대단히 성공적인 선택이라 할 것이다.

잠시 개인적인 얘기를 하자면, 나에게 처음으로 오페라의 세계에 빠져들게 만든 작품은 바로 <피가로의 결혼>이었다. 집에 클래식 판들이 꽤 있었는데, 그중 무심코 집어 든 판이 바로 줄리니가 지휘한 <피가로의 결혼>이었다. 서곡부터 어린 나의 마음을 사로잡은 선율은 결코 짧지 않은 이 오페라를 꼼짝없이 듣게 만드는 마력을 가졌던 것이다. 이후 기회 있을 때마다 피가로 판을 구했고, 공연 혹은 비디오/LD를 보아 왔다. 점차 다른 오페라로 관심영역을 넓혀 가고 지금은 모차르트의 다른 오페라인 <마술피리>가 가장 좋아하는 오페라가 되었지만, 그래도 <피가로의 결혼>은 영원히 나의 마음속에 자리잡을 작품이라 할 것이다.

피가로의 결혼은 약 20여 종이 넘은 CD가 나왔고, 그 외에 여러 종류의 실황 해적판이 있다. 이 오페라는 그냥 '잘' 연주하는 것만으로는 부족한 작품이고 이미 뛰어난 녹음들이 많이 나왔으므로 나름대로 장점이 있고 훌륭한 연주조차 명반으로써의 가치를 부여할 수 없다 하겠다. 예를 들어 훌륭한 데이비스 구판(Phillips), 클렘페러(EMI), 그리고 나름대로 좋은 매리너(Phillips), 카라얀 신판(Decca), 무티(EMI), 레바인(DG), 바렌보임 신, 구판(EMI, Erato), 프리차이(DG), 외스트만(Decca), 그리고 라인스도르프(RCA) 등은 이미 내가 더 이상 듣지 않거나 처분한 판들이라 여기서는 생략하려 한다. 물론 여기서 소개되는 녹음들보다 위의 판들이 더 뛰어난 경우도 있고, 이러한 기준은 전적으로 주관적인 것임을 밝혀 두고 싶다.

제일 먼저 소개할 녹음은 1934년 유명한 글라인드본 축제 공연에 기반을 둔 프리츠 부쉬(Fritz Busch) 판이다. 돔스그라프-파스벤더(피가로, 메조소프라노 브리짓 파스벤더의 아버지), 마일드웨이(수잔나), 라우타바라(백작부인), 헨더슨(백작), 헬렛츠그루버(케루비노).

<피가로의 결혼>이 전 세계 주요 레퍼토리로 자리잡는 데 큰 영향을 미쳤던 공연 겸 녹음으로 지금의 기준으로 보자면 해석상으로 매우 단순하고 성악적으로 미약하지만, 유명한 당시의 글라인드본의 분위기와 더불어 부쉬의 경쾌한 템포를 즐길 수 있다. 비슷한 시기에 녹음된 부쉬의 돈 지오반니에 비해 상대적으로 덜 알려져 있고 지금은 레코딩 역사의 한 부분으로만 인식되고 있다.

쿤츠(피가로), 제프리트(수잔나), 슈바르츠코프(백작부인), 런던(백작), 유리나츠(케루비노), 비엔나 필, 헤르베르트 폰 카라얀(Herbert von Karajan, EMI/Angel 모노, 1950).

카라얀 구판은 초호화 캐스팅으로 일단 마음을 설레게 만든다. 이당시의 카라얀은 자기의 주관을 강요하지는 않았지만 매우 빠른 템포로 연주했다. 오죽하면 토스카라얀(토스카니니+카라얀)이란 별명을 얻었을까. 경쾌해 보이지만 성악진들이 따라가기에 매우 벅찰 정도의 스피드라 음악을 음미하고 해석할 여유가 없는 것이 흠이다. 에리히 쿤츠의 전설적인 피가로는 특유의 따듯하고 여유로운 목소리를 과시하지만 왠지 복합적인 피가로의 성격을 표출하지는 않는다. 음질도 오래된 녹음 탓인지 좋지 못하다. 아쉽게도 기대에 미치지 못한다는 느낌을 지울 수 없는 것이 느껴지는 녹음이다.

브루스칸티니(피가로), 시우티(수잔나), 유리나츠(백작부인), 칼라브레제(백작), 스티븐스(케루비노), 글라인드본 축제 관현악단, 비토리오 구이(Vittorio Gui, EMI/Angel, 1955).

EMI가 (한결 젊어진) 글라인드본 축제 팀과 함께 한 이 연주는 즐거운 연주이다. 특히 세스토 브루스칸티니와 그라지엘라 시우티 콤비는 코미디로서의 이 오페라를 잘 살려 주고 있다. 그러나 역시 그이외의 성격들이 무시되었다. 또한 케루비노에서 백작부인으로 승격한(?) 세나 유리나츠도 인상적인 가창을 하지만 너무 젊은 시기에 그리고 목소리가 (백작부인 역으로서) 성숙되기 이전에 이 역에 도전했다고 할 수 있다.

시에피(피가로), 귀덴(수잔나), 델라카사(백작부인), (백작), 당코(케루비노), 비엔나 필, 에리히 클라이버(Erich Kleiber) 지휘(Decca/London, 1955).

비로소 첫 스테레오 녹음이자 (관례적인 삭제 한두 군데를 빼고는) 첫 전곡녹음이 1955년에 나왔다. 더구나 이 비엔나 스타일 연주는 꾸준히 사랑받을 만큼 훌륭한 녹음이다. 그러나 역시 음질이 썩 좋지는 않은 약점을 가지고 있다. 성악진들은 매우 훌륭한데, 힐데 귀덴의 영리하고 깜찍한 수잔나, 리사델라카사의 약간은 경직되었지만 노블 한 백작부인 등등의 훌륭한 렌디션으로 가득 차 있다. 그러나 무엇보다도 훌륭한 것은 체자레 시에피(Cesare Siepi)의 권위 있는 피가로와 클라이버의 유려한 지휘이다. 시에피는 어둡고 묵직한 목소리로 피가로의 저항성을 잘 나타내고 있다. 연인으로서도 그는 목소리를 자유자재로 변화시켜 귀덴과 호흡을 맞추고 있다. 클라이버의 능숙한 지휘하에 비엔나 필은 물 흐르는 듯이 이 아름다운 오페라를 노래하고 있다.

EMI와 천재 프로듀서 월터 레게(Walter Legge)는 1959년 다시 한 번 '피가로'에 도전한다. 타데이(피가로), 모포(수잔나), 슈바르츠코프(백작부인), 배히터(백작), 코소토(케루비노), 필하모니아 관현악단, 카를로 마리아 줄리니(Carlo Maria Giulini, EMI/Angel).

당시, EMI/레게/줄리니 팀은 거의 같은 성악진과 함께 역사적인 돈 지오반니/피가로의 결혼 녹음에 돌입하여 하나의 역사를 만들어 갔다. 아직도 최고의 연주로 칭송되는 그들의 돈 지오반니 녹음만큼이나 이들의 피가로는 하나의 전범을 이루고 있다. 명석한 음질 위에 펼쳐지는 성악진의 향연은 아찔할 정도다. 레게의 천재적인 캐스팅과 연출하에서 각자 당시 절정에 올라 있던 성악진은 자신들의 목소리를 과시하는 듯하면서 치밀한 앙상블을 이루어 나가고 있다. 한마디로 이 작품을 가장 이태리적으로 해석했다 할 것이다. 안나 모포(Anna Moffo)는 그녀의 아름다운 자태만큼이나 매력적인 수잔나를 보여 준다. 거의 성적 매력이라고 얘기할 수 있을 만한 목소리의 절묘함과 성격표현을 가지고 빛나는 연주를 한다. 당시 최고의 프리마돈나 중 하나인 슈바르츠코프와 대적(?)에서도 전혀 꿀리지 않고 오히려 그녀를 능가하는 가창을 선사한다. 서곡 직후의 수잔나/피가로의 이중창을 들어 보라. 거기에는 생기 있고 희망에 가득 찬, 그러나 미래의 난관을 이겨 내리라는 의지가 함께 묻어 있다. 모포와 완벽한 하모니를 이루는 쥬세페 타데이(Giuseppe Taddei)는 그의 변화무쌍한 목소리와 표현력을 가지고 피가로의 다중적인 면을 표출한다. 아마도 풍자가로서의 피가로와 코미디언으로서의 피가로를 가장 잘 결합시킨 예가 아닌가 한다. 타데이의 다양성은 그가 역사상 빼어난 레포렐로(돈 지오반니, 쥴리니/EMI), 토니오(팔리아치, 카라얀/DG), 스카르피아(토스카, 카라얀/Decca), 맥베드(멕베드, 시퍼스/Decca)임과 동시에 팔스타프(베르디, 카라얀/Phillips)였다는 사실만으로도 입증된다. 이 뛰어난 '서민' 커플에 맞서 '귀족' 커플도 호연 한다. 슈바르츠코프는 한층 더 성숙한 모습으로 자기 남편이기도한 레게의 '작품'에 동참한다. 에버하르트 배히터(Eberhard Wächter)는 그의 남성적인 목소리로 백작의 음흉한 책략을 노래한다. 메조소프라노 피오렌자 코소토(Fiorenza Cossotto)는 이 당시 아주 젊었는데, 조숙한 소년 케루비노를 하기에는 너무 풍려한 사운드를 내지만 케루비노의 어찌할 수 없는 에너지, 조급함을 잘 묘사한다. 그녀의 개성 있는 목소리는 이 녹음의 또 하나의 즐거움이다. 그 외 게스트들은 압도적으로 이 태리인들로 구성되었는데 예를 들어 작은 역인 안토니오 역도 뒤에 대바리톤이 되는 피에로 카푸칠리 같은 사람이 맡고 있는 것만 봐도 이 녹음의 성악진의 화려함을 추측할 수 있다. 귀족 커플을 제외하고는 지휘자를 포함해서 거의 모든 배역이 이태리인(총 8명의 이태리인들과 한 명의 이태리에서 살고 있는 이태리계 미국인(모포))으로 구성되어 있는 것은 레게의 의도를 읽을 수 있는 부분이다. 줄리니는 이 오페라를 절도 있게 그리고 성악진을 보좌하는 수준에서 진행시킨다. 클라이버와 같은 유려함이 아쉽기도 하지만 모범적인 반주자로서의 역할에 충실하다. 염가판인데도 케이스와 리브레토가 충실히 돼 있는 점도 마음에 든다.

칼 뵘(Karl Böhm)은 이 곡을 무척 사랑해서인지 (한 번의 비디오 녹음 포함해서) 무려 네 번에 걸쳐 이 오페라를 녹음한다. 38년 알레스마이어, 셰플러, 뵈메 등의 성악진과 쉬투트가르트 방송 악단과의 녹음(여러 레이블)은 초기 뵘의 연주의 역사적 기록이고, 56년 필립스와의 모노 녹음은 당시 비엔나의 대표적 성악가들과의 행복한 연주라 할 것이다. 발터 베리(피가로), 시트라이히(수잔나), 유리나츠(백작부인), 셰플러(백작), 루트비히(케루비노), 비엔나 심포니와의 협연(Phillips)은 당시 모차르트 전문가로 성장하고 있는 뵘을 볼 수 있는 기회이다. 심플한 면이 부각된 이 연주는 다층적인 이 오페라의 성격표현보다 즐겁게 자기 파트를 연주하는 듯한 느낌을 준다. 이 연주는 훗날 뵘 자신의 결정판적 피가로연주인 도이치 그라모폰 녹음의 리허설로 간주하고 싶다.

헤르만 프라이(피가로), 마티스(수잔나), 야노비츠(백작부인), 피셔 디스카우(백작), 트로야노스(케루비노), 베를린 도이치 오페라 관현악단(Deutsche Grammophon, 1968, 96년에 Remaster CD 발매).

줄리니 판과는 정반대로 주로 독일계 성악가들로 꽉 찬 이 녹음은 튜톤적이라고 할까, 뵘의 독일적인 스타일을 잘 나타내고 있다. 유려함과 구조적임을 공히 갖춘 뵘의 치밀하면서도 경쾌한 연주는 또 다른 의미의 전형을 이룬다. 헤르만 프라이(Hermann Prey)는 코미디언으로서의 성격은 희박하나 밝고 늠름하게, 때로는 친근하게 연인으로서 그리고 (순박한) 혁명가로서의 타이틀 롤을 묘사한다. 스위스 소프라노인 에디트 마티스(Edith Mathis)는 활기차고 지적인 수잔나를 노래한다. 지적인 하녀(?)라고 반문하실지 모르겠지만 수잔나는 자신의 기지와 똑똑함으로 귀족들을 포함한 자신의 적들, 심지어는 피가로조차 데리고 놀지 않던가? 섹시함이라는 측면에서의 아쉬움이 있지만 사랑스러운 수잔나라고 할 수 있겠다. 이 시대 최고의 독일 리트 가수인 디트리히 피셔 디스카우(Dietrich Fischer－Dieskau)는 교활하고 음흉한 그리고 때때로 위협적인 알마비바를 그의 개성 있는 목소리로 표현한다. 대단히 유니크한 백작 역인데 다시 생각해 보면 피셔 디스카우가 부른 어떤 오페라 역인들 유니크하지 않겠는가? 어떤 역이건 그 자신의 스타일로 바꾸는 그의 능력(혹은 능력의 부재)은 놀랄 만하다(예를 들어 그의 리골레토, 쿠벨릭/DG). 요절한 그리스의 메조인 타티아나 트로야노스는 여기서 충실히 케루비노를 부르지만 이 역이 요구하는 보이시한 매력이 약간은 부족하다. 유명한 스위스의 리트가수인 페터 라거가 여기서 바르톨로를 부르는 것도 색다르다.

그러나 뭐니 뭐니 해도 이 녹음의 백미는 (물론 개인적인 생각이지만) 빛나는 군둘라 야노비츠(Gundula Janowitz)의 백작부인이다. 이 리릭 소프라노는 능력에 비해 세상에 덜 알려져 있지만, 아마도 20세기 가장 아름다운 목소리 중 하나를 가지고 있다는 데 의문의 여지가 없을 것이다. 레퍼토리가 (슈바르츠코프만큼) 넓지 못하고 성격

표현에 있어 다양한 역을 소화하지는 못하지만 그녀에게는 뭔가 특별한 것이 있다. 그녀의 맑은 수정 같은 목소리가 실의에 찬 그러나 기품을 유지하려는 백작부인의 고뇌를 표현할 때 나는 정신을 잃어버린다. 실황에서 들은 그녀의 가창(솔티 지휘 비엔나 국립 가극장 관현악단, 프라이, 폽, 발차 공연 비디오)이 기대에 못 미친 것으로 보아 그녀는 실연보다는 레코딩에 강한 성악가인지도 모른다. 그러나 어쩌랴 이것은 CD 평이지 실황공연평은 아니니……. 미국에서 <쇼생크 탈출>이란 영화를 보다가 갑자기 "편지의 이중창"이 나오는 것을 듣고 나는 벌떡 내 자리에서 일어났다. 교도소 내에서 주인공이 틀은, 그래서 모건 프리만을 위시한 죄수들이 넋을 잃고 들은 그 노래는 바로 야노비츠와 마티스의 이중창이었던 것이다. 영화에서 모건 프리먼이 독백했던 대로 그것은 그가 이제까지 들었던 어떤 것보다 더 아름다운 그 무엇이었다. 마티스와 야노비츠는 서로의 개성 있는 목소리를 대비시키면서, 그러나 절묘한 하모니를 통해 이상적인 듀오를 구성한다.

참고로 뵘은 또한 피가로의 비디오용 녹음(연도 미상)도 하였다. 대학교 때 애장했다가 유학 시 누가 가져갔는지 없어진 이 녹음은 키리 테 카나와가 백작부인을, (외모상으로 전혀 수잔나 같지 않은) 미렐라 프레니가 수잔나를 불렀고 프라이/피셔 디스카우가 그대로 출연했었다. 성악진의 매력은 DG 오디오 녹음보다 못하지만 훌륭한 연주/연기/연출이었던 것으로 기억된다. 뵘의 57년도 비엔나 필과의 잘츠부르크 실황공연은 구하기는 힘들지만 여러 해적판 레이블로 나와 있다. 진용은 역시 화려한데, 쿤츠(피가로), 제프리트(수잔나), 슈바르츠코프(백작부인), 피셔 디스카우(백작), 루트비히(케루비노) 등이다. 마치 카라얀 구판과 뵘의 2, 3판 성악진을 뒤섞은 느낌인데, 매우 열악한 녹음상태에도 불구하고 해적판 실황녹음의 묘미는 구하기 힘들다는 희소성 외에 (계약관계이건 아니건 간에) 레코드상으로써는 절대로 불가능한 콤비네이션으로 각 연주를 즐긴다는 것이다. 마치 타임머신을 타고 당시로 날아가 연주를 듣는 착각에 빠진다는 쾌감이 존재한다. 뵘의 연주는 56년 연주와 거의 같고 성악가들의 매력 또한 다른 판들 못지않다는 데 이 판의 매력이 있다 하겠다.

디지털 녹음 시대에 들어와서 첫 녹음이라 생각되는 솔티 판은 또한 디지털 시기 최고의 녹음으로 남아 있다. 레미(피가로), 폽(수잔나), 테 카나와(백작부인), 토마스 알렌(백작), 폰 슈타데(케루비노) 등의 주요 역할 이외에 이본느 케니, 쟌느 베르비에, 쿠르트 몰, 로버트 티어, 필립 랭리지 등의 초호화 조역진이 두텁게 둘러싸고 있는 이 연주는 솔티가 런던 필하모니를 지휘한 판(Decca/London, 1981, 84년 CD발매)인데, 디지털 녹음답게 깨끗하고 명석한 음질을 자랑한다.

솔티의 지휘는 변화무쌍한 템포변화로 규정지울 수 있다. 서곡에서의 숨 가쁜 템포는 아마도 가장 빠른 '피가로의 결혼' 서곡으로 기록될 것이다. 그러나 여유가 필요한 부분에서는 솔티는 템포를 유연하게 이끌어 간다. 사뮤엘 레미(Samuel Ramey)는 연인으로서의 피가로상을 나타낸다. 그의 충실한 가창과 매치되는 루치아 폽(Lucia Popp)의 매력적인 수잔나는 오히려 레미보다 더 백작과의 긴장관계를 형성한다. 이 오페라에서 수잔나는 매력적인 인물이어야 한다. 그렇기에 백작이 흑심을 품고 초야권(영주가 결혼식을 마친 모든 신부와 첫 밤을 보내는 권한)을 다시 발동하려 하지 않는가? 그러한 매력과 긴장관계가 잘 설정된 것이 솔티 판의 장점이다. 토마스 알렌(Thomas Allen)은 이러한 백작의 심리상태를 때로는 노블하게 때로는 권위적으로, 그리고 때로는 아름답게 표현한다. 키리 테 카나와는 자신의 장기인 백작부인 역을 능숙하게 노래한다. 그러나 이 판의 정점은 완벽하게 케루비노를 노래하는 프리데리카 폰 슈타데(Frederica

Von Stade)이다. 폰 슈타데는 훌륭하게 이 호르몬이 넘쳐 나는 소년역을 소화해 냈다. 목소리의 성질, 성격묘사 등에서 폰 슈타데는 이역이 적역임을 증명한다. 때로는 서정적으로 때로는 경솔하며 불안한 그의 심리를 절묘하게 표현해 냈다.

솔티 판을 능가하는 디지털 시대의 녹음이 나오지 못하는 것은 한편으론 아쉽지만 한편으로는 그것을 능가하는 것은 대단히 어려운일이라 생각된다. 그래서 뒤이어 나온 여러 녹음들은 전체적으로 나름대로 장점을 가지고 있지만 다른 뛰어난 녹음들과 비교해서 그 빛을 잃는 경향이 있다. 사람을 휘어잡는 매력이랄까 영원히 기억될카리스마가 부족하다. 솔티 판을 능가하는 개성 있는 새로운 녹음이나오기를 바라는 마음 간절하다.

그중 몇 가지 녹음에 대해 언급하자면, 하이틴크가 글라인드본 팀과같이한 녹음(EMI/Angel, 1988)은 비록 스타 성악가가 한 명도 없지만빼어난 앙상블을 자랑한다. 데스데리(피가로), 롤란디(수잔나), 스틸웰(백작), 롯(백작부인), 에샴(케루비노), 런던 필, 하이틴크의 적절하면서도 풍려한 지휘하에 각 성악가들은 자신의 능력 이상을 발휘한다. 젊으면서도 (아마도 여러 번의 글라인드본 축제에서 익혀진) 익숙함과 팀워크는 매력적이다. 펠리시티 롯의 백작부인은 아름다운 목소리는 아니지만 매우 지적인 가창을 하고, 데스데리와 롤란디는 성악적으로나 극적으로 피가로와 수잔나의 성격표현에 성공하고 있다. 이판의 흠은 듣는 이를 압도하는 성악적인 즐거움이 적다는 것이다.

모차르트 '전문가' 콜린 데이비스는 필립스와의 견실한 첫 녹음 이후티투스(피가로), 도나트(수잔나), 바라디(백작부인), 푸를라네토(백작), 바바리아 라디오 관현악단(RCA, 1991)과 다시 피가로에 도전했다. 이연주 역시 각 개개인의(특히 개인적으로 선호하는 헬렌 도나트의 선이 가늘지만 정감 있는 목소리 등의) 좋은 가창과 앙상블을 가지고 있지만 종합적으로 무게가 떨어진다. 아르농쿠르 판(Teldec, 1994, 로열 콘체르트헤보 관현악단)도 마찬가지이다. 샤링거(피가로), 보니(수잔나), 마르지오노(백작부인), 햄슨(백작). 훌륭한 원전악기 연주인 이 판의 장점은 외스트만 판에서 매력적인 수잔나를 보여 준 바바라 보니(Barbara Boney)가 다시 한 번 빼어난 수잔나를 표현했다는 것이다. 다른 배역들도 만전을 기하고 있다.

갈로(피가로), 맥네어(수잔나), 스투더(백작부인), 스코브후스(백작), 바르톨리(케루비노), 아바도 지휘, 비엔나 필(DG)은 체칠리아 바르톨리의 케루비노, 실비아 맥네어의 수잔나 같은 좋은 연주에도 불구하고 재미없는 피가로를 보여 준다. 아바도의 무겁고 단조로운 반주하에 앙상블이 약한 연주로 일관한다. 목소리 성질이 비슷한 스코브후스와 갈로가 백작과 피가로를 부른 것도 흠이고, 스투더의 견실한 그러나 개성 없는 백작부인도 이 판의 매력을 경감시킨다. 아바도는 비디오/DVD로도 실황녹음(91년 비엔나 국립 가극장)을 남겼는데, 진용은 갈로(피가로), 맥클러플린(수잔나), 스투더(백작부인), 라이몬디(백작), 시마(케루비노)이다. CD녹음과 거의 같은 연주이다.

찰즈 맥케라스 경은 스코티시 실내 관현악단을 기용하여, 그야말로 소규모의 실내악 같은 피가로를 녹음했다(Telarc). 마일즈(피가로), 코르벨리(백작), 포실레(수잔나), 바네스(백작부인)의 진용인 이 판은 맥케라스의 개성 있는 연주가 백미라 할 것이다. 현대 악기를 정격 연주식으로 빠른 템포로 이끌어 가는 그의 연주는 일청(一聽)의 가치가 있다. 34분 정도의 여러 버전들을 같이 소개하고 있는 것도 큰 매력이다. 이 오페라를 학구적으로 접근하려는 분들은 꼭 들어 두어야 할 연주라 하겠다. 그러나 상대적으로 성악진이 약체이다.

솔티 판 이후의 최고의 연주는 존 엘리엇 가디너가 잉글리시 바로크 솔로이스트와 함께 실황 녹음한 원전악기 연주(DG, 1994)이다. 유니크할 뿐 아니라 매우 명철한 해석이라 할 것이다. 터펠(피가로), 해글리(수잔나), 마르틴펠로(백작부인), 길프리(백작), 스티브(케루비노)의 성악진을 가진 이 판은 브린 터펠 이외에는 젊거나 무명인 성악가들을 기용했다. 이 연주는 터펠의 이미 세계적으로 인정된 가창과 앨리슨 해글리의 매혹적인 수잔나라는 일급 커플을 중심으로 젊고 신선한 연주를 선사한다. 두 서민 커플의 가창만으로도 이 판은 가치 있는 녹음이라 할 수 있다. 전반적으로 경쾌한 반주와 성악으로 일관된 연주라 할 것이다. 케루비노의 인위적으로 의도된 불안한 (그리고 매우 빠른 템포의) 아리아들은 개인적으로 대단히 못마땅하지만 그 외에는 아주 유쾌한 경험을 선사한다. 이 연주는 비디오/DVD로도 발매되는데, 실황에서의 해글리 모습은 바로 수잔나는 (만약 실존인물이라면) 이렇게 생기고 행동했을 것이란 생각이 들 정도로 적역이란 느낌이 든다. 반대로 마르틴펠토의 백작부인은 눈을 감고 그냥 음악으로 듣는 편이 낫다.

결론적으로 필자의 선택은 줄리니 판(EMI)과 뵘의 1968년 DG녹음을 공동 추천하고 싶다. 사람들은 첫사랑을 영원히 잊지 못한다한다. 나에게는 제일 처음 들은 오페라 판이 줄리니 판이었다는 것이 대단한 행운이라 느껴지지만, 한편으로 그렇기 때문에 어떤 편견이 생겼을지도 모른다. 뵘 판은 최근에 음질이 개선된 DG오리지널 리마스터 시리즈(96)로 다시 나왔다. 둘 중 어느 하나를 고른다는 것은 나에게는 불가능하다. 현대의 녹음으로는 솔티 판, 가디너 판을들 수 있다. 약점이 거의 없고 나름대로의 개성을 가지고 있는 연주들이다. 차선의 선택으로는 클라이버 판을 추천한다. 그 밖의 주목해야 할 연주는 구이, 뵘의 56년 판(Phillips), 하이틴크, 그리고 아르농쿠르를 들고 싶다. 그 외에 내 나름대로 드림 게스트를 구성한다면 (물론 각자가 최고의 기량과 컨디션이라는 것을 전제로): 타데이(피가로), 모포(수잔나), 야노비츠(백작부인), 알렌(백작), 폰 슈타데 또는 코소토(케루비노), 그리고 클라이버 또는 뵘(지휘), 비엔나 필, 제작 월터 레게이다. 만약 모포와 야노비츠가 같이 부르는 편지의 이중창을 들을 수 있었다면 나는 졸도했을 것이다.

[CLASSICAL CD GUIDE] (구 월간음악) 34호 1999년 11월호

신명반 컬렉션 : 가브리엘 포레(Gabriel Faure)의
레퀴엠(Requiem)

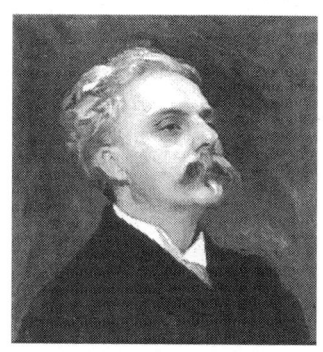

가브리엘 포레

　죽은 자의 넋을 위로하기 위한 진혼곡인 레퀴엠은 서양음악에 있어서 중요한 위치를 차지하고 있다. 역대의 작곡가들은 수많은 레퀴엠을 작곡했고, 또 현대에 와서도 레퀴엠 작곡은 계속되고 있는데, 그중에서도 포레 연구의 권위자인 존 러터(John Rutter)의 레퀴엠(러터/Collegium 판(1986), 실릭/Reference(1993))과 록 오페라 작곡가로 유명한 앤드루 로이드 웨버(Andrew Lloyd Weber)의 레퀴엠(마젤, 브라이트만/도밍고/EMI/Angel, 1985)은 대중적인 인기도 얻고 있다.

　이렇게 수많은 레퀴엠 중에서 가브리엘 포레(Gabriel Faure)의 레퀴엠은 모차르트, 베르디의 레퀴엠과 더불어 흔히 3대 레퀴엠이라 불러지고 있다. 그 외에도 케루비니의 레퀴엠, 브람스의 도이치 레퀴엠, 베를리오즈의 레퀴엠과 같은 걸작들이 즐비하다.

이 3대 레퀴엠 중에서도 포레는 독특한 아름다움과 더불어 죽은 자뿐만 아니라 산 자들의 고요한 위로라는 레퀴엠 본연의 의무라는 측면에서 가장 뛰어나기 때문에 그 생명을 잃고 있지 않다. 사실 베르디의 레퀴엠은 그 극적인 성격으로 말미암아 '레퀴엠의 탈을 쓴 오페라'라는 혹평을 받아 왔고 모차르트의 레퀴엠은 미완으로 끝난 것을 제자인 쥐스마이어가 완성했다고 볼 때 포레의 레퀴엠은 아마도 역사상 가장 뛰어난 진혼곡이라 해도 큰 무리는 없으리라.

후기 낭만파의 거장인 포레는 아마도 후기 낭만파 작곡자 중에 가장 독특한 인물이었다. 동료 음악가들과는 달리 그는 그 자신만의 절제와 단정함의 미덕을 가지고 조용하지만 꾸준한 작품 활동을 했다. 놀랍게도 백정집안 출신인 포레는 그의 음악적 재능을 교회당에서 기적적으로 발견한 한 맹인 노파에 의해서 9살에 니더마이어 음악원으로 보내진다. 그의 천재성을 간파한 니더마이어는 무료로 그를 교육시키고, 뒤이어 생상에게 가르침을 받은 그는 프랑스 음악계의 거장으로 훗날 라벨을 가르침으로서 프랑스 음악의 계보를 이어간다. 나중에 귀가 먹지만 계속 작곡생활에 정진하다 조용히 사라진 그의 단아한 일생은 마치 그의 레퀴엠의 마지막 악장인 'In Paradisium'('천사들이 그대를 천국에서 맡기를……')을 듣는 듯한 인상을 준다.

포레의 레퀴엠은 예상외로 많은 녹음이 있지만 왠지 우리나라에서는 자주 연주되지 않고 많은 음악애호가들에게도 생소한 곡목으로 남아 있다. 아마도 작곡가 자신의 인지도가 높지 않은 탓인 듯하다.

그러나 한번 들으면 헤어나기 힘든 매력을 이 신비스런 곡은 가지고 있다. 이 곡 중에 특히 Pie Jesu(피에 예수)는 앤드루 로이드 웨버 레퀴엠의 Pie Jesu(녹음 당시 로이드 웨버의 부인이었던 사라 브라이트만과 보이소프라노의 이중창으로 이 곡을 한번 들어 보시라)와 더불어 음악사상 가장 아름다운 피에 예수일 것이다. 이 곡은 여러 판본이 존재하기 때문에 연주마다 색다른 맛을 느낄 수 있는 장점이 있다. 몇 년에 걸쳐 작곡되었고 1885년 자신의 아버지의 죽음을 애도하기 위해 최종적으로 완성된 이 곡은 여러 판본으로 변형되었다. 또한 소프라노 대신 보이소프라노(트레블)를 기용한 판들도 꽤 되는데, 개인적으로는 이 곡의 순수성을 강조하는 데 유리한 보이소프라노가 이 곡의 진수를 전하는 데 더 낫다고 생각한다.

그동안은 1900~01년 판본(풀 오케스트라 판, full orchestra version)이 주류를 이루었으나 점차 포레 레퀴엠 아름다움의 본질인 간결함과 청아함을 나타내는 1893~94년 오리지널 스코어(실내악 판(chamber orchestra version))가 인기를 얻고 있다.

풀 오케스트라 판본(1900~01판)의 대표적인 연주는 앙드레 클뤼탱(Andre Cluytens)이 파리 음악원 오케스트라를 지휘하고 빅토리아 데 로스 앙헬레스(Victoria de los Angeles)와 디트리히 피셔 디스카우(Dietrich Fischer – Dieskau)가 노래한 판(EMI/Angel, 1986)이다. 비록 오리지널 판본은 아니지만 오리지널의 정신을 살린 높고 기품 있는 정신세계는 오랫동안 애호가들의 사랑을 받아 왔다. 로스 앙헬레스의 아름다운 목소리도 일품이다. 한동안 이 곡의 결정판 격인 역할을 해 온 것이 전혀 놀랍지 않다.

현대에 와서 녹음된 1900년 판 중 주목할 만한 것은 샤를 뒤트와(Dutoit)가 몬트리올 교향악단을 지휘하고 키리 테 카나와(Kiri Te Kanawa)와 셰릴 밀른즈(Milnes)와 공연한 Decca/London 판과 미셸 르그랑(Legrand)이 필하모니아를 지휘하고 바바라 보니(Bonney)와 토마스 햄프슨(Hampson)이 공연한 Teldec 판(1994)이다.

뒤트와의 (약간은 풍려하지만) 깔끔한 지휘하에 카나와와 밀른즈가 오페라 스타일로 해석한 Decca 판은 포레 레퀴엠의 본질을 살리지 못하고 있다. 프랑스의 샹송 작곡가/재즈 피아니스트이자 자신이 부른 샹송 "세상 끝의 향기"로 유명한 만능 예술인 미셸 르그랑은 여기서 놀랄 정도의 훌륭한 연주를 보여 준다.

뒤트와 판처럼 이 곡의 본질에는 벗어났지만, 이 곡의 드라마틱한 부분과 서정적이고 청아한 부분의 대비를 명확히 하면서 오케스트라를 이끌어 나간다. 보니의 소녀 같은 가창도 이 판의 매력이다. 녹음 상태도 일급이다.

카를로 마리아 줄리니(Giulini)가 캐슬린 배틀(Battle)과 함께한 판(DG)도 무난하다. 그 외에 네빌 매리너(Marriner)가 실비아 맥내어(McNair)와 토마스 알렌(Allen)과 1900년 판을 기본으로 오리지널 판을 절충한 연주(Phillips, 1993)도 들어 보지 못했지만 훌륭하다고 한다.

1900년 판 중에서도 소프라노 역을 보이소프라노가 대신한 몇 가지 판들이 있다. 그중 제일 빼어난 판은 미셸 코르보(Michel Corboz)가 베른 심포니를 지휘하고 클레망(Clement, boy soprano)과 위탕로셰(Huttenlocher)와 녹음한 Erato 판(1972)은 소박하고 담담하게 이 곡의 본질에 다가간다. 매우 종교적인 해석인데 특히 클레망의 순도 높은 가창은 아름답다.

같은 의미에서 조나단 본드(Bond, boy soprano), 벤자민 룩손(Luxon), 조지 게스트(Guest) 지휘(Academy of St. Martin-in-the-Fields, Decca/London, 1975)는 1900년 판을 축소한 형태로 두 판본의 장점을 결합한 듯한 느낌을 준다. 훗날 직접 이 곡을 지휘하는 클리오베리가 오르간을 쳤다. 보이소프라노 본드는 소년답게 부르는데, 중간에 목소리가 끊어지는 실수(?)를 한다. 혹자는 일부러 소년의 순수성을 나타내기 위해 그런 것 같다고 하지만 아마 호흡이 짧기 때문에 그런 것 같다.

반대로 영국에서 스타로 떠오른 알레드 존스(Aled Jones, boy soprano)가 스티븐 로버츠(Roberts)와 함께한 리처드 힉콕스(Hickox) 판(Carton/RPO, 1986)은 아쉬운 연주이다. 존스는 타고난 미성으로 지금의 걸 소프라노(?)인 샬롯 처치(Church)만큼이나 명성을 떨친 영국의 보이소프라노인데 (그는 독집도 냈었다), 여기서 약간 뽐내는 듯한 태도와 기교를 보여, 포레의 취지와는 영 동떨어진 연주를 한다. 힉콕스는 약간 빠른 템포로 역시 작은 스케일의 1900년 판으로 물 흐르듯이 연주한다. 커플링인 번스타인 작곡의 Chichester Psalms도 훌륭한 연주이다.

작곡가이자 음악학자/합창지휘자인 존 러터(Rutter)는 1893년 오리지널 판본을 재구성하여 이른바 오리지널 판본 르네상스를 연 사람이다. 이후 오리지널 판이 더 인기가 많아진 것은 전적으로 러터의 공이라 할 것이다. 애쉬튼(Ashton), 바코(Varcoe), 그리고 그의 수족과 같은 케임브리지 합창단과 함께한 이 실내악 판의 효시(Collegium, 1985)는 이후 더 훌륭한 연주가 나왔지만 역사적인 가치를 잃지 않을 것이다. 그 해 그라모폰 상을 수상한 이 녹음은 목관이 없는 저역 현악(lower strings)합주로 신선한 매력을 제공한다.

그 이후 봇물처럼 오리지널 판본 연주가 (러터 교정판을 포함해서) 여러 가지 교정을 통해 쏟아져 나왔다. 그중 대표적인 연주들은 공히 러터 교정판을 쓰고, 1989년에 같이 발매되고, 같은 잉글리시 실내 관현악단(ECO)을 기용한 매튜 베스트(Best) 판(시어스/조지, Hyperion)과 스티븐 클리오베리(Cleobury) 판(에티슨(boy soprano)/머레이/배어, 킹즈 칼리지 합창단, EMI/Angel)이다. 두 판은 러터의 연주에 필적할 만한 혹은 능가하는 성과를 올리고 있다.

그러나 오리지널 판본 연주로써 제일 훌륭한 것은 요즘 한참 성가를 높이고 있는 필립 에레베게(Herreweghe, 헤레베헤)의 하르모니아 문디(Harmonia Mundi, 1989) 판이다. 에레베게는 녹음 직전에 발견된 1894년 판본에 의거하여 그의 연주를 전개해 나갔다. 그는 약간 느린 템포로 포레의 단아한 세계를 정치하게 그리고 있다. 독창/합창진(파리 샤펠 로열 합창단)과 혼연일체가 되어 무지크 오블리크 앙상블은 이 숭고한 음악을 훌륭히 연주한다. 특히 아그네스 멜롱(Agnes Mellon, 소프라노)은 보이소프라노에 필적할 정도로 무기교의 순수함을 표현해 주고 있다. 아마도 이 곡을 부른 소프라노 중에서는 가장 뛰어난 가창이 아니가 싶다. 진지하면서도 고상한 분위기 속에서 에레베게는 포레가 뜻하였던 바대로 경건하게 이 곡을 이끌어 가고 있다. 합창도 빼어나며 녹음상태도 좋다.

존 엘리엇 가디너는 캐서린 봇(Bott), 카슈마이유(Cachemaille)의 성악진과 혁명과 낭만주의 오케스트라(ORR)와 몬테베르디 합창단을 이끌고 정격연주로서의 레퀴엠을 들려준다(Phillips, 1994). 솔로 바이올린이 첨가된 그의 정격연주는 언제나 그렇듯이 색다른 맛을 보여준다. 리처드 말로우(Marlow)도 정격연주는 아니지만 가디너와 같은 판본으로 비슷한 연주 스타일을 선사한다(오타키/그리피스, 트리니티 대학 합창단, 런던 무지치, Conifer, 1990).

이 곡을 싸게 (그러나 결코 값싼 연주가 아니게) 듣고 싶은 사람들에게는 낙소스(Naxos)가 내놓은 제레미 서멀리(Summerly) 판(벡클리/게지, 1993)이 좋다. 클래식 음악을 값싸게 그러나 수준 높게 공급해 주기로 유명한 낙소스 레이블은 그들의 트레이드마크인 직접적이고 가식 없는 녹음으로 이 곡을 아쉬움 없이 들려준다. 오리지널 판본에 근거한 1983년의 데니스 아놀드 교정본으로 연주되는 이 판에는 레퀴엠 이외에 듣기 힘든 다른 포레의 작품들과 비에르느(Vierne), 세베락(Severac)의 매력적인 작품들도 같이 들어 있다.

필자가 듣지 못한 연주들 중에는 포레의 제자였던 나디아 불랑제 (EMI Mono, 1948), 데이비드 힐(Pickwick), 다니엘 바렌보임(암스트롱/ 피셔 디스카우, 파리 관현악단, EMI/Angel), 앙세르메(당코/수제, 스위스 로망드, Decca/London), 데이비드 윌콕스(킹즈 칼리지 합창단, 뉴 필하모니아 관현악단, EMI/Angel) 등의 녹음들이 있다.

[CLASSICAL CD GUIDE] (구 월간음악) 35호 1999년 12월호

20세기를 빛낸 장르별 명반 베스트 22 : 무대음악 편

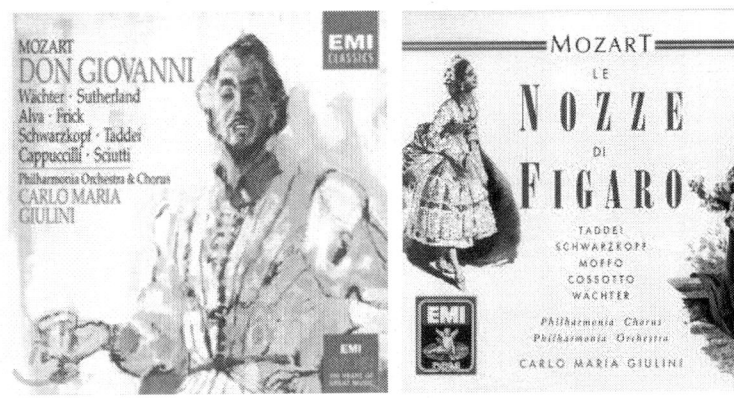

<진행과정 정리>
음악팬들이 투표로 선정한 장르별 명반 시리즈

멀티미디어 시대에 무대음악을 음반과 글로만 소개하는 것은 사실 한계가 있다. 공연이 활성화되지 않은 우리 실정에야 익숙하지 않지만 유수한 오페라 공연사를 가지고 있는 구미의 경우엔 음악 외에 무대 미술과 의상, 연출이 미치는 영향이 공연의 성공에 절대적 영향을 미친다. 물론 스튜디오 녹음도 몇몇 포함되어 있지만 루키노비스콘티, 안드제이 따르꼽스끼, 피터 홀, 장 삐에르 뽕넬, 잉그마르 베르히만, 하이너 뮐러, 하리 쿠퍼, 로버트 윌슨, 빠뜨리스 셰로 등 연극과 영화의 위대한 거장들이 오페라 무대에서 보여 준 환상이 여기에 선정된 오페라들의 뒤에 있음을 기억해야 할 것이다.

전체적으로 월터 레그(Walter Legge)가 연출한 녹음들과 마리아 칼라스의 녹음들이 초강세를 나타냈다. 우리나라 클래식 음악팬들의 성향을 잘 보여 준 결과이기도 하고, 명반은 시간이 지나도 꾸준한 사랑을 받는다는 것을 여실히 보여 준 결과이기도 하다. 아울러 카라얀, 비첨, 세라핀의 <라보엠>이 제외된 것은 표가 갈린 이유인 듯하고 오토 클렘페러의 <마술피리>와 카라얀의 모노 녹음 <장미의 기사>가 제외된 것은 의외이다. 같은 곡이 먼저 선정되어 탈락한 <피가로의 결혼>(에리히 클라이버, 빈 필하모니&빈 국립 가극장 합창단, 귀덴, 단코 DECCA: 게오르그 솔티, 런던 필, 카나와, 포프, 알렌, 래미 DECCA)과 <세빌리아의 이발사>(아바도, 런던 심포니, 베르간사, 알바, 프라이 DG), 그리고 같은 순위가 너무 많아서 소개되지 못한 <호두까기인형>(도라티, 런던 심포니 MERCURY), <나비부인>(카라얀, 빈 필하모니, 프레니, 파바로티 DECCA), <박쥐>(카를로스 클라이버, 바이에른 국립, 바라디, 폽, 프라이 DG) 등도 레코드사에 남을 명반이다.

이번에 소개되는 음반들은 2월 14(월)부터 19(토)까지 FM평화방송(105.3MHz) '평화 음악실'을 통해 방송됐다.

베스트 22, 통계에 따른 취향의 반영

1. [공동] 모차르트: 돈 지오반니

줄리니, 필하모니아 오케스트라, 슈바르츠코프, 서덜랜드(EMI) 등

천재 프로듀서이자 엘리자베트 슈바르츠코프의 남편인 월터 레그에 의한 기념비적인 녹음, 공동 1위인 그의 피가로의 결혼과 같은 시기에 녹음되었다. 오랫동안 돈 지오반니 녹음의 절대적인 명반으로 비교의 대상이 되어 왔다. 줄리니의 명석한 지휘하에 루이지 알바, 고틀로브 프리크, 조안 서덜랜드, 그라지엘라 시우티, 엘리자베트 슈바르츠코프 등의 이름난 성악가들이 출연한다. 타이틀 롤의 에버하르트 베히터는 여기서 방탕한 지오반니를 활기차게 부르고, 쥬세페 타데이는 레포렐로 역을 익살스럽게 표현해 냈다. 둘의 목소리 대비도 호흡도 완벽하다. 레그의 천재적인 연출은 단지 캐스팅에서뿐만 아니라 녹음효과와 레코딩 연출에 있어서도 나타난다. (녹음연도를 감안할 때) 명석한 음질 속에서 들을수록 새로운 면모가 나타나는 명반 중의 명반이라 하겠다.

1. [공동] 모차르트: 피가로의 결혼

줄리니, 필하모니아 오케스트라, 타데이, 슈바르츠코프, 모포(EMI)

또 하나의 레게의 걸작품이다. 아마 작품의 성격 탓인지 줄리니는 지오반니 녹음 때보다 훨씬 절제된 (때때로 단조로운) 지휘를 하지만, 성악진의 향연은 오히려 더 화려하다. 레그의 천재적인 캐스팅과 연출하에 각자 당시 절정에 올라 있던 성악진들은 자신들의 싱싱한

목소리를 과시하는 듯하면서도 치밀한 앙상블을 이루어 나가고 있다. 역사상 최고라고 생각되는 서민 커플인 안나 모포, 쥬세페 타데이를 위시하여 배역 전원이 멋진 드라마를 펼쳐간다(1999년 11월호 신명반 컬렉션: 피가로의 결혼 참조). 후반부가 전반부에 비해 긴장감이 떨어지기는 하지만, 오늘날도 하나의 전범을 이루기에 부족함이 없는 명반이다. 당시는 절대 권력을 가진 프로듀서가 세계 최정상의 성악가를 모아서 적재적소에 배치하는 것이 상대적으로 쉬웠다. 요즈음은 성악가, 지휘자들의 계약 문제, 개런티 문제, 스케줄 문제가 복합되어 최강의 팀을 구성하는 것이 매우 어렵다 한다. 레그는 또한 그의 레코딩 작업들에 있어서 단지 최고의 인기 성악가들을 모은 것이 아니고, 각 역들이 요구하는 목소리 성질을 완벽하게 간파하여 과감하게 발굴한 신인들을 기용하기로도 유명하였다. 이러한 게스트를 모으는 것이 거의 불가능한 지금 더욱 그 가치가 새삼스러워지는 판이다.

3. 베버: 마탄의 사수

클라이버, 드레스덴 국립관현악단, 야노비츠, 마티스, 슈라이어(DG)

우리나라에서 특히 인기 있는 아들 클라이버의 대표작이다. 재미있게도 비록 같은 '피가로의 결혼' 녹음이라 최종적으로 제외됐지만 아버지 에리히 클라이버의 녹음과 함께 같이 동률 3위를 기록한 것이 이채롭다. 녹음 발매 시 센세이션을 불러왔는데, 클라이버의 젊고 활기찬 반주와 더불어 기품 있고 청아한 군둘라 야노비츠, 당시 수브레토로 성가를 높이던 에디트 마티스, 권위 있는 페터 슈라이어가 각 배역을 충실히 소화해 냈다. 독일 국민 오페라의 대명사 격인 이 작품에 있어 가장 적절한 성악진과 오케스트라를 기용한 기획도 뛰어나나, 더 독일적으로 해석한 요제프 카일베르트가 지휘하고 엘리자베트 그륌머 등이 노래한 EMLI/Angel 판과 더불어 마탄의 사수의 대표 판으로 꾸준히 사랑받고 있다.

4. 푸치니: 토스카

데 사바타, 라 스칼라, 칼라스, 디 스테파노(EMI)

의심의 여지없는 레코딩 역사상 가장 훌륭한 스튜디오 레코딩이다. 스튜디오 레코딩이 가질 수 있는 긴장감의 결여 따위는 이 녹음에 존재하지 않는다. 데 사바타의 처절한 지휘하에 전성기의 칼라스, 디 스테파노, 곱비의 불꽃 튀는 가창은 듣는 이를 무아지경으로 끌어간다. 특히 칼라스와 곱비의 토스카와 스카르피아는 아마도 영원히 능가될 수 없는 경지에 다다랐다고 감히 말할 수 있으리라. 음반 역사가 낳은 하나의 기적이었다. 오페라 공연의 역사를 얘기할 때 혹자는 B. C.(칼라스 이전, Before Callas)와 A. C.(칼라스 이후, After Callas)로 나누기도 한다. 이 판 하나만 가지고도 왜 이런 해석이 존재하는지를 일깨워 준다 하겠다. 칼라스는 완벽하게 토스카 역에 몰입하여 그녀가 가지고 있는 사랑, 질투, 헌신, 그리고 분노와 절망을 온몸으로 노래한다. 그녀가 부르는 '노래에 살고 사랑에 살고'는 듣는 이의 가슴을 친다. 훗날 그녀는 프레트르(지휘), 베르곤치 등과 이 오페라의 스테레오 녹음을 하지만 이미 쇠퇴한 그녀의 목소리와 더불어 종합적으로 이 모노 판의 반에도 미치지 못한다.

5. 도니제티: 사랑의 묘약

보닝, 잉글리시 체임버 오케스트라, 서덜랜드, 파바로티(Decca)

5위가 된 것은 의외였다. 서덜랜드의 남편이자 영원한 반주자(?)인 보닝의 약간 단조롭지만 단정한 지휘와 호흡이 맞는 서덜랜드의 역시 약간 공허하지만 화려한 가창이 인상적인 녹음이다. 보닝, 서덜랜드 부부는 무수한 (때때로 도가 지나칠 정도로 많은) 오페라 녹음을 했지만, 그중에서 꾸준히 사랑받는 많지 않은 녹음들 중 하나이다. 이 판의 장점은 무엇보다도 젊고 싱싱한 루치아노 파바로티의 매혹적인 미성이다. 이 오페라에서 파바로티가 부르는 '남 몰래 흐르는 눈물'은 아직도 많은 이의 사랑을 받고 있다.

6. 벨리니: 노르마

세라핀, 라 스칼라, 칼라스, 필리페스키, 스테냐니(EMI)

노르마 역의 대명사이기도 했던 칼라스는 이 곡을 '이태리 오페라의 신'인 툴리오 세라핀이 지휘하는 라 스칼라 관현악단과 두 번 스튜디오 녹음을 했다. 여기서 선정된 판은 그녀의 54년 모노 판인데 여기서 훨씬 더 싱싱한 그녀의 전성기 목소리를 들을 수 있다. 에베 스테냐니와의 이중창은 명연으로 꼽힌다. 하지만 60년의 스테레오 녹음도 칼라스가 비록 쇠퇴한 목소리를 가지고 있었지만 표현력에서 더 절절한 가창을 보여 주고 젊은 시절 프랑코 코렐리의 창창한 목소리를 들을 수 있다는 점에서 모노 녹음에 뒤지지 않는다. 칼라스는 이외에도 여러 가지 해적판 실황녹음을 남겨 놓았다.

7. 차이코프스키: 백조의 호수

에르믈러, 로열 오페라하우스(Conifer)

차이코프스키의 3대 발레는 영원히 대중들의 사랑을 받을 것이다. 그중에서도 '백조의 호수'의 인기가 가장 높은 것이 실증된 경우라 하겠다. 오랫동안 볼쇼이 극장 발레의 지휘자였던 마르크 에르믈러(Ermler)가 코벤트 가든의 로열 오페라 하우스에서 객원 지휘한 이 판은 익숙한 솜씨로 모든 이가 즐길 수 있는 판이다. 듣다 보면 순음악을 듣는 것이 아니라 발레의 반주를 듣는 듯한 느낌이 나는 것은 그런 에르믈러의 경력 탓이리라. 3대 발레를 전곡녹음하고, 후에 각각 발췌 판이 나왔고, 한 장에 세 작품의 하이라이트가 모두 담겨져 있는 판도 나왔다. 뒤트와의 새 녹음이나 오랫동안 결정판이었던 란치베리 판 대신 선정된 것은 의외였다.

8. 도니제티: 람메르모르의 루치아

카라얀, 라 스칼라, 칼라스, 디 스테파노(EMI)

역사상 최고의 실황녹음 판이다. 칼라스는 세라핀과 두 번의 루치아 스튜디오 녹음(53년, 59년)을 남겼지만 카라얀과의 실황녹음을 능가할 수 없었다. 1955년 9월 29일 베를린 국립가극장에서의, 해적판 실황녹음이라고는 생각하기 힘들 정도의 좋은 음질 속에서, 칼라스는 왜 실연에 강한 가수인가를 100% 보여 주고 있다. 비장감이라고 할까, 백열감이라고 할까 스튜디오 녹음에서는 얻기 힘든 효과를 느낄 수 있는 데 이 녹음의 진가가 있다. EMI/Angel사가 그동안 해적판으로나 가능했던 이 녹음의 판권을 사들여 정밀한 리마스터 작업을 통해 생생하게 그 당시 분위기를 포착해 냈다. 디 스테파노, 파네라이 등과의 6중창은 청중의 환호 속에서 앙코르로 불러졌다.

9. 바그너: 니벨룽의 반지 전곡

솔티, 빈 필하모니, 플라그슈타트, 빈트가센(Decca)

데카/런던의 명프로듀서인 존 컬쇼가 반지 전곡을 스튜디오 녹음을 해서 팔려던 당시 계획은 거의 도박에 가까웠다. 그동안 몇몇 실황공연이 (특히 바이로이트에서의 공연들이) 가능했지만 당시 최정상의 바그너 성악가들인 비르기트 닐슨, 볼프강 빈트가센 등을 기용해 수년에 걸쳐 레코딩을 하는 작업은 상업적 성공 가능성이 없어보였기 때문이다. 그러나 젊은 게오르그 솔티를 기용한 그의 도박은 엄청난 성공을 가져왔고, 이후 쏟아져 나온 반지 전곡 녹음의 효시가 되었다. 음악적으로 웅대한 바그너의 세계가 멋지게 표현되고 녹음 효과와 기술상으로도 훗날 레코딩이 따르기 힘들 정도의 명반이 되었다. 특히 오디오 파일들의 절대적인 지지를 받았던 녹음이다. 음악 해석상으로는 지지자와 반대자가 극명하게 갈린다.

10. 베르디: 라 트라비아타

줄리니, 라 스칼라, 칼라스, 디 스테파노(EMI)

칼라스가 가랑 사랑했던 배역 중에 하나인 비올레타는 아쉽게도 레코딩 역사의 공백으로 남아 있다. 세라핀과 같이 EMI/Angel에서 라 트라비아타를 녹음하려던 계획은 녹음 계약상의 문제와 당시 칼라스와 세라핀의 불화로 안토니에타 스텔라로 대체되어 지금은 거의 잊힌 판이 되었다. 칼라스는 2류 성악가들, 토리노 라디오 - 텔레비전 교향악단이라는 2류 악단과 함께 연습(리허설)과 같은 스튜디오 레코딩(Cetra, 산티니 지휘)을 남기고 있다. 대신 칼라스의 수많은 실황 녹음들이 해적판으로 돌아다녔는데, 그중 연주의 녹음 상태가 비교적 좋은 1958년 리스본 공연(알프레도 크라우스 공연, 프랑코 기오네 지휘)과 1955년 밀라노 라 스칼라 공연(디 스테파노, 에토레 바스티아나니 공연, 줄리니 지휘)을 EMI/Angel이 역시 판권을 사들여 리마스터했다. 음질은 리스본 공연이 더 좋지만 칼라스는 유명한 예술/영화감독인 비스콘티 연출의 이 스칼라 공연에서 그 누구도 따르기 힘든 명연을 펼쳤다. 이 녹음을 들을 때마다 같은 시기에 녹음된 세라핀의 스튜디오 녹음에 칼라스가 참여했으면 하는 아쉬움이 남는다.

11. [공동] 멘델스존: 한여름 밤의 꿈

클렘페러, 필하모니아 오케스트라, 하퍼, 베이커(EMI)

오페라의 숲에서 선정된 유일한 극부수음악이다. 아바도 - 베를린 필, 마주어 - 게반트하우스 오케스트라 등 디지털 시대의 명반을 제치고 20세기를 대표하는 '꿈'이 되었다. 역시 월터 레그가 구성한 성악가도 영국을 대표하는 '드림팀'이다. 히서 하퍼가 첫째 요정을, 자넷 베이커가 둘째 요정을 부르고 있다. 언급한 근래의 녹음들에서와 같은 애교 있는 피터 팬 풍의 요정이 아닌, 우아하고 풍성한 성량의 노래인 점이 재미있다. 인터메쪼와 결혼 행진곡의 화려한 즐거움은 이 낭만적인 코미디의 정신을 더할 수 없이 훌륭하게 그려 내고 있다. 최근에 애비로드 스튜디오에서 리마스터링 되면서 이탈리아 협주곡과 같이 커플링 되었다.

12. [공동] 모차르트 : 마술피리

뵘, 베를린 필, 리어, 퍼터스, 분덜리히, 피셔 디스카우(DG)

많은 마술피리 녹음 중에서 꾸준히 사랑받아 온 녹음 중의 하나이다. 칼 뵘의 기품 있고 탄탄한 지휘 아래 요절한 리릭 테너 프리츠 분덜리히의 미성이 빛을 발한다. 피셔 디스카우가 부르는 파파게노도 색다른 즐거움을 선사한다. 그 외에 남자 배역들도 거의 완벽하다 하겠다. 제임스 킹과 마르티 탈벨라라고 하는 정상급 바그너 가수들이 2명의 무사라는 작은 배역으로 나오는 것도 이채롭다. 그러나 아쉽게도 여자 배역진이 상대적으로 약체이다. 피터스의 밤의 여왕은 슈트라이히, 도이테콤, 조수미, 폽, 그루베로바 등의 일류 밤의 여왕과 비교했을 때 특히 아쉬움이 많다. 오토 클렘페러의 대사가 생략된 판(EMI/Angel)과 비교 감상할 것을 권하고 싶다.

13. 바그너 : 트리스탄과 이졸데

푸르트벵글러, 필하모니아 오케스트라, 로열 오페라하우스 합창단, 플라그슈타트, 주트하우스(EMI)

어떤 평자는 키르스텐 플라그슈타트를 성악계의 롤즈로이스라고 하였다. 아쉽게도 그녀의 전성기가 끝나갈 무렵에 레코딩 기술, 레코딩 산업의 비약적 발전이 진행됐기에 그녀는 전성기를 지나서야 본격적인 녹음을 시작하였다. 이 녹음에서도 플라그슈타트가 강권을 하여 제작자인 월터 레그의 아내인 슈바르츠코프가 높은 음역을 대신(!) 녹음했었다. 그러나 아직도 플라그슈타트는 그녀 특유의 격조 높은 목소리로 혼신의 힘을 다해 이 어려운 배역을 노래했다. 당시

27세였던 피셔 디스카우(그의 첫 오페라 녹음이다) 이하 다른 배역들도 느릿하고 육중한 그리고 때로는 관능적인 푸르트뱅글러의 마술봉 아래서 클라이맥스로 치닫는 이 장대한 드라마에 같이 참여한다. '트리스탄과 이졸데'의 첫 스튜디오 전곡 녹음이기도 하다.

14. 푸치니: 투란도트

메타, 런던 필하모니, 서덜랜드, 카바예, 파바로티(Decca)

푸치니는 유작이자 미완성작인 이 오페라에서 그의 마지막 예술혼을 불태웠다. 토스카니니의 지휘로 미완성인 채로 초연된 이 오페라는 푸치니의 제자 알파노에 의해 완성됐고 요즘 들어 더욱 더 많은 사랑을 받는 작품이다. 이 오페라가 대중적으로 사랑받는 데 결정적 역할을 한 대표 판이라는 데 의의가 없을 이 연주는 메타의 압도적인 지휘하에 위엄 있는 기아우로프의 티무르, 고치실처럼 청아하게 뻗어 나가는 몽세라 카바예의 절대적 미성 등등의 성악진의 호연으로 가득 차 있다. 조안 서덜랜드는 실황에서 이 역을 부른 적이 없는 만큼 커다란 모험을 한 셈인데, 비록 역사상 가장 빼어난 투란도트라 할 수는 없지만 자신의 콜로라투라적인 성악적 장점을 잘 살리고 있다. 파바로티는 여기서 절정기에 올라 있는 그의 빛나는 미성을 뽐내고 있다. 당시의 파바로티는 요즘의 윤기 없고 무기력하지만 쇼맨십만 남아 있는 처량한 모습의 파바로티가 아니었다.

15. 드뷔시: 펠레아스와 멜리장드

아바도, 빈 필, 유잉, 반 담, 루드비히(DG)

인상주의 음악의 거장이었던 드뷔시는 정말로 유니크한 오페라를 남겼다. 비록 바그너의 영향을 강하게 받았지만 기존 독일, 이태리 오페라와는 전혀 다른 어법의 이 몽환적인 오페라를 연주하기가 쉽지 않다. 클라우디오 아바도는 아름다운 비엔나 필하모니의 연주라는 조력하에 이 오페라의 몽상적이면서도 극적인 면을 잘 융합하고 있다. 베테랑인 호세 반 담의 골로, 프랑스와 르루의 펠레아스, 마리아 유잉의 멜리장드 등 모든 배역들이 아바도의 지휘에 걸맞은 호연을 한다. 매력적이고 훌륭한 프랑스 오페라 녹음이라 하겠다. 카라얀, 불레즈, 뒤트와 등의 기존의 명판들과 비교해서 결코 뒤처지지 않고 오히려 그것들을 능가한다 해도 과언이 아니다.

16. 로시니: 세빌리아의 이발사

갈리에라, 필하모니아, 칼라스, 곱비, 알바(EMI)

칼라스의 스승이었던 엘비라 데 히달고는 로지나 역이 칼라스에게는 어울리지 않는 역이라 단언했다. 실제로 로지나 역은 칼라스와는 거리가 먼 배역이었고, 그래서 월터 레그가 칼라스와 세빌리아의 이발사를 녹음한다고 했을 때 사람들은 의아해 했다. 그러나 결과는 대성공이었다. 칼라스는 그녀의 강한 목소리를 로지나 역을 위하여 절묘하게 컨트롤했고 이 역이 요구하는(콜로라투라일 수도 있고 메조일 수도 있는) 다양한 음역을 잘 소화해 냈다. 이 역을 후에 3번 더 녹음하는 로시니 전문 리리코-레제로 테너인 루이지 알바와 성격파 바리톤인 곱비 역시 훌륭하고 당시 무명 지휘자에 가까웠던 갈리에라도 그를 발탁한 레그의 혜안에 보답하듯 상쾌하게 연주한다. 선명한 초기 스테레오 녹음도 이 판의 역사적 가치를 더해 준다. 동률이어서 제외된 아바도의 '세빌리아'도 모범적인 연주이다.

17. 로시니: 신데렐라

샤이, 볼로냐 시립 가극장, 바르톨리, 마테우치(Decca)

로시니의 신데렐라는 요즘 들어 빼어난 연주가 쏟아져 나오고 있
다(예를 들어 라르모레, 코르벨리 등, 리치 지휘 Teldec: 발차, 아라
이자 등, 매리너 지휘 Phillips). 그중에서도 가장 빼어난 녹음을 들라
면 바로 이 판이다. 요즘 전성기를 구가하는 체칠리아 바르톨리가
적역을 만나 자신의 어두우면서도 섬세한 가창을 들려준다. 성격표
현에서 뛰어나고 다른 배역들도 역시 로시니 전문가들인 마테우치,
코르벨리, 다라 등이 두텁게 감싸고 있다. 비디오 판으로도 감상할
수 있다. 베르간사가 신데렐라를 부르는 아바도 판과 폰 슈타데가
신데렐라를 부르는 아바도의 영상물(DG)도 같이 감상하길 권한다.

18. 마스네: 베르테르

콜린 데이비스, 로열 오페라하우스, 폰 슈타데, 카레라스(Phillips)

독특한 향취가 나는 마스네의 베르테르는 최근 연주되는 기회가
많아진 오페라이다. 역시 좋은 연주가 나오기 쉽지 않은 오페라인지
라 콜린 데이비스 경의 이 녹음은 이 오페라의 결정판적인 역할을
해 왔다. 그의 수족과 같은 코벤트 가든 팀을 기용한 이 판은 프리
데리카 폰 슈타데의 완벽한 샬롯테와 호세 카레라스의 정열적인 베
르테르를 필두로 프랑스적인 에스프리 구현에 성공하고 있다. 참고
로 얼마 전에 알라냐/게오르규 부부가 이 판을 능가하는 절대적인
명연을 녹음했다.

19. 베르디: 아이다

카라얀, 빈 필하모니, 테발디, 베르곤치(Decca)

의외로 카라얀의 녹음들이 요번 설문에서는 많이 선정되지 못하였다. 카라얀은 아이다를 두 번 녹음했는데 프레니, 발차 등과 같이한 디지털 녹음(EMI/Angel)보다 이 59년의 아날로그 녹음이 더 많은 사랑을 받아 왔다. 카라얀의 장기인 극적 구성, 화려함, 진폭 있는 드라마티즘, 감정의 완급조절 등의 장점이 가장 잘 나타난 판 중 하나가 바로 이 녹음이다. 당시 데카/런던 오페라 황금기를 이룬 성악가들이 마리오 델 모나코 등을 제외하고는 총동원되었는데 모범적인 레나타 테발디의 리리시즘, 그 시대 최고의 베르디 테너였던 카를로 베르곤치의 창창한 음색 등등 어느 하나 나무랄 데가 없다. 그러나 이 판의 하이라이트는 질투와 분노에 떨지만 기품을 잃지 않는 암네리스를 훌륭히 표현한 줄리에타 시미오나토와 이 장대한 드라마를 총지휘한 카라얀이라 하겠다. 녹음 상태도 당시로서는 초일급이었고 개선 장면은 레코딩 사상 가장 생생하게 녹음된 순간 중의 하나라 할 수 있다.

20. 베르디: 일 트로바토레

카라얀, 라 스칼라, 칼라스, 디 스테파노(EMI)

절정기의 칼라스와 음악계의 젊은 황제였던 카라얀은 같이 레코딩한 것이 많지 않다. 그러나 그중 하나인 이 녹음은 그들의 나비부인(EMI) 녹음과 더불어 각 오페라의 대표 판 중 하나로 아직까지 남아 있다. 일찍이 카루소는 일 트로바토레를 공연하려면 세상에서 가장 위대한 네 명의 성악가가 있어야 한다고 했는데, 이 판이야말로 그 요건을 충족시키는 몇 안 되는 판이다. 1957년 레코딩치고는 꽤 괜찮은 모노 녹음으로 당시 각 성역의 최정상에 있던 칼라스, 디 스테파노, 바르비에리, 파네라이가 드라마틱한 카라얀의 지휘와 더불어 또 하나의 명반을 이루어 냈다.

21. 베르디: 리골레토

세라핀, 라 스칼라, 칼라스, 곱비 등(EMI)

툴리오 세라핀은 칼라스, 디 스테파노, 곱비 트리오와 그야말로 수많은 녹음을 EMI/Angel 레이블로 후세에 남겨 주었다. 칼라스의 위대함을 일찍 간파하고 그녀를 후원해 주었던 세라핀의 조력이 없었다면 우리는 칼라스의 녹음들을 많이 접하지 못했으리라. 그들의 녹음을 들을 때마다 항상 세라핀에게 감사하는 마음이 생긴다면 과장일까? 베르디의 작품연보에 있어서 초기의 애국적인 오페라들과 보다 더 성숙된 중기 오페라 사이를 잇는 연결점인 리골레토는 그의 작품 중에서 중요한 위치를 차지하고 있고, 대중의 끊임없는 사랑을 받아 온 걸작이다. 칼라스는 본인의 목소리 성질과 그다지 어울리지 않는 질다 역을 실제 무대에서 부른 적이 거의 없었다. 칼라스의 위대성 중 한 단면은 바로 부른 적이 없는 역들 또는 본인 목소리에 어울리지 않는 역할들을 완전히 자기의 것으로 소화해 내는 능력이라 하겠다(예를 들어 라 보엠의 미미, 리골레토의 질다 등등). 애틋하고 서정적인 질다 역을 훌륭하게 소화해 내는 칼라스의 가창을 듣다 보면 그야말로 그녀는 하늘이 내린 성악가라는 생각이 든다. 리골레토를 부른 티토 곱비는 토스카에서의 스카르피아 역만큼이나 적역을 맡았다 하겠다. 엄청나게 다양한 감정의 기복을 표현해 내야 하는 타이틀 롤은 당시 곱비에게 있어서 트레이드 마크나 마찬가지였다. 모포, 메릴, 크라우스의 절창이 어우러진 솔티 판(RCA)도 여기에 필적할 명반이다.

22. 마스카니: 카발레리아 루스티카나/레온카발로: 팔리아치

세라핀, 라 스칼라, 칼라스, 디 스테파노(EMI)

마스카니의 카발레리아는 이태리 오페라사에 있어 극사실주의를 표방하는 '베리스모'의 시대를 열었고 레온카발로는 그러한 시대적 요청에 부응하여 곧 그의 출세작이자 대표작인 '팔리아치'를 작곡하여 대중의 사랑을 받았다. 두 작곡가들은 그 이후 작품들이 더 큰 사랑을 받지 못하고 변형된 베리스모 계열의 작곡가인 푸치니의 인기에 눌려 지냈다는 공통점을 가지고 있다. 두 작품 다 비교적 짧은 작품이고 분위기가 비슷해서 같이 상연되는 것이 거의 관례화되었다. 이 녹음은 또 하나의 세라핀/칼라스/디 스테파노/곱비 팀에 의한 명연주인데, 이 판에서도 쇠퇴하기 전 칼라스 전성기의 목소리를 약간 드라이한 스칼라의 녹음상태로 감상할 수 있다. 실황에서는 어릴 적 외에는 카발레리아의 산투자를 부른 경험이 없는 칼라스가 마치 이 역을 수백 번도 더 부른 것처럼 능숙하게 부르고 있고, 극적인 성격표현에 성공하고 있다. 마치 주인공이 산투자가 된 듯한 감도 있지만 다른 배역진들도 세라핀의 철저한 통제하에 호연하고 있다. 팔리아치의 네다 역 역시 칼라스가 실황에서 부른 적이 없는 역이지만 마찬가지로 강력한 흡인력을 가지고 극의 중심에 서서 노래한다. 곱비의 성격파적인 목소리도 토니오 역에는 적역이고 스테파노도 정열적으로 카니오 역을 소화했다. 세라핀의 지휘는 절제된 표현력으로 균형 있는 구성력과 극적인 효과를 갖는다는 특징이 있다. 그래

서 그의 지휘는 흔히 이태리 오페라가 가질 수 있는 함정인 감정과
다에 빠지지 않는다는 장점이 있다. 카라얀 판(DG)도 권한다.

[Classic CD Guide] (구 월간음악) 37호 2000년 2월

조슈아 벨(Joshua Bell), '레드 바이올린'을 든
이 시대의 매력적인 아티스트

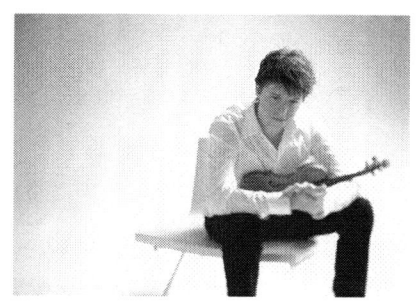

Bill Phelpsfor / SONY BMG, 크레디아 제공

조슈아 벨, 흔히 '조시'라는 애칭으로 불리는 이 36세의 핸섬한 바이올리니스트는 골프와 볼링, 테니스(그는 한때 촉망받는 주니어 테니스 선수이기도 했다), 그리고 컴퓨터 게임에 능숙한 미국 인디애나 주 블루밍튼 출신의 젊은이이다. 그는 대부분의 동년배의 바이올리니스트들이 줄리아드의 도로시 딜레이 문하인 것과는 달리 자신이 태어난 블루밍튼의 인디애나대에서 음악교육을 받은 음악인이다. 즉 그는 미국에서, 그것도 가장 미국적인 중서부(Midwest)에서 태어나 자라난 Made in USA이고 현악기 주자 중에는 드물게 비유태계라 더더욱 미국인들의 사랑을 받고 있다.

그는 신세대 음악인답게 대중매체와 친숙한 관계를 유지하고 있다. 비록 자신은 그 사실에 대해 무척 쑥스러워하고 있지만 피플지가 선정하는 2000년 '세상에서 가장 아름다운 50인(50 Most Beautiful People in the World)'에 선정되기도 했다. TV 토크쇼에도 가끔 나오고 최근 영화 '레드 바이올린'에서의 바이올린 파트를 연주하기도 했다. 아카데미상 최우수 오리지널 스코어상 수상작이기도 한 이 영화는 전설의 레드 바이올린에 얽힌 흥미진진한 이야기이다. 이 영화음악의 작곡가인 존 코릴리아노는 이 상의 수상소감을 다음과 같이 밝혔다.

"바이올린을 위해 원했던 선율을 작곡했더라도 연주자가 신처럼 연주하지 못한다면 그 선율을 제대로 살리지 못했을 것이다. 그런데 위대한 바이올리니스트 조슈아 벨은 신처럼 연주했다. 조시에게 감사한다."

악기 중에 가장 비싼 것은 현악기이다. 그 이유는 희소성 때문이다. 크레모나 지역의 장인들이 17~18세기에 만든 현악기의 품질을 현대악기가 못 따라오기에 숫자가 극히 제한된 스트라디바리우스바리우스, 과르네리, 과다니니와 같은 그 당시 명기들의 가격은 천정부지로 솟기 때문이다. 다행히(?) 피아노는 요즘 품질이 좋고 대량생산이 가능해 가격이 생각보다 싸다. 그래서 현악명기들에 얽힌 에피소드도 많고 전설도 많다. 이러한 주제를 가지고 만든 영화가 '레드 바이올린'이다.

이 영화를 보면서 정작 조시는 어떤 바이올린을 가지고 있을까 하는 의문이 들었다. 아마도 스트라디바리우스바리우스가 아닐까 하는 생각이 들었는데, 아니나 다를까 현재 1713년산 스트라디바리우스바리우스 Gibson ex Huberman을 가지고 있다 한다. 바이올리니스트들 중 몇몇은 여러 개의 바이올린을 가지고 있기도 하지만 그는 오직 하나의 스트라디바리우스만을 가지고 있고(그의 표현을 빌리자면 스트라디바리우스바리우스는 너무 비싸 오직 한 번에 하나만 가질 수 있다고 엄살을 부린다) 오랫동안 이 명기와 같이하려 한다는 의견을 예전에 피력했었다.

사실 이 명기에는 '레드 바이올린' 못지않게 극적인 사연이 있다. 이러한 사연은 그가 연주한 영화의 줄거리와 맞물려 '조슈아 벨 진짜 레드 바이올린을 얻다!'라는 식의 화제가 되기도 했다. 이미 두 번 스트라디바리우스를 소유했던 그는 이 명기를 갖고 싶어 하다가 큰맘 먹고 2001년 무려 4백만 달러 정도를 주고 구입했다. 이 명기는 알프레드 깁슨과 브로니슬라프 후버만에 의해 소유됐었는데, 폴란드의 비루투오조였던 후버만은 이 명기를 1919년 도난당했다가 되찾았지만 1936년에 영원히 분실한다. 알트만이라는 레스토랑에서 연주하는 바이올리니스트가 훔친 이 바이올린은 1985년 그가 죽을 때쯤 그의 고백에 의해 세상에 다시 모습을 나타내고 몇 년간의 지난한 복원과정을 통해 옛 모습을 찾았던 것이다.

그리고 이 바이올린은 빨간색이었던 것이다!

조시는 다른 많은 명바이올리니스트와 마찬가지로 신동의 시절을 지냈다. 어려서부터 유명 교향악단과 협연을 했고 1986년 권위 있는 애버리 피셔 커리어 그랜트를 받았다. 14세에 리카르도 무티가 지휘하는 필라델피아 오케스트라와 협연을 하고 17세에 카네기홀에서 데뷔한 것을 조시 본인은 가장 기억에 남는 순간이었다고 회고한다.

필자와는 전공은 다르지만 같은 시기에 인디애나대학교를 다닌 인연이 있다. 1989년에 조시는 인디애나대학에서 아티스트 디플로마를 받았는데 당시 인디애나대 음대는 야노스 슈타커의 카리스마가 지배했던 시절이었다. 때문에 조시를 만나면 슈타커에 관한 개인적인 일화와 에피소드를 물어보려 한다. 그리고 그가 조시에게 준 교훈과 가르침에 대해서도 물어보려 한다. 비록 조세프 킹골드가 지도 교수였지만 아마도 슈타커가 이 신동에게 많은 조언을 주고 큰 영향을 줬으리라 추측되기 때문이다.

졸업 이후 착실한 성장을 보이며 그래미상을 수상했고, 1998년에는 바버와 월튼의 협주곡으로 그라모폰상을 수상했다. 2000년 7월에는 32세라는 젊은 나이에 인디애나 주의 살아 있는 전설로 명명되기도 했다. 그의 연주의 특색은 따뜻한 음색과 유연하고 맑은 톤이다. 그리고 항상 외모만큼이나 산뜻하고 세련된 연주를 보여 준다. 이제는 신동의 이미지에서 벗어나 이러한 그의 장점에 더해서 중후함까지 갖춘 진정한 거장으로서의 풍모를 나타내야 할 단계에 온 것 같다.

2004년 초 '바이올린 로망스(Romance of the Violin)'라는 상큼한 독집을 발매했는데 이 앨범에는 벨리니와 푸치니의 아리아들, 쇼팽의 녹턴, 모차르트의 피아노 협주곡 21번 중 한 악장을 편곡한 곡들을 선보이고 있다. 다분히 대중적인 시장을 향한 기획인데 의도대로 편안하고 아름다운 곡들로 가득 찬 사랑스러운 음반이다. 조시 특유의 감미로운 톤으로 가득 찬 연주는 클래식 음악을 처음 대하는 사람들까지도 거부감 없이 편하게 들을 수 있어 사랑받기에 충분한 음반이다.

다음 계획은 베를린 필하모니 오케스트라와 함께 차이코프스키의 바이올린 협주곡에 재도전할 예정이라 한다. 이미 클리브랜드 오케스트라와 함께 블라디미르 아시케나지의 지휘로 이 곡을 녹음했던 그가 새롭게 선보이게 될 음반에선 어떤 변신을 보일지 사뭇 기대가 된다.

조슈아 벨은 재즈음악과 크로스오버 음악의 시도도 두려워하지 않고 자신의 음악적 장점을 표현해 낼 수 있는 장르라면 꼭 클래식이 아니어도 좋다는 모습이다. 지휘와 작곡에도 많은 관심을 가지고 있는 그의 행보가 점점 더 궁금해지는 것은 어쩌면 당연한 일인지도 모르겠다. 가장 존경하는 바이올리니스트는 야사 하이페츠, 꼭 같이 협연해 보고 싶은 음악가는 카를로스 클라이버라고 한다. 비록 클라이버가 요즘 거의 활동을 하지 않고 있기 때문에 거의 불가능한 일이지만 만약 그와의 협연이 성사된다면 클래식 음악계의 빅 이벤트 중 하나가 될 것이다.

그가 내한공연에서 들려줄 레퍼토리는 슈베르트의 피아노와 바이올린의 위한 소나티나 G단조, 그리그의 피아노와 바이올린을 위한 소나타 3번 C단조, 라벨의 피아노와 바이올린을 위한 소나타 그리고 차이코프스키와 사라사테의 음악이다. 이번 공연은 특히 그의 얘기인 전설적인 스트라드 Gibson ex Huberman으로 연주되기에 특히 기대가 간다. '조슈아 벨, 레드 바이올린으로 연주하다'. 생각만 해도 맘이 설렌다.

조슈아 벨은 현재 클래식 음악계의 희망이다. 스타이지만 결코 튀지 않는 성품과 연주 스타일로 예술성 그리고 대중성까지 갖춘 이 시대가 원하는 클래식 아티스트라고 하겠다. 그가 지금까지 보여 준 성실한 음악적 태도와 신중한 도전에 박수를 보내며 거장의 면모로 들려줄 그 아름다운 악기의 울림을 기다린다.

(이 글을 쓴 강규형은 연세대, 인디애나대, 오하이오대에서 서양사를 공부했으며 현재 명지대 교수로 서양사와 서양음악 등을 가르치고 있다. 열렬한 음악애호가로 조슈아 벨 서울 연주회의 CREDIAN 이기도 하다.)

[2004년 9월 16일(목) 바이올리니스트 조슈아 벨 내한공연,
예술의 전당 콘서트홀]

[클럽발코니(Club Balcony)] 2004년 7~9월호

시베리아에서 온 은발의 흐보로스토프스키(Hvorostovsky)

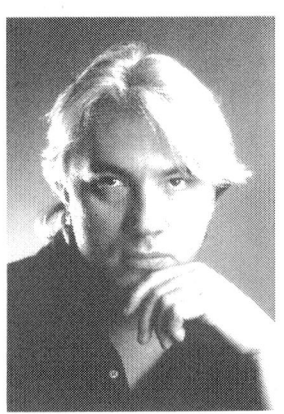

Askonas Holt Ltd. London,
크레디아 제공

　드미트리 흐보로스토프스키(Hvorostovsky)의 이름을 처음 접한 것
은 그가 아직 유명해지기 전이었다. 러시아 로망스 가곡집을 처음
들어 본 순간 하나의 위대한 바리톤이 탄생했다는 것을 직감할 수
있었다. 나중에 그가 카디프 콩쿠르에서 브린 터펠을 누르고 우승한
사실을 알게 되었다. 차가운 이성과 불타는 정열이 묘하게 혼합된
그의 목소리는 잘 제련된 강철과 부드러운 벨벳이 하모니를 이루며
함께 짜인 옷감 같다고나 할까? 더군다나 준수한 용모와 함께 시베

리아 출신이라는 그의 탄생배경은 신비감을 더해 주었다.

그 이후 흐보로스토프스키가 내놓는 판들을 기다리는 것은 나의 즐거움의 일부가 되었다. 2000년 그의 두 번째 내한공연은 조금은 기대에 못 미쳤던 기억이 나기에 이번 리사이틀은 어떻게 전개될까 꽤 궁금했다. 그의 트레이드마크인 완전히 은발인 모습은 마치 시베리아의 백설이 머리카락을 은빛으로 바꾸지 않았나 하는 착각을 불러일으킬 정도였다. 바리톤 음역이 가질 수 있는 함정은 비슷비슷한 특색 없는 목소리가 나올 개연성이 높다는 것이다. 그러나 중후하지만 품격 있고 안정적이기도 한 그의 개성적인 목소리는 마치 거대한 암석을 앞에 놓고 보는 듯한 위압감을 느끼게 했다. 이날의 프로그램은 1부에서 림스키-코르사코프, 차이코프스키의 러시아 가곡들과 역시 러시아 작곡가이자 모스크바 학파의 수장이었던 안톤 루빈스타인의 오페라 <악마>에 나오는 세 개의 아리아, 그리고 2부에선 베르디의 아리아들(이 중 오텔로에 나오는 '크레도'는 두 번째 내한공연에서 앙코르곡으로 부른 것이었다)과 나폴리 가곡이라는 다양하고 특이한 구성이었다.

크레도는 사악하기보다는 노블 한 그의 전형적인 렌디션을 보여 준 가창이었다. 나폴리 가곡은 이탈리아 남부 출신의 테너가 아닌 시베리아에서 온 바리톤이 부르는 것이 어색할 수도 있다. 그러나 흐보로스토프스키는 정통적이지는 않지만 매우 유니크 한 표현으로 전혀 다른 맛을 보여 줬다. 필자 생각에 이날의 하이라이트는 예상과는 다르게 루빈스타인의 생소한 아리아였다. 깊고 그윽한 울림과 단단한 목소리로 부른 세 곡은 흐보로스토프스키만이 해낼 수 있는, 그리고 그의 목소리와 가장 잘 어울리는 곡들이었다고 생각된다. 긴 호흡과 섬세한 감정표현으로 끌어간 이 세 곡은 이날의 백미였다.

최근 필립스가 계약갱신을 하지 않아서 흐보로스토프스키는 델로스(Delos)라는 마이너레이블에서 판을 내고 있다. 필립스가 그의 상품성이 떨어진다는 판단을 한 것 같은데, 그의 선의의 라이벌인 브린 터펠이 전성기를 구가하는 것에 비교해 볼 때 흐보로스토프스키가 상대적으로 침체된 듯한 느낌을 주고 있다. 하지만 델로스에서 내는 판들도 수준 이상의 성과가 나오고 있고, 나이가 듦에 따라 목소리가 성숙돼 가는 것을 봤을 때 그가 다시 대표적인 바리톤으로 재등극하는 것은 시간문제라는 생각이 든다. 열광적 청중들의 환호에 단 두 곡만의 앙코르를 선사한 것이 조금은 아쉬웠다고나 할까?

[바리톤 드미트리 흐보로스토프스키 리사이틀
(2003년 11월 24일, 예술의 전당 콘서트홀)]

[업코리아] 2003년 11월 25일

"황금빛 훈풍", 베이스 바리톤
브린 터펠(Bryn Terfel) 독창회

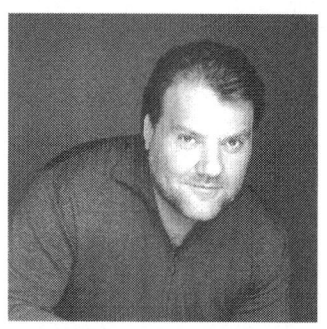

Simon Fowler / DG, 크레디아 제공

　1989년 웨일즈의 수도 카디프에서 열린 카디프 콩쿠르는 현대 성
악역사에 있어서 기억할 만한 사건이었다. 훗날 세계 3대 바리톤 중
두 사람이 여기서 무명시절인 어린 나이에 조우했던 것이다. 터펠은
그 당시를 회고하며 "나는 흐보로스토프스키가 나의 경쟁자가 되리
라는 것을 직감적으로 느꼈다"라고 했지만, 사실 거기에 있던 모든 사
람들은 뭔가 심상치 않은 일이 일어나고 있다는 것을 느꼈던 것이다.
　흔히 현재 3대 바리톤을 러시아의 드미트리 흐보로스토프스키, 웨
일즈의 브린 터펠(원래 발음은 "브랜 테어벨"이라 한다. 그리고 그의

본래 성은 웨일즈 지방에서 가장 흔한 이름인 Jones이다), 그리고 미국의 토마스 햄슨이라 한다. 이들은 각기 다른 목소리 성질을 가지고 있다. 터펠은 비록 카디프에서 1위 자리를 흐보로스토프스키에게 내어 주고 2등상과 가곡상에 만족해야 했지만 현재는 오히려 흐보로스토프스키의 인기를 능가하고 있다. 현재 인기도에서 보면 터펠, 흐보로스토프스키, 햄슨의 순서라는 것이 공론이다. 그 이유는 아마도 흐보로스토프스키가 레퍼토리의 한계를 보이고 있고 햄슨이 표현력과 개성에서 다른 두 사람에 미치지 못하는 가운데, 터펠은 특유의 매력적이고 두터운 음성으로 모차르트, 베르디, 바그너의 오페라들, 독일 리트와 웨일즈 민요, 심지어는 뮤지컬까지 영역을 넓혀 나가고 있기 때문이 아닌가 한다. 그의 왕성한 활동과 넘치는 재능을 보여 주는 예라고 하겠다. 이러한 레퍼토리의 확장은 간혹 숄티 경과의 <돈 지오반니> 녹음(Decca/London)에서 그가 부른 타이틀 롤에서 보이는 바와 같이 "아직은 이른 시기에 성급하게 도전한 것이 아닌가?"라는 의문을 낳기도 했다. 이렇게 바리톤과 베이스의 음역을 공히 커버하며 아직도 젊은 나이에 영역을 착실히 넓혀 가고 있는 페이스는 그가 매우 늦게 성악을 전문적으로 공부했다는 점을 감안하면 거의 충격적인 속도라 하겠다. 그가 처음으로 때늦은 전문적인 성악교육을 받은 곳은 고등학교 졸업 후에 진학한 길드홀 음악원에서였다.

이날 시작된 독창회에서 터펠은 친근한 인상의 개구쟁이 같은 모습으로 나타났다. 그의 목소리는 필자가 "강철로 짠 실크"라고 언젠가 표현한 흐보로스토프스키의 시베리아의 삭풍과 같은 날카로운 개성은 없다. 그러나 대신 사람을 따뜻이 감싸는 훈풍과 같은 매력이 있다. LG아트센터는 투명한 어쿠스틱스와 성악에 어울리는 규모를 가지고 있는 음악당으로 널리 알려져 있다. 그러나 상대적으로 따뜻한 질감이 부족한 곳인데 터펠의 목소리는 이러한 음악당의 약점을 상쇄시키고도 남는 따사로움이 있었다. 처음 순서인 슈베르트의 가곡들을 하나씩 불러 가는 동안 청중들은 그의 노래에 빨려 들어갔고 다음 순서인 슈만의 가곡에서는 완전히 몰입돼 갔다. 특히 그가 슈만의 "Du bist wie eine Blume(그대는 꽃과 같이)"를 부를 때 필자는 완전히 무아의 경지에 들어갔다. 왠지 요즘 들어 연극이나 음악회에서 무아의 경지에 빠져들지 않아서 "내가 예술을 감상하는 마음에 문제가 생기지 않았나?" 하는 고민에 빠지기도 했는데, 오늘에서야 오랜만에 그러한 감정을 느끼게 된 데 터펠에 감사하고 싶은 심정이다. 참고로 터펠이 독일 리트에서 강점을 보이는 이유 중 하나가 그의 모국어인 웨일즈어가 독일어와 유사성을 갖고 있기 때문이라고 한다.

2부 순서에서는 이베르와 핀지의 가곡들, 그의 고향인 웨일즈의 민요 메들리가 선사됐는데, 특히 마지막 순서이자 매우 친근하게 들렸던 웨일즈 민요는 3일 전 세상을 떠나고 오늘이 장례식인 그의 할아버지에게 헌정된 공연이었다. 장례식에 참여 못한 대신 그의 고향 노래로써 그의 할아버지에게 이별을 고하는 그의 마음과 제스처는 감동적이었다. 열화와 같은 박수 속에 터펠은 앙코르 순서에서 푸짐한 선물을 안겨 주었다. 첫 번째로 부른 로저스 & 해머스타인의 "오클라호마" 중 "Oh! What a beautiful mornin"은 청중들의 자연스런 참여를 유도했고, "자신의 별명이기도 하다"는 조크로 시작된 "The big brown bear"에서의 익살, 뒤이어 계속된 모차르트 "돈 지오반니"에서의 감미로운 세레나데는 청중을 열광시켰고, 마지막으로 "카멜롯"에서 터펠의 웨일즈 동향인인 대배우 리처드 버튼이 불러 사랑받았던 "How to handle a woman"으로 아쉬움이 남지 않는 공연의 대미를 장식했다. 한마디로 요약하자면 '황금빛 훈풍'이라고 표현하고 싶은 그의 목소리는 베이스와 바리톤을 자유자재로 오가는 음역으로 세상사에 지친 사람들의 마음을 따듯이 위무했다. 그의 넉넉한 마음씨가 그의 빛나는 목소리와 잘 조화된 공연이었다.

[2001년 10월 11일 8시 LG아트센터]

[Classical CD Guide] 2001년 11월호

소프라노 르네 플레밍(Renee Fleming) 독창회

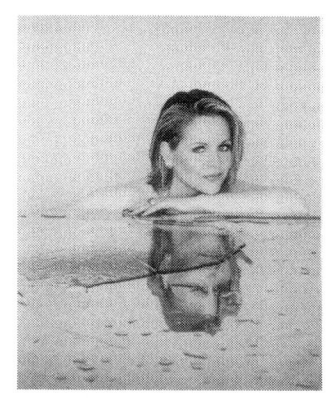

유니버설뮤직, 크레디아 제공

원래 디바(Diva, 스타 여자 성악가)들은 성격이 까다롭고 별나기로
유명하다. 칼라스가 대표적인 예일 것이다.

아주 가끔 이러한 상식이 깨질 때가 있는데 바로 르네 플레밍(Fleming)
이 그런 경우이다.

뛰어난 가창력과 패션잡지의 표지모델이 될 정도로 우아한 자태가
그녀의 온화한 성품과 어울려 대중적으로 그녀의 인기를 더하게 하
는 요소가 된다.

오죽하면 TIME지가 "인생이 공평하지 않다는 것은 르네 플레밍을

보면 알 수 있다"라고 하지 않았던가.

플레밍이 '성악계의 백작부인(Countess)'이라는 별명을 얻은 것은 1988년 휴스턴에서 모차르트 <피가로의 결혼>의 백작부인으로 데 뷔를 했기 때문만이 아니라, 그녀의 이러한 기품 있는 이미지와 태 도 그리고 우아한 목소리에 기인한 바 크다.

플레밍은 현재 바바라 보니, 안젤라 게오르규 등과 함께 현재 정 상에 서 있는 소프라노이다. 그들은 전혀 다른 목소리의 성질을 가 지고 있다. 보니가 귀엽고 청초하고 맑은 리릭 소프라노의 전형이라 면, 게오르규는 어두우면서도 날카롭고 때때로 불안하지만, 그것이 오히려 매력이 될 수도 있는 목소리를 가지고 있다. 이에 반해 플레 밍은 솔티 경이 "더블 크림"이라고 평한 것처럼 윤기 있고 안정적인 크리미(creamy)한 목소리를 자랑한다.

플레밍은 한국 데뷔공연에서 의욕적이고 다양한 레퍼토리를 선사 했다. 첫 곡인 헨델의 "알치나" 중(中) "사랑하는 이여, 얼마나 그대 를 사랑했는지"는 일단 풍부한 성량으로 청중을 압도했다. 예술의 전당 콘서트홀은 독창회를 갖기에는 조금 큰 음악당인 데도 불구하 고 플레밍의 목소리는 전혀 무리 없이 청중들에게 전달됐다. 개인적 인 의견으로는 콘서트홀에서 아마도 이렇게 '낭랑하게' 소리가 울렸 던 경우는 드물었던 것 같다. 과거 많은 성악가들의 이곳 공연에서 느꼈던 답답함이 없었다는 것은 일단 매우 긍정적인 요소로 작용했다.

다음 차례인 리히아르트 스트라우스의 가곡들은 플레밍이 즐겨 부 르는 곡들이다. 웬만한 메조소프라노를 능가하는 두터운 중저음으로 무장한 소리는 중후함을 느끼게 했고, 아울러 우아함까지 겹쳐서 표 현해 내는 능력은 그녀만의 장기라 하겠다. 슈트라우스의 가곡을 들 으며 느꼈던 것은 그녀의 가창이 전성기 시절의 엘리자베트 슈바르 츠코프의 목소리를 연상시킨다는 점이었다. 슈바르츠코프 특유의 비음은 없지만 감성과 지성이 어우러지는 풍려한 표현력은 그런 연상을 자아내기에 부족함이 없었다. 앞으로 언젠가 플레밍이 마르샬린 역을 맡아 부를 스트라우스의 "장미의 기사" 전곡 녹음이 기대되는 이유도 여기에 있다. 지금까지 슈바르츠코프의 마르샬린을 능가하기는커녕 그에 필적할 만한 가창이 없었기에 특히 기대가 되는 부분이다. 플레밍은 당대의 마르샬린이 될 것이다.

구노의 파우스트 중(中) "보석의 노래"는 원래 플레밍의 목소리에 어울리는 노래는 아니지만 무난하게 불렀고, 1부의 마지막 곡인 드보르작의 루살카 중 "달의 노래"는 그녀의 애창곡답게 완벽에 가깝게 불러냈다. 이미 체코 오페라음악의 최고 해석자인 찰스 매케라스 경과 녹음한 루살카 전곡에서 그녀가 보여 줬듯이, 이 곡이 가지는 서정성과 우수(憂愁)를 아낌없이 표출했다. 그녀의 집안은 원래 체코 혈통이라는 얘기를 들었는데 그래서 그런지 체코의 민족적인 감흥을 잘 표현해 내는 것 같다는 생각이 든다.

2부의 초두를 장식한 드뷔시의 "빌리티스의 3개의 노래"는 의도적으로 음량을 줄여 곡이 가지는 뉘앙스를 살리려 노력한 흔적이 보이고, 라흐마니노프의 가곡들도 큰 아쉬움 없이 불러냈다. 허벨의 곡을 유명 재즈 뮤지션인 데이브 그루신이 플레밍을 위해 편곡한 "가련한 나비부인"은 푸치니 나비부인의 주제와 선율을 일부 따온 뮤지컬풍 재즈곡이다. 이미 학창시절 아르바이트로 재즈를 불렀던 플레밍은 너무도 익숙하게 이 매혹적인 곡을 소화해 냈다. 플레밍은 조만간 정통 재즈 음반을 낸다고 하는데 많은 기대가 된다. 그녀의 목소리는 재즈곡에도 잘 어울릴 것이다.

본 프로그램의 마지막 곡은 푸치니의 나비부인 중 "어떤 갠 날"이었다. 어리고 가련한 소녀가 부르는 이 곡을 소화하기에는 플레밍의 목소리는 너무나 풍성했다. 그러나 본래 오페라의 내용을 잊고 곡

자체를 즐기기에는 무리가 없었다.

앙코르곡들은 잔치와 같은 분위기였다. 이미 음반녹음을 통해 소개된 푸치니의 <지안니 스키키> 중 "오 나의 사랑하는 아버지", 조지 거신의 "섬머타임", 그리고 "바바라 보니처럼 한국 곡을 언젠가 녹음하겠다"는 그녀의 인터뷰에서 어느 정도 예견하기는 했지만 청중들에게 신선한 감흥을 준 김동진의 "신아리랑"이 연속적으로 불려졌다.

마지막 앙코르곡으로 칠레아의 아리아 "Io son l'umile ancella"를 부름으로써 대단원의 막을 내렸고 청중들은 기립박수로써 이 우아한 디바의 성공적인 한국데뷔를 축하했다. 그녀의 가창은 자동차로 비유하자면 날렵하거나 화려한 스포츠카는 아니다. 대신 중후한 느낌을 주는 메르세데스 벤츠나 롤즈 로이스와 같은 느낌을 주는 목소리이다. 앞으로의 그녀의 활약이 기대되며 조만간 다시 한국을 찾기를 바란다.

[2002년 3월 28일(목) 오후 7시 30분 예술의 전당 콘서트홀]

[Classical CD Guide] 2002년 5월호

'이지은', 한국오페라계가 자생적으로 배출한 스타

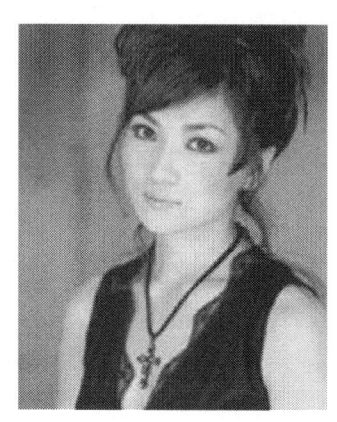

내가 이지은을 처음 본 것은 1999년 11월 13일 예술의 전당 콘서트홀에서 있었던 "테너 김영환, 바리톤 고성현 듀오 콘서트"에서였다. 당시 잘 알려지지 않았던 소프라노인 이지은은 이 콘서트에 찬조출연을 했는데, 한국의 대표적인 두 남성성악가 사이에서 전혀 밀리지 않고 쉽지 않은 베르디의 헤로인(여자주역)역을 진폭 있게 부른 것을 보고 내심 놀랐었다. 필자가 그녀의 가창에 대해 그날 공연을 "듀오 콘서트"가 아니라 "트리오 콘서트"라고 했었어도 손색이 없을 만한 호연이라고 평했던 기억이 난다(CD 가이드 35호, 1999년 12월호 참조).

이지은은 그 이후 2000년 서울 오페라 페스티벌에서 토스카 역으로 음악팬들에게 확실히 자신의 존재를 각인시키고 스타로 떠올랐다. 그 이후 많은 오페라의 주역을 맡으면서 착실히 자신의 위치를 키워 나가고 있다. 이지은의 존재가 소중한 것은 외국오페라계가 키운 스타가 아니라 비록 외국에서 공부를 했지만 척박한 한국의 오페라계에서 자생적으로 큰 성악가라는 점이다. 그리고 외모가 오페라 주역을 하기에 알맞다는 강점도 가지고 있다.

그래서 11월 9일 예당 콘서트홀에서 있은 이지은의 독창회는 큰 기대를 불러일으켰다. 이례적으로 우크라이나의 자포로지에 오케스트라(지휘 장윤성)가 협연한 이날 독창회는 이지은의 장점을 한껏 보여 준 음악회였다. 이지은은 개성 있는 미성(美聲)을 가진 소프라노는 아니다. 하지만 어둡고 단단한 음색으로 진폭이 큰 목소리를 가진 성악가이다. 그러면서도 공명이 강해서 큰 음악당에서도 통하는 목소리를 가지고 있다. 이날 공연은 그런 목소리를 가지고 헨델에서 로시니, 마스네, 레하르, 베르디, 푸치니를 거쳐 드보르작의 <루살카> 중 "달의 노래"에 이르기까지 능숙하게 불러 나간 공연이었다.

독창회에서 자칫 소홀해지기 쉬운 표정 연기도 좋았다. 레하르의 오페레타에서는 가벼운 춤까지도 보여 줘서 마치 오페라의 장면들을 보는 것 같은 착각을 줄 정도로 만전을 기하는 스타의식까지도 보여 줬다. 이날 공연에서 부른 곡들 중에서 이지은은 다시 한 번 푸치니와 베르디의 역할에 알맞은 성악가임을 보여 주었다. 특히 <토스카>와 <운명의 힘>에서의 대표적인 아리아들인 "노래에 살고 사랑에 살고"와 "신이여 평화를 주소서" 두 곡에서 압도적인 힘을 보여 줬다. 앙코르곡으로 "그리운 금강산"과 "Oh My Love"를 들려줬는데 사곡이지만 아쉽게도 마이크를 사용해 부른 팝송인 두 번째 곡에서는 아쉬움이 남았다. 대중음악 창법과 고전음악 창법의 차이를 확인시켜 주었다고나 할까.

이지은은 오는 12월 5일 파바로티의 대역으로 화제를 모은 주목받는 신예 테너 살바토레 리치트라의 공연에도 출연한다고 하고 내년부터 일본 후지와라 오페라단의 주역으로 활동한다고 한다. 앞으로의 더 활발한 활동을 기대하고 한국의 대표적인 '토종' 소프라노로서 음악팬들의 사랑을 많이 받는 존재가 되기를 기원한다.

[업코리아] 2003년 11월 10일

테너 김영환 · 바리톤 고성현 듀오 콘서트

테너 김영환과 바리톤 고성현은 명실상부하게 우리나라를 대표하는 성악가들이다. 그들이 있다는 사실만으로 성악 애호가들은 행복하다 할 정도로, 그들은 신세대를 대표하는 성악가들이다. 그래서 이들의 듀오 콘서트는 말만 들어도 일단 청중들에게 높은 기대감을 갖게 한다. 고성현은 '대포'라는 그의 별명이 잘 말해 주듯이 중후한 목소리를 가지고 있고, 김영환은 누군가를(예를 들어 니콜라 마르티누치 같은 테너와) 닮은 듯하면서도 그 자신만의 개성을 갖고 있는 정상급 테너이다.

고성현의 노래로 시작한 음악회 초반부는 어수선한 음악당 분위기 탓인지 아니면 몸이 덜 풀렸는지 음정의 불안을 노출하였다. 그러나 곧 고성현은 그의 저력 있는 목소리를 유감없이 보여 주었다. 그는 가곡보다는 강한 성격표현이 요구되는 오페라에 더 잘 어울리는 바리톤이라는 느낌을 준다. 아쉽게도 김영환은 이날 최상의 컨디션이 아니었다. 그래서 약간은 잠긴 듯한 목소리를 내었다. 평소의 찌르는 듯한 목소리의 압도적인 공연은 아니었지만 그의 매력적인 미성은 여전히 빛났다.

특별 출연한 소프라노 이지은의 훌륭한 가창은 의외였다. 단지 구색을 맞추기 위해 출연한 것이 아니라 공명 깊은 목소리로 쉽지 않은 베르디의 히로인들을 진폭 있게 소화해 냈다. 이 연주회를 '트리오 콘서트'라 해도 무방할 만큼 뛰어난 잠재력을 가진 가수로 귀추가 주목된다.

이 날의 콘서트는 상대적으로 덜 대중적인 레퍼토리 선정이었다는 것이 특색이었고, 청중들은 콘서트홀을 가득 메우지는 못했지만 열렬히 이들의 훌륭한 공연에 호응하였다. 원래 선전 팸플릿 레퍼토리에 있었던 비제의 '진주잡이' 중의 이중창이 이날 공연에서 제외된 것은 아쉬웠다.

[1999년 11월 13일 예술의 전당 콘서트홀]

[Classic CD Guide] 35호 1999년 12월호

살아 있던 전설,
카를로스 클라이버(Carlos Kleiber)를 애도하며

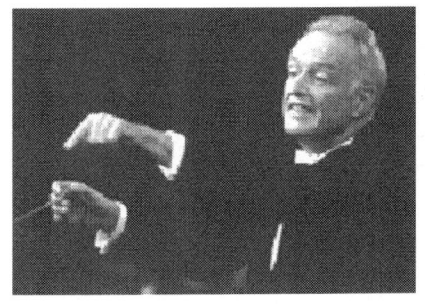

'살아 있던 전설' 카를로스 클라이버(Carlos Kleiber)가 은둔 생활 끝에 74세를 일기로 사망했다.

살아 있을 때 전설이라는 칭호를 받기는 어렵다. 그러나 지휘자 클라이버는 실로 전설이었다. 그는 명지휘자 에리히 클라이버(Erich Kleiber)의 아들로 태어났다. 그러나 나치 체제를 증오한 아버지를 따라 독일에서 아르헨티나로 이주해서 자라나 이름도 스페인어식인 카를로스이다. 하지만 웬일인지 아버지 에리히가 자기 아들이 음악 하는 것을 반대했기에, 정통적인 음악교육 과정을 밟지 못했다. 그런데 재능을 숨길 수 없었는지 아버지의 반대를 무릅쓰고 몰래 음악을 하다가 대지휘자로 성장한 독특한 경우이다.

나는 예전에 '내가 만약 음악에 천재적인 재능이 있다면(실제는 전혀 없다), 황제와 같은 지위를 누렸던 카라얀보다는 어디에도 얽매이지 않고 자유인의 삶을 살았던 클라이버가 되고 싶다'는 생각을 했었다. 훌륭한 지휘자들은 많았지만 클라이버가 음악팬 마음속에 특별한 위치를 차지하는 이유가 있다. 그는 상임지휘자로 한 연주단체에 얽매이는 것을 지독히도 싫어하고 활동을 거의 하지 않는 지휘자였고, 아주 가끔 레코딩을 했는데 그가 한 연주, 레코딩은 매번 전설적인 위치에 올라섰기 때문이다. 그는 판을 거의 남기지 않았지만 그가 남긴 몇 안 되는 유산들은 음악팬들의 광적인 지지를 받고 있다.

아르헨티나에서 자라났지만 그의 외모는 너무나 전형적인 독일인이었고 지휘도 독일 음악을 주로 했다. 그래서 제일 먼저 녹음한 판도 가장 독일적인 칼 마리아 폰 베버의 "자유 사수("마탄의 사수"라고도 알려져 있는 독일 국민주의 오페라의 시조 격인 작품)"였다.

야노비츠, 마티스, 슈라이어, 아담 등의 독일계 명성악가들과 같이 연주한 이 판은 아직도 명반의 위치에 있다. 그리고 그 이후 녹음한 베토벤 교향곡 5번, 7번, 4번은 역사상 가장 위대한 레코딩 중 하나라는 찬사를 받고 있다.

거의 활동을 하지 않아서 더 신비롭게 보인 측면도 있지만 그의 연주는 매번 위대했다. 많은 음악인들이 가장 같이 협연하고 싶은 지휘자였고(9월에 내한할 바이얼리니스트 조슈아 벨도 최근 인터뷰에서 가장 협연하고 싶은 지휘자로 그를 지목했었다), 수많은 팬들이 음반이 나오기를 기대하는 학수고대하는 지휘자였는데 결국 다시 판을 내지 못하고 은둔 생활 끝에 사망했다.

더 많은 좋은 판들을 후세에 남길 수도 있었는데 연주와 녹음에 필요 이상의 만전을 기하는 완벽주의자여서 그의 판들은 매우 희귀

하다. 예를 들어, 그가 남긴 베토벤 교향곡 6번 "전원" 판은 그의 아들이 한 연주회장에서 카세트테이프로 녹음한 것을 레코드 회사가 기적적으로 구해서 세상의 빛을 보게 된 녹음이다.

음악팬들은 그의 죽음을 매우 안타깝게 생각하고 있다. 그의 사망을 애도하며 오늘은 그의 춤추는 듯한 지휘가 멋들어졌던 89년 비엔나 신년 음악회 실황공연을 봐야겠다.

[업코리아] 2004년 07월 20일

카라얀(Karajan) : 음반에 투영된 황제의 에고

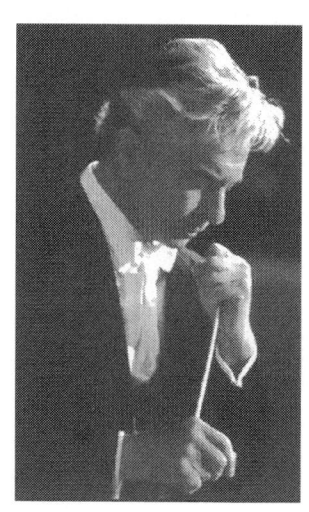

　그는 명프로듀서들이 권력을 갖던 시대로부터 대지휘자들이 권력을 갖는 시대를 이끌어 냈다

　프랑스의 거장감독 클로드 를루슈는 제2차 세계대전을 주제로 영화 만들기를 즐겼는데, 우리나라에서는 <사랑과 슬픔의 볼레로>(원제 <이런 사람, 저런 사람>[Les uns et les autres])라는 이름으로 방영된 초대형 작품에서 에디트 피아프와 글렌 밀러와 같은 인물들을 묘사했다. 그가 묘사한 인간군상 가운데 히틀러 앞에서 피아노를 연

주하고 나치에 협력했다가 종전 이후 음악계의 황제노릇을 하는 인물이 있었는데, 그가 인물이 2008년 탄생 100주년을 맞은 헤르베르트 폰 카라얀인 것은 두말할 필요가 없다. 이 영화 속 인물처럼 카라얀만큼 음악계에서 애증의 대상이 됐던 인물은 많지 않다. 음악계의 황제, 흥행의 천재, 천박한 대중영합주의자, 독재자, 폭군, 나치협력자라는 상반된 평가가 잇따랐다. 훗날 나치협력 문제는 카라얀과 같이 히틀러 치하에서 독일과 오스트리아를 떠나지 않고 활동을 계속했던 빌헬름 푸르트벵글러, 칼 뵘, 엘리자베트 슈바르츠코프 같은 다른 거장 음악가들을 괴롭히는 사안이 되기도 한다.

개인적으로 음악을 좋아하기 시작한 중학교와 고등학교 시절 두 사람의 지휘자 판을 유난히 많이 들었는데 그 두 사람이 바로 카라얀과 칼 뵘이었다. 광고에 자주 나올 정도로 세련된 외모의 카라얀과 투박해 보이는 뵘은 동 시대를 산 오스트리아인이었으나 그들의 외모만큼이나 서로 다른 음악세계를 추구했다. 스스로 레퍼토리를 극도로 제한하고 대중과 타협하지 않고 고집스럽게 자신의 음악세계만을 지켜 나간 뵘과, 대중과 호흡하고 거의 모든 클래식 레퍼토리를 섭렵하며 화려한 세계를 펼쳐 나간 카라얀은 정녕 대조적인 음악인이었다. 나는 이들의 음악을 거의 동등하게 들으며 동시에 좋아했다고 고백하지 않을 수 없다. 뵘의 음악이 험난한 고산준령(高山峻嶺)이라면 카라얀의 음악은 빼어난 자태를 지닌 수려한 명산이었다고나 할까……. 유명한 베토벤 교향곡 전집 첫 녹음과 베를리오즈의 "환상 교향곡" 연주로 카라얀과의 첫 만남은 시작됐고 그 후 지금까지 그의 음악은 내 주위를 떠난 적이 없다.

젊었을 때는 월터 레게의 영향 아래 주로 필하모니아와 EMI/Angel에서 작업하며 싱싱하고 세련된 음악을 보여 주었고, 나이가 들어서는 주로 '그의 악기'인 베를린 필하모니와 '노란딱지' 도이치 그라모폰

(DG)을 통해 그의 개성과 에고를 남김없이 표출했다. 후반부에 갈수록 그의 음악은 중후하고 기름지고 화려해졌고, 잘 훈련된 베를린 필의 압도적인 오케스트레이션을 사람들에게 선사했다.

베를린 필하모니를 지휘했지만 1970년에 EMI/Angel에서 발매된 베토벤의 "삼중협주곡" 레코드 재킷은 오이스트라흐, 로스트로포비치, 리히터 세 거장과 카라얀이 함께 찍은 사진이 장식했다. 당시 서서히 황제자리에 올라가고 있던 카라얀이지만 이 재킷 사진에서는 다른 세 거장 연주자가 여유롭게 웃고 있는 모습을 보이는 데 비해 왠지 어둡고 주눅 든 얼굴을 하고 있다. 그러나 후반기 도이치 그라모폰의 레코드 재킷이 신격화나 다름없는 느낌이 들 정도로 거룩하고 숭고해 보이는 카라얀의 사진으로 장식되는 점은 카라얀의 지위가 점차 높아지고 그에 따라 그의 에고도 더욱 강해졌던 것을 상징적으로 보여 준다.

카라얀은 월터 레게나 존 컬쇼 같은 명프로듀서들이 권력을 가졌던 시기로부터 대지휘자들이 권력을 갖는 시기를 이끌어 낸 인물이라는 생각이 든다. 어느 프로듀서가 감히 후반기 카라얀의 권위에 도전할 수 있었겠는가? 후반기 녹음에서 그에게 종속적일 수밖에 없는 기악 협주자들과 성악가들을 거대한 오케스트라 밑에 묻히게 했다는 비난은 그렇게 생겨난 것이다.

후반기에 두드러지게 나타난 에고로 하여 카라얀은 개성 있는 거장 연주자보다는 그의 개성을 잘 따라오는 경량급 신인 연주자들을 선호했다는 비난을 사기도 했다. 하지만 전 · 후반기를 통틀어 많은 젊은 연주자들을 발굴하고 육성한 그의 공은 부정할 수 없다. 그가 사망하기 직전 조수미를 발굴한 예는 우리에게 너무도 잘 알려진 일이며, 안네 조피 무터, 자비네 마이어, 크리스티앙 페라스, 군둘라 야노비츠, 헬가 데르네슈, 호세 카레라스 등은 그가 선호하고 끊임없이 지원하며 키워 낸 여러 음악가들 중 하나다. 특히 국제적인 활동이 거의 없었던 야노비츠를 기용해서 리하르트 슈트라우스의 "네 개의 마지막 노래", 바그너의 "발퀴레", 하이든의 "천지창조" 베토벤의 "교향곡 제9번" 등을 녹음해서 그녀의 진가를 후세에 남겨 준 것은 잘 알려져 있지는 않지만 천상의 목소리를 지닌 이 소프라노를 너무나도 좋아하는 나로서는 감사해 마지않을 일이다.

누가 뭐래도 클래식 음악을 우리 대중과 가깝게 만든 첫 번째 공로자가 카라얀임을 부정할 수는 없다. 고전음악을 모르더라도 눈을 감고 한껏 멋 부린 카라얀의 사진과 그의 판을 보지 못한 사람은 많지 않으리라. 정말로 경이로운 것은 그의 레퍼토리다. 한 인간이 그 많은 레퍼토리를 섭렵한다는 것은 정말 세기의 천재가 아니라면 불가능하다. 더욱 경탄스러운 것은 그 모든 레퍼토리를 일정수준 이상의 연주로 끌어냈다는 사실이다. 모차르트의 작품 중에는 졸작이 없듯이 그의 연주는 레퍼토리가 무엇이건 연주시기가 언제였건 비록 연주의 편차는 있어도 수준 이하의 녹음은 하나도 없다. 한 장르, 한 작곡가에만 매달려서 경지에 오르는 것도 힘든데 그는 그 수많은 작품들을 수준급으로 연주했고 그중 많은 연주가 명반의 반열에 올라 있다는 것은 대단한 사실이다.

불가사의할 만큼 폭넓은 레퍼토리와 카리스마가 사후에도 그의 영향력을 유지시키는 원동력이 됐다는 생각이 든다. "죽은 제갈공명이 산 사마중달을 이겼다"고 현존하는 무수한 스타 음악가 가운데 아직도 카라얀만큼 클래식 음반시장을 주도하는 사람이 없다는 것은 그의 무수한 녹음들이 아직도 대중과 음악 애호가들로부터 압도적인 사랑을 받고 있다는 방증이리라.

[월간 Coda] 2009년 4월호

프랑코 코렐리(Franco Corelli)를 추억하며

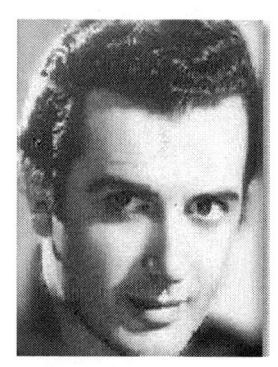

60년대 대표적 테너였던 프랑코 코렐리가 2003년 10월 30일 타계했다는 보도가 들렸다. 향년 82세, 1951년 "카르멘"의 돈 호세 역으로 오페라에 데뷔했으며 1954년 칼라스의 상대역으로 밀라노 라 스칼라 좌에 데뷔했고 그 이후 76년 은퇴 때까지 맹활약을 했었던 테너였다. 그보다 나이가 많은 마리오 델 모나코(Mario Del Monaco), 쥬세페 디 스테파노(Giuseppe Di Stefano)와 더불어 이탈리아 오페라계를 삼분(三分)하기도 했다. 그 당시는 미디어가 발달하기 전이어서 그랬지 요즘 같으면 소위 쓰리 테너를 능가하는 인기를 끌었을 세 사람이었다.

코렐리가 다른 테너와 확실한 차별을 보이는 것은 일단 멋있는 외모와 독특한 목소리였다. 큰 키와 늘씬한 몸매에 잘생긴 얼굴은 '뚱뚱한 테너'라는 일반적인 상식을 벗어나는 것이었다.

거기다가 독특한 비음이 섞여 이글이글 터져 나오는 목소리로 정열적으로 부르는 그의 노래는 정말로 매력적이었다. 영화배우 뺨치게 잘생긴 테너가 영웅적인 복장을 하고 폭발적인 가창으로 노래를 부르니 인기가 없을 수가 없었다. 거기다가 그는 매우 노력하는 성악가였다. 평상시 과민하다 싶을 정도로 목소리를 아끼고 소심하다 싶을 정도로 무대에서 최선을 다하는 노력파였다.

거의 독학으로 성악을 배운 그는 모범적인 가창을 한 테너가 아니었고 야성적인 매력을 발산하는 성악가였다. 그러면서도 그는 감미로운 목소리도 낼 수 있었다. 필자가 코렐리의 목소리를 처음 접한 것은 그의 전설적인 <토스카>에서의 "저 별은 빛나건만"이었다. 처형당하기 직전에 있는 카바로도시의 비애와 격정을 이토록 처연하게 부른 명연이 또 있을까? 그 이후 수많은 "저 별은 빛나건만"을 들어봤지만 적어도 나에게만은 코렐리의 명창을 넘어서는 가창은 없었다.

두 달 전 "Overture"란 음악잡지의 권두 에세이에 나의 어린 시절을 장식한 음악가의 리스트를 적으며 그의 이름을 올려놓은 것은 순전히 이 노래와 그 이후 들었던 그의 다른 노래들 때문이었다. 그이후 그가 부르는 나폴리 민요와 오페라 아리아들을 정말 마음껏 들었던 것 같다. 하나 아쉬운 것은 그의 전성기가 길지 못했다는 것인데 아마도 그의 내지르는 목소리 성질상 전성기가 길 수 없었을 것이라는 추측을 해 본다. 그래서 그의 라이벌들인 델 모나코나 디 스테파노보다 훨씬 적은 녹음을 했는데 그래서 그런지 그의 판들은 더욱 소중해 보였다.

그의 진가를 확인해 보려면 그의 수많은 독집 또는 발췌 하이라이트 판들을 추천한다. 최근에는 데카사가 The Singers Series에서 그의 전설적인 <토스카>에서의 "오묘한 조화"와 "저 별은 빛나건만"을 포함한 그의 독집 판을 리마스터해서 새로 선곡해서 내놓았다. 적극 추천하고픈 판이다.

그 외에도 그의 오페라 전곡 녹음들은 다행히 거의 전부 현재도 구입가능한데, 특히 추천하고 싶은 판들은 마리아 칼라스와 같이 출연하고 세라핀이 지휘한 1960년의 벨리니의 <노르마>(폴리오네 역, EMI/Angel), 같은 해, 같은 회사에서 나온 <팔리아치>/<카발레리아 루스티카나>에서의 투리두와 카니오 역, 63년에 나온 비제의 카르멘(돈 호세 역, 카라얀 지휘, RCA)과 지오르다노의 <안드레아 셰니에>(산티니 지휘, EMI), 64년에 녹음한 베르디의 <일 트로바토레>(만리코 역, 쉬퍼스 지휘, EMI), 65년 푸치니의 <투란도트>(칼라프 왕자 역, 몰리나리-프라델리 지휘, EMI), 그리고 66년 <토스카>(마젤 지휘, Decca/London) 등이다.

코렐리는 70년 한국에서 공연하기도 했는데, 아쉬운 것은 그가 전성기를 지나서 우리나라를 찾았다는 점이었다. 디스코그라피에 나와 있는 대로 그의 전성기는 60년대였다. 그만큼 그의 전성기가 짧았다는 뜻도 된다. 그리고 그가 델 모나코의 대역으로 성공했던 것처럼 그도 목소리가 조금씩 쇠퇴했던 67년, 본의 아니게 플라시도 도밍고라는 후세대의 젊은 테너에게 기회를 제공했다. 도밍고는 메트로폴리탄에서 코렐리의 대역으로 성공을 거두면서 더 큰 주목을 받았기 때문이다.

그의 부음을 접하면서 어렸을 적 그의 노래에 열광했던 시절을 떠올리며 "저 별은 빛나건만"을 듣고 있다.

[업코리아] 2003년 11월 01일

루치아 알리베르티(Lucia Aliberti),
칼라스의 부활? 칼라스의 저주?

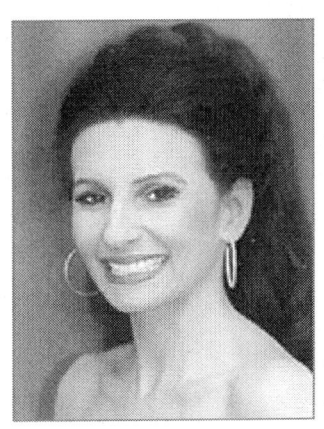

루치아 알리베르티

　1991년 플라시도 도밍고의 내한공연 때 동행한 소프라노 협연자가 나타났을 때 청중 사이에서 낮은 찬탄이 흘러나왔다. 바로 세기의 소프라노 마리아 칼라스가 아니던가? 그 소프라노가 노래를 부르자 더욱더 칼라스 같은 착각이 들기 시작했다. 그녀의 이름은 루치아 알리베르티(Aliberti), 한 음악전문 기자의 표현을 빌리자면 "눈을 뜨고 보면 매우 닮았다. 눈 감고 들어 보면 더 닮았다." 이렇게 한국

청중과의 첫 조우를 한 알리베르티는 칼라스와 흡사한 외모와 목소리로 이후 오페라계의 관심을 끈다.

이탈리아의 유명 영화감독이자 무대연출가인 프랑코 제피렐리는 이렇게 말했다. "오페라의 역사는 B. C.와 A. C.로 나눠진다. Before Callas, After Callas." 그만큼 칼라스라는 여신이 남겨 놓은 흔적은 너무나도 컸다.

칼라스의 전성기가 빨리 사라지고 또한 그녀가 사망하고 나서 세계 오페라계는 언제나 "제2의 칼라스"가 나타나기를 학수고대했다. 젊은 소프라노들은 칼라스의 목소리 흉내를 의도적으로 내기까지 했다. 그래서 칼라스와 같은 금속성의 개성 있는 목소리의 소프라노가 나타나면 사람들은 칼라스가 부활했다고 호들갑을 떨었다. 이러한 "제2의 칼라스" 중에 제일 유명한 성악가는 헝가리 출신의 실비아 사스와 칼라스와 같은 그리스 출신의 엘레나 술리오티스였다. 그러나 칼라스의 저주 때문일까? 아니면 무리한 칼라스의 창법을 흉내내다가 목소리가 상해서일까? 세칭 제2의 칼라스들이 혜성처럼 나타나서 혜성처럼 무대에서 사라지는 일들이 계속해서 일어났다. 위의 두 소프라노도 예외는 아니었다.

두 소프라노가 사라진 후 나타난 성악가가 루치아 알리베르티였다. 칼라스를 대체할 성악가는 아마 영원히 나오지 못할 것이다. 그러나 그 많은 "칼라스의 부활"들 중에 목소리나 외모가 가장 비슷한 사람이 알리베르티임을 부정할 수 없다. 바로 그녀가 9월 23일 LG 아트센터에서 서울시향의 반주(지휘 최승한)로 첫 내한 독창회를 가졌다. 개인적으로도 무척 기대하는 공연이었다.

이미 BMG에서 나온 2장의 독창곡집으로 단단한 지지층을 확보한 그녀였지만, 불행히도 이날 그녀의 컨디션은 무척 안 좋았다. 공연 취소가 될 뻔한 위기를 넘기고 나타난 그녀는 심한 감기에 걸려서

목이 잠겨 있었고, 1부에서 칼라스의 절창으로 유명한 토스카에서의 "노래에 살고 사랑에 살고"를 부르다가 기침 때문에 호흡이 끊기는 사고를 내기도 했다. 불행 중 다행인 것은 음악회가 진행될수록 조금 안정을 찾았고, 예의 그 '칼라스와 같은 음색으로' 아슬아슬하게, 그리고 조심스럽게 벨칸토 시대, 베르디, 베리스모 시대의 이탈리아 아리아들과 함께 그녀의 자작곡까지 불러 나갔다.

본 공연이 끝나고 앙코르곡으로 베르디 <라 트라비아타>에서의 비올레타의 아리아 2곡, 푸치니 <쟈니 스키키> 중 "아 나의 사랑하는 아버지", 레하르 <유쾌한 미망인>의 아리아 등 무려 다섯 곡이 불러졌다. 목 상태가 무척 나쁘지만 환영해 준 청중들이 고마워서 무리를 한다는 멘트와 사인을 보내고 앙코르곡을 열심히 불러준 것에 대해 고마운 생각이 들었다. 마지막 앙코르곡인 "축배의 노래"가 끝나고 열렬히 기립박수를 치는 사람들 사이에서 패티 김과 딸 카밀라의 모습도 보였다. 개인적으로 칼라스의 찬미자이지만 그녀의 노래를 실황으로 듣지 못한 한을 대리 충족했다고나 할까……. 그녀가 다른 "제2의 칼라스"들과는 달리 장수하기를, 그리고 또 이제까지 이루지 못한 메이저 레이블과의 오페라 전곡녹음을 하는 기회를 갖게 되기를 기원하면서 음악회장을 나왔다.

[2003년 9월 23일 LG Art Center 알리베르티 독창회]

[업코리아] 2003년 9월 24일

첼로의 매력과 베를린 필하모니 12첼리스트 앙상블

첼로만큼 매력 있는 악기를 찾기란 쉽지 않다. 깊고 그윽한 울림, 인간의 목소리를 닮은 듯하면서 저음 반주와 고음 선율까지 자유자재로 구사할 수 있는 악기가 바로 첼로이다.

그러나 웬일인지 작곡가들은 첼로를 위해 매우 적은 곡들을 남겨놓았다. 베토벤, 슈베르트, 브람스는 물론 온갖 악기를 위해 협주곡을 작곡한 모차르트조차 첼로를 위한 단독 협주곡을 작곡하지 않았고 독주곡조차 파블로 카잘스가 20세기 초에나 발견한 바흐의 "무반주 첼로소나타" 등 별로 많지 않다. 그래서인지 토스카니니처럼 첼로에서 지휘로 전업을 하는 사람들도 꽤 있었고, 위대한 첼로주자인 카잘스, 로스트로포비치 등도 지휘로 관심을 넓혔던 이유가 바로 이러한 레퍼토리의 한계 때문이라는 설도 있다.

어쨌든 이러한 한정된 레퍼토리를 타개하기 위한 노력들이 있었으니, 카잘스가 1927년 첼리스트로만 구성된 오케스트라를 구성하기도 했지만 그리 인기를 끌지 못하다가 1972년 베를린 필하모니의 첼로주자들로 결성된 "베를린 필하모니 12첼리스트" 이후 첼로 주자들의 앙상블은 사람들의 이목을 끌기 시작했다.

이러한 움직임은 알도 파리조가 이끄는 "예일 첼로스"와 같은 비슷한 성향의 단체들의 결성과 이들의 음반녹음 그리고 무엇보다 청중들의 지지 속에 착실한 성장을 보이고 있다. 베를린 필 12첼리스트를 위시한 이들 연주의 공통점은 레퍼토리의 한계를 넘어서기 위해 비틀스와 같은 팝음악을 적극적으로 포용하고 다른 클래식 음악을 첼로만을 위해 편곡을 하는 방식을 취했다.

이미 2년 전 내한해서 앙코르곡 연주 당시 붉은 악마 유니폼으로 연주를 해서 한국 청중들을 열광시킨 베를린 필 12첼리스트 앙상블이 다시 내한해 2004년 7월 2, 3일 양일에 걸쳐 예술의 전당 콘서트홀에서 연주회를 가졌다.

필자가 참석한 토요일 낮 연주의 1부는 전통적인 클래식 음악으로 짜여졌다. 첫 곡은 첼로들만을 위한 클렝겔의 "12첼리스트를 위한 찬가"였고 다음 곡들은 멘델스존의 오라토리오 "엘리아" 중 한 곡을 첼로를 위해 편곡한 곡 등이었다. 1부 마지막은 브라질 국민음악가인 빌라 로보스가 바흐풍 음악과 브라질 민요의 융합을 시도한 "브라질풍의 바흐, 제1번 서주"였다.

2부는 크로스 오버적인 경향이 강한 파트였는데 영화 음악(<핑크 팬더> 주제가와 <내일을 향해 쏴라> 중 "South American Getaway"), 재즈("12명을 위한 보사노바", 글렌 밀러의 스윙 재즈 "문라이트 세레나데", 조지 거쉰의 "Clap Yo Hands"), 흑인영가("Deep River") 등 다양한 장르를 첼로 앙상블과 결합한 작품들을 들려줬고, 마지막 순서로 요즘 특히 큰 인기를 끌고 있는 피아졸라가 클래식과 탱고의 결합을 시도했던 "신비한 푸가", "리베르 탱고", "아디오스 노니노"를 연타로 들려줬다. 필자는 특히 피아졸라의 곡들이 가장 마음에 들었다.

앙코르곡으로 디즈니 애니메이션 <정글북>에서 곰의 낙천적인 생을 묘사한 "Bare Necessities" 엘비스 프레슬리의 "Love Me Tender", 그리고 환호하는 관객들에게 최근 이라크에서 일어난 비극에 대한 애도와 함께 "김선일 씨, 그 가족을, 그리고 한국 사람들에게 바친다"라는 멘트와 함께 "그리운 금강산"을 열연했다.

첼로가 가진 레퍼토리의 한계를 넘어서기 위해 첼로만을 위한 앙상블이라는 적극적인 편성으로 정통 클래식 편곡뿐 아니라 다른 음악 장르를 적극적으로 포용해서 인기를 구가하고 있는 이 단체의 공연을 보면서 단점을 장점으로 승화시킨 성공케이스를 본 것 같은 기쁜 마음이 들었다. 종합적으로 봤을 때 이날 공연은 때로는 장중하고 때로는 그윽한, 때로는 발랄하고 가벼운, 또 때로는 정열적인 모습을 다채롭게 보일 수 있는 첼로의 매력을 유감없이 보여 줬다.

하나의 악기로 체임버 오케스트라 규모의 앙상블을 만들어 내고 그것으로 다양한 음색과 일사불란한 협주를 통해 청중들의 공감을 얻기란 쉽지 않은 일임에도 불구하고 베를린 필 12첼리스트 앙상블은 그것을 훌륭히 해내고 있고 또 지속적인 인기를 끌고 있다는 점에서 경이로운 존재이다. 앞으로 이러한 첼로 앙상블이 더 늘어나서 첼로의 매력을 더 많은 사람들이 알게 된다면 좋겠다는 생각이 들었다.

베를린 필 12첼리스트 앙상블의 열정적인 공연에 대해 한국청중들은 열렬한 기립박수로 화답했다. 필자가 최근 본 공연 중 가장 큰 환호를 이끌어 낸 공연이 아닌가 하는 생각이 든다. 하나의 악기로 구성된 앙상블이 이런 환호를 받으리라고 누가 예상을 했겠는가.

[업코리아] 2004년 07월 04일

박정호의 팝스 콘서트 그리고 영원한 비틀즈

한국계 미국인 지휘자 박정호는 평범한 지휘자가 아니다. 클래식 음악 전공자이지만 엄숙한 클래식의 이미지를 넘어서 대중 앞에 다가간 신세대 음악인이다. 92년 버클리대 교수를 역임할 당시 디즈니 영 뮤지션스 심포니 오케스트라를 8년간 이끌며 디즈니 TV의 명물이 됐으며, 파산 직전의 샌디에고 심포니를 맡아 2년 만에 흑자로 반전시키고, 퀄컴사로부터 1억 달러의 기부를 끌어내는 등 샌디에고 심포니를 미국에서 재정이 가장 충실한 악단으로 발전시키기도 했다.

현재 뉴헤이번 심포니의 지휘자인 그는 기존 클래식음악의 레퍼토리를 넘어서서 대중음악을 포용하는 즐거운 연주로 대중 속으로 파고드는 재주를 가지고 있으며, 이러한 재능은 한국에서도 큰 인기를 끌고 있다.

올해도 코리안 심포니 오케스트라를 이끌고 2003년 8월 7일부터 9일 사이에 테마를 각기 달리한 "마에스트로 박정호의 크레이지 팝스 콘서트"를 주관했다. 개인적으로 다 가고 싶은 음악회였지만 사정상 가장 기대했던 둘째 날(8일) 예술의 전당 콘서트홀에서 열린 "헤이! 비틀즈" 공연을 가 보았다. 박정호는 확실히 카리스마가 넘치는 지휘자였다. 춤추고 흔들고 하는 행동들이 천박하지 않고 리듬을 타는 자연스런 행위로 보이게끔 했다.

그날 공연은 코리안 심포니와 더불어 영원불멸의 밴드 '비틀즈'의 카피 밴드인 '비틀즈 마니아'가 비틀즈의 명곡들을 연주했다. 비틀즈는 많은 분들이 잘 아시다시피 1960년 영국 리버풀에서 결성되고, 62년도에 존 레논, 폴 매카트니, 조지 해리슨, 링고 스타 네 명의 멤버가 고정돼서 60년대를 풍미했던 '세기의 밴드'이다. 70년 이들이 해체되고 나서 많은 이들이 재결합을 원했었지만 그 꿈은 이루어지지 않았고, 대신 이들의 음악을 재현하는 무대가 많이 있어 왔다. 이런 시도 중 가장 성공적인 비틀즈 카피 밴드인 비틀즈 마니아는 이번이 두 번째 내한공연이었다.

폴 매카트니 역을 맡은 토니 키쉬맨과 존 레논 역을 맡은 짐 오웬의 목소리는 정말 오리지널과 흡사했고, 키쉬맨은 성형수술을 하지 않았을까 의심될 정도로 외모까지 매카트니와 흡사했다. 아쉬운 점은 "quiet beatle"이라고 불리며 상대적으로 레논이나 매카트니에 비해 스포트라이트를 덜 받았지만 first guitar로서 만만치 않은 기여를 했던 조지 해리슨 대역의 역량이 조금 쳐졌고, 왼손잡이인 매카트니가 오른손잡이가 된 것이 약간의 아쉬움이었다.

대형 오케스트라의 백업을 받으면서 무궁무진하게 펼쳐져 나간 공연은 비틀즈 시대를 그리워하는 올드팬부터 젊은 청중까지 흥분의 도가니로 몰아가기에 충분했다. 비틀즈 시대의 노래뿐 아니라 해체 이후에 매카트니와 레논이 독립적으로 히트시킨 곡들까지 덤으로 선사했다. 앙코르송인 "Hey Jude"에서는 청중들이 따라 부르고, 마지막 앙코르송인 "Twist & Shout"에서는 모두 일어나 춤추는 흥겨운 콘서트였다.

이날 공연을 뒤로 하며 생각한 것은 무엇이 비틀즈라는 수십 년 전 그룹이 사람들을 이렇게 열광시키는 것일까 하는 것이었다. 청중 중 상당수가 비틀즈가 해체된 후 태어났을 세대인데도 그들의 음악을 좋아했다. 그것은 그들의 음악이 불멸의 위치에 올라 있기 때문이다. 밀란 쿤데라는 "불멸에는 두 가지 종류가 있다. 하나는 작은 불멸이고 다른 하나는 큰 불멸이다"라고 얘기한 적이 있다. 여기서 작은 불멸이란 자기를 아는 사람들에게 잊히지 않는 불멸이고, 큰 불멸이란 자기를 모르는 사람들에게도 잊히지 않는 불멸을 뜻한다. 이 기준을 적용해 봤을 때 비틀즈는 가히 큰 불멸 중에서도 가장 큰 불멸의 예 중 하나라 할 것이다.

리버풀의 가난한 노동자 집안에서 태어나 교육을 제대로 받지 못했지만, 그들이 만들어 낸 음악은 시대를 선도하고 뛰어넘는 혁명적인 사운드였고 가사는 주옥과 같은 내용들로 가득 차 있었다. 그들은 재즈와 미국 대중음악의 영향을 받았지만 그것을 잊을 수 없는 매력적인 사운드와 가사로 재창조했고, 때로는 단순하기도 하지만 때로는 자유롭고 혁명적인 음악형식을 띠기도 했고, 여러 장르의 노래를 고루 히트시키는 천재성을 보여 줬다.

비틀스는 당시 젊은 세대에게 우상으로 떠올랐다. "우리는 예수보다 더 위대하다"라고 실언을 해서 비난을 받을 정도로 젊은 세대의 인기를 한 몸에 받았는데, 전쟁과 혁명으로 뒤숭숭한 변혁의 시기인 60년대에 '사랑과 이해'를 주로 노래하는 그들의 노래는 거의 가스펠의 수준에 이르지 않았나 싶다. 전성기 노래 중 하나인 "All You Need Is Love"나 레논이 팀 해체 직후 발표한 "Imagine"에 이러한 이상에의 추구가 극단적으로 나타났는데, '천국도 없고 지옥도 없고, 국가도 없고 종교도 없고, 소유물도 없는 인류애가 넘치는 평화로운 세상'이라는 흡사 초기 공상적 공산주의 이념에 가까운 이상주의적 몽상가의 모습이 꿈을 잃고 방황하는 젊은이들에게 깊은 어필을 했던 것 같다.

비틀즈는 또한 동 시대와 후대의 다른 연주가들에게 큰 영향을 주었을 뿐만 아니라 클래식 음악 애호가들로부터도 지지를 받았다. 그들의 곡은 수없이 리메이크됐고, 많은 클래식 연주자들과 오케스트라가 그들의 곡을 편곡하여 스탠더드 레퍼토리에 집어넣는 것을 마다하지 않았다. 특히 "Yesterday"와 "Let It Be"는 거의 클래식의 범주에 들어가도 무방하리만큼 클래식 팬들을 사로잡았다. 참고로 매카트니는 나중에 전문 작곡가의 도움을 받아 "리버풀 오라토리오"라는 전문클래식 작품을 작곡하기도 했다.

앞에서도 얘기했듯이 비틀즈 재결합의 논의는 끊이지 않다가 80년 존 레논의 암살로 이 꿈은 무산됐고, 레논의 아들이자 "Hey Jude"의 주인공인 줄리앙 레논을 멤버로 해서 재결성하자는 논의까지 나왔지만 2002년 조지 해리슨이 사망함으로써 재결합의 꿈은 영원히 사라졌다.

하지만 비틀즈의 인기는 아직도 식을 줄 모른다. 한 통계에 따르면 비틀즈의 음반은 아직도 황금알을 낳는 거위로 30년이 넘은 지금까지도 합계해서 세계 고소득 연예인 순위 3위를 기록하고 있으며 연간 1억 3,000만 달러를 벌어들이고 있다. '문화전쟁'의 시대인 지금에도 대단한 문화자산이라 하지 않을 수 없다. 8일의 공연은 그들이 쿤데라가 얘기한 '큰 불멸'의 존재라는 것을 다시 확인한 순간이었다.

다시 얘기할 기회가 있겠지만 공연 예술계는 이러한 기획으로 대중과 호흡하며 영역을 확보해야 한다. 최근 지휘자 함신익이나 안트리오 같은 클래식 음악가들이 이러한 시도를 하여 성공을 거두고 있고, 박정호도 성격은 약간 다르지만 이러한 노력을 하는 대표적인 음악인이라 할 때, 한국의 중견 오케스트라와 함께 불멸의 밴드인 비틀즈의 노래를 카피 그룹인 비틀즈 마니아와 같이한 기획은 칭찬받아 마땅할 것이다. 여름밤의 즐거운 추억이었다.

[업코리아] 2003년 08월 11일

네빌 매리너(Neville Marriner) 경과 백건우의
세인트 마틴 인 더 필즈(ASMF) 내한공연

네빌 매리너 경이 이끄는 세인트 마틴 인 더 필즈 공연은 올해 (비록 대규모 오케스트라는 아니지만) 유일한 메이저 오케스트라 공연이라 많은 관심을 끌었다. 예상대로 꽉 들어찬 콘서트홀은 좋은 오케스트라 공연에 목말라 있는 한국 음악 애호가들의 높은 기대수준을 나타내 주는 듯했다.

현재 상임 지휘자가 아니라 할지라도 사실 세인트 마틴 인 더 필즈 오케스트라는 네빌 매리너 경과 떼어서는 생각할 수 없는 오케스트라이다. 지휘대에 등단한 네빌 매리너 경은 75세라는 나이가 믿기지 않을 정도로 동안의 정정한 모습이었다. 매리너 경은 그의 장기 중의 하나인 모차르트 교향곡 35번 라장조(K. 385) 하프너교향곡으로 연주회를 시작했다. 깔끔하면서도 유려한 ASMF 특유의 모차르트 교향곡은 오히려 우리들이 그들 스타일에 너무 익숙해진 탓인지 큰 감흥을 불러일으키지는 않았지만 연주회의 서두를 장식하기에 모자람이 없었다.

이어 시작된 이날의 하이라이트이자 가장 청중들이 기다려 왔던 백건우와의 피아노 협주곡 5번 "황제"의 연주를 앞두고 약간의 긴장감이 느껴진 것은 필자만의 착각이었을까? 요즘 백건우는 정점을 향해 달려가는 대가의 풍모를 느끼게 한다. 예브게니 키신과 같은 신동도 아니었고 눈부신 테크닉을 가지고 있지 않은 그가 오랫동안의 숙성 기간을 거쳐 오늘날의 백건우가 된 것은 놀라운 일이다. 그냥 훌륭한 연주자 중 하나였던 20~30년 전의 백건우가 지금은 정상을 향해 조용히 그러나 확고하게 발을 내딛는 모습을 볼 때, 오늘날 한국 음악계가 결여하고 있는 예술혼과 진지함을 느낄 수 있다. 요즘 백건우는 베토벤에 집중적으로 도전하고 있다(얼마 전 베토벤 소나타 연주도 호연이었다고 한다). 그의 "황제" 연주는 매우 독특하다는 느낌을 지울 수 없다. 어렸을 때부터 들었던 다른 연주자들, 예를 들어 프리드리히 굴다와는 극대칭점에 있다 할 정도의 다른 시각을 보여 준다. 유려한 물결처럼 흘러가는 베토벤이 아닌 뚝뚝 끊어지는 듯한 그러나 웅대한 스케일로 압도하는 그의 황제는 분명 모범적이지는 않지만 나름대로의 멋진 세계를 구축하고 있다. 청중들에게 한시라도 긴장감을 늦추지 못하게 하는 그의 스타일이 유감없이 발휘된 연주였다.

마지막 순서인 드보르작의 교향곡 9번 "신세계로부터"는 의외의 선곡이었다. 그러나 왠지 ASMF와 드보르작은 어울리지 않을 것이라던 나의 예상은 보기 좋게 빗나갔다. 다른 오케스트라와 지휘자를 통해 수십 번 들은 이 곡이 전혀 진부하지 않게 들린 것은 순전히 매리너 경의 솜씨라 하겠다. 노이만류의 향토색 짙은 표현이라기보다는 고향을 그리는 인간 본연의 감정을 나타내려 한 곡 해석은 적중했다고 할 수 있겠다. 소절 사이의 정지 순간(포즈)을 보통 연주보다 더 많이 그리고 길게 사용한 지휘법은 애수에 찬 감정을 표현하는 데 적절했다. (비록 가장 중요한 포즈시기에 터져 나온 핸드폰 소리가 감흥을 여지없이 짓밟았지만…….)

열렬히 환호하는 청중들에게 매리너 경은 이례적으로 피가로의 결혼 서곡 등 3곡의 푸짐한 앙코르를 선사했다. 백건우의 중간휴식 전 앙코르와 더불어 무려 4곡의 앙코르를 선사받은 청중들은 퇴장하는 매리너와 ASMF 단원들을 향해 아낌없는 박수를 그치지 않았다. 소문난 잔치에 먹을 것 없다고 하지만 이날 공연은 청중들의 기대에 호응한 풍성한 연주회였다

[예술의 전당 콘서트홀, 1999년 11월 30일 오후 7시 30분]

[Club Balcony] 2000년 1-3월호(15호)

부천 필과 에디트 마티스(Edith Mathis)의 말러 교향곡 4번

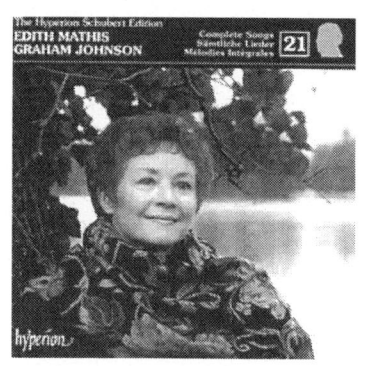

　임헌정과 부천 필의 야심적인 말러 교향곡 전곡 연주는 분명히 한국 음악사의 이정표를 세우는 작업이다. 이전 두 번의 연주가 기대 이상의 성과를 가져왔고 비록 협연자인 에디트 마티스의 일정 때문에 뒤 순서인 4번이 먼저 연주되었지만, (결코 짧지 않은 56분의 대작이지만) 말러 교향곡 중 짧은 편에 속하고 (또한 결코 해석상으로 만만한 작품이 아니지만) 대중적인 인기가 가장 높은 4번을 먼저 듣게 된 것은 일반 청중들에게는 행운일지도 모를 일이다.

　에디트 마티스는 잘 알려진 대로 아름다운 호반의 도시인 스위스의 루체른 태생의 세계적인 소프라노이다. 요즘 <쇼생크 탈출>에 삽입된 야노비츠와의 <피가로의 결혼>의 아름다운 "편지의 이중창" 때문에 무척 매스컴의 '각광'을 받고 있고, 과거 두 번의 유명한 말러 4번 녹음(한 번은 헤르베르트 폰 카라얀과 또 한 번은 레너드 번스타인과의 녹음)으로 이미 4번의 독창에 관한 한 어떤 경지에 이른 사람이라 특히 높은 관심을 자아냈다. 마티스는 원래 젊었을 적 <피가로의 결혼>의 수잔나라던가, <돈 조반니>의 체를리나, <마탄의 사수>의 엔헨과 같은 수브레토(주로 하인역이나 보조역인 리릭 소프라노)로서 성가를 높이다가 나이가 들수록 조금 더 중후해지는 목소리로 가곡 분야에 일가를 이룬 성악가이다.

마티스는 젊었을 때 오페라 가수로서는 드문 아름다운 자태와 날씬한 몸매를 가진 소프라노였지만 지금은 연륜이 느껴지는 곱게 늙은 모습으로 우리 앞에 나타났다. 모차르트의 모테트 "엑슐타테, 유빌라테 KV, 165(기뻐하라, 춤추라 행복한 영혼이여)"는 원래 거세 소프라노인 카스트라토를 위해 작곡한 곡인데, 종교적인 텍스트와는 전혀 다른 성격의 밝고 활기찬 곡이다. 마티스는 무리 없이 이 곡을 소화해 냈다.

이날의 하이라이트인 말러 4번은 부천 필의 잘 조련된 합주력을 발휘한 연주였다. 부천 필은 여성 단원과 젊은 단원이 압도적으로 많은 악단이다. 그래서인지, 아니면 그런 선입견 때문인지 활기차고 싱싱한 사운드를 보여 주지만 원숙미라든가 중후함에서는 아쉬운 점이 있다고 느껴진다. 유머러스하지만 산만해지기 쉬운 1, 2악장에서의 집중도에 약간의 아쉬움이 남았다. 그러나 몇몇 아름다운 패시지는 그야말로 꿈결처럼 흘러가는 느낌을 받았다.

제3악장의 서주부는 베토벤의 교향곡 9번 "합창"의 제3악장을 연상케 한다. 정신적 깊이랄까 초월적 명상이라는 점에서 말러 4번 3악장은 베토벤 합창의 3악장에 비견될 수 있다고 생각된다. 필자는 그래서 3악장이 말러 4번의 백미라고 여겨진다. 부천 필의 합주력은

3악장의 정신적 세계를 큰 아쉬움 없이 표현해 냈다. 4악장 '천상의 삶'은 불우하게 죽은 소년이 본 천국의 모습, 그리고 지상의 모습이라고 해석된다. 이 곡을 부르기 위해서는 티 없이 맑고 꾸밈없는 소년의 소리를 표현해 내야 하는데, 과거 젊고 전성기 시절의 마티스의 목소리는 이 곡에 잘 어울렸었다. 이미 환갑을 훨씬 넘긴 그녀는 소년의 목소리를 내기에는 무리였지만 특유의 깨끗한 음성으로 노련하게 이 곡을 소화해 냈다. 아마도 이 곡을 수십 번도 더 부른 경험의 소산이리라.

이 연주회에서 또한 특기할 점은 청중들의 높은 관람수준이었다. 흔히 울리는 핸드폰 소리와 악장 간 박수도 없었다는 점을 높이 평가하고 싶다. 그런데 또 한 번 느끼는 점이지만 예술의 전당 콘서트홀은 성악을 소화하기에는 약간 크고 홀의 음향상태가 최적이 아니라는 생각이다. 성악 전문 음악당의 건립이 필요하다는 생각을 지울 수가 없었다.

[2000년 8월 16일, 예술의 전당 콘서트홀]

[Classical CD Guide] 44호 2000년 9월호

리카르도 무티(Riccardo Muti)의 라 스칼라 필하모니 공연 :
지방문화 시대, 고양 어울림누리에서 맛본 음악의 향기

우리나라의 문제 중 하나는 문화혜택이 서울시민에게, 그것도 강남에 집중되는 경향이 있다는 것이다. 이러한 문제를 해결하기 위해 국립극장과 세종문화회관의 구조변경 등의 노력이 있어 왔고 부천 필이나 대전 시향과 같은 지방 교향악단의 육성도 있었다.

그런 의미에서 2004년 9월 1일 개관한 '고양 어울림누리'라는 문화 콤플렉스와 그 안에 있는 대극장인 '고양 어울림 극장'은 특별한 의미를 가지고 있다. 더군다나 개관 공연 중 하나로 리카르도 무티가 지휘하는 라 스칼라 필하모니라는 초대형 이벤트(9월 4일)를 준비했으니 당연히 관심이 갔다.

고양시 덕양구에 위치한 이 문화 콤플렉스는 매우 큰 규모를 자랑했고, 대극장도 1,200석이 넘는다. 오페라, 발레, 교향악단 콘서트가 가능한 종합공연장이었다. 일단 서울의 강북에 인접한 위성도시에 이 정도 규모의 문화공간이 세워졌다는 것이 대견스러우면서도 운영상의 어려움이 있지 않을까 하는 우려도 생겨났다. 2006년 일산에 세워지는 전문공연장 등과의 역할 분담 등의 문제, 그리고 청중동원과 마케팅이라는 난제를 잘 풀어 나가길 기대한다.

리카르도 무티는 이탈리아가 자랑하는 대지휘자이다. 밀라노 라 스칼라를 본거지로 활동하는 데 과거 유진 오먼디의 뒤를 이어 필라 델피아 필하모니를 오랫동안 이끈 지휘자로도 유명하다. 그의 지휘 는 일단 생동감이 넘친다. 그리고 멋진 바톤 테크닉으로, 지휘하는 모습이 화려한 지휘자이다. 그의 '악기'인 라스칼라 필하모니는 오페 라 연주와 콘서트 연주를 병행하는 악단으로 두 가지를 다 잘하기로 정평이 나 있다. 첫날 공연을 이곳 고양 어울림 극장에서 갖고 5일 은 예술의 전당 콘서트홀에서 다른 레퍼토리로 공연을 가졌다.

4일 공연의 레퍼토리 중 전반부는 이탈리아 작곡가의 잔치였다. 로시니의 "윌리엄 텔 서곡"과 베르디의 오페라 <맥베스> 중 춤곡 으로 이루어졌는데 수백 번도 더 연주했을 두 곡을 능숙하게 요리했 다. 개인적으로 아끼는 판 중 하나가 무티가 지휘하고 명메조소프라 노 피오렌차 코소토가 맥베스 부인을 부른 '맥베스'임을 상기시키며 춤곡을 들었다.

그러나 이날의 백미는 후반부의 차이코프스키 교향곡 5번이었다. 무티는 차이코프스키에 능한 지휘자이다. 이탈리아인과 차이코프스 키? 뭔가 안 어울리는 것 같지만 그는 이미 필라델피아 필하모니와 더불어 훌륭한 차이코프스키 교향곡 전집을 냈다. 무티의 이날 연주 는 멜랑콜리하다기보다는 우아하고 화사한 그러나 그 밑에 정열이 용솟음치는 연주였다. 오랜만에 들은 수준 높은 교향곡 연주라는 생 각이 들었다.

열광하는 청중들에게 "시칠리아의 저녁기도" 서곡을 앙코르곡으로 선사하기도 했다.

이러한 대형 이벤트를 유치한 고양 어울림 극장과 청중들에 대해 종합적으로 평가하자면, 음이 약간 뭉개지는 약점이 노출됐지만 시민들의 종합문화공간으로써 무난한 음향을 나타냈다. 쾌적한 주위 환경도 괜찮았다. 단지 이날 처음 교향악단 공연에 온 분들이 많은지 청중들의 에티켓은 앞으로 개선의 여지가 많아 보였다.

악장 간의 박수는 물론, 곡이 끝나기도 전에 황급히 몰아치는 박수도 문제였지만, 악장 중간에 간헐적으로 나오는 박수는 나의 공연 관람 경험 중 처음 겪는 일이었다. 마치 박수 못 쳐서 한이 있는 분들이 있지 않나 하는 의문이 들 정도였다. 좀 더 성숙한 관람태도가 요구된다.

앞으로 이 극장에서 러시아의 유명한 '빨간 별 붉은 군대 합창단 (Red Star Red Army Chorus, 10월 21일)' 등의 굵직한 공연을 한다 하니 이 극장과 문화콤플렉스의 성공을 기원한다. 고양 시민들의 적극적 참여와 애정이 이러한 문화공간의 성공에 절대적인 요소라는 생각이 들었다. 앞으로 고양이 자랑할 만한 문화공간으로 자라나길 기대한다.

[업코리아] 2004년 09월 07일

오페라와 합창 I : "노예의 합창", 베르디의 초기 애국적 오페라 속의 합창

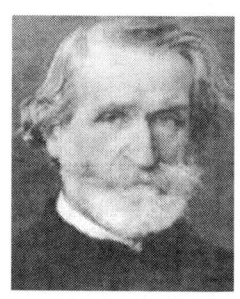

베르디(Giuseppe Verdi)

오페라에 있어서 합창의 중요성은 아무리 강조해도 지나치지 않을 것이다. 사실 한 오페라에서 합창이 없이 가수들의 아리아만 계속된다면 그것처럼 지겨운 일도 없을 것이다. 위대한 오페라는 대개의 경우 잘 짜인 구조, 아름다운 선율, 멋진 아리아, 그리고 훌륭한 합창이 잘 조화됐을 때 탄생될 가능성이 높아진다.

이렇게 합창과 오페라는 불가분의 관계가 있다 할 때 역사상 합창을 오페라에 가장 잘 조화시킨 작곡가는 누구였을까? 이러한 질문에 대해 아마 약간의 이론(異論)이 있겠지만 대부분의 음악애호가들은 쥬세페 베르디(Giuseppe Verdi)의 이름을 거론하기를 꺼려하지 않을 것이다. 마찬가지로 "역사상 가장 유명한 오페라 합창곡은 무엇이냐?"라는 질문에 대해서는 1840년과 41년에 작곡된 베르디의 나부코에 나오는 "노예의 합창"이라고 답할 사람들이 가장 많을 것이다. 따라서 오페라와 합창이라는 주제에 대한 첫 이야기는 오페라의 신이자 이탈리아의 국민영웅이었던 베르디의 초기 오페라부터 시작해야 할 것이다.

베르디의 출세작은 의문의 여지없이 나부코(Nabucco)였다. 그의 3번째 작품이었던 이 걸작은 당시 베르디로서는 최악의 상황에서 작곡됐다. 아내와 자식들이 사망하고 두 번째 작품인 오페라 부파 Un Giorno di Regno가 참담한 실패로 끝나면서 베르디는 오페라 작곡가라는 직업을 포기할 생각까지 갖는다. 만약 그가 여기서 낙담했다면 아마도 세계는 가장 위대한 오페라 작곡가의 수많은 걸작들을 즐길 수 없었을 것이다.

나부코의 대본은 원래 오토 니콜라이가 퇴짜를 놓은 것이었다. 원래 제목이 Nabucodonosor인 이 오페라는 구약에 나오는 바벨론의 폭군 느부갓네살과 그 밑에서 신음하는 히브리인들에 대한 얘기이다. 이 오페라의 3막 2장에 나오는 "노예의 합창"은 원제가 "날아가라, 상념이여, 금빛 날개를 타고(Va, penisero, sul'ali dorate)"인데 음악적으로도 대단히 아름답지만 이 오페라가 탄생한 시점의 역사적인 배경이 있었기 때문에 어마어마한 인기를 끌게 됐다.

당시 이탈리아는 분열된 국가였다. 18세기 후반/19세기에 들어 서유럽은 민족주의가 발흥하고 있었는데, 이탈리아는 아직도 갈가리 찢겨지고 북부지역은 오스트리아 합스부르크 왕가의 지배를 받는 한심한 처지에 있었다. 1830년과 1848년의 프랑스 7월 혁명과 2월 혁명의 여파로 이탈리아에서도 자유주의와 민족주의가 결합된 독립—통일운동이 거세게 일어나지만 실패로 끝나게 된다. 예를 들어 1848

년의 봉기는 일단 성공했지만 전열을 재정비한 오스트리아군의 승리로 끝남과 동시에 오스트리아의 이탈리아 북부지배는 계속되고 이탈리아는 분열된 채로 남겨졌다.

이러한 상황하에서 베르디는 애국적이고 열정적인 작품들을 연달아 발표하면서 국민적 영웅으로 떠올랐는데, 바로 베르디의 애국적인 초기 작품들의 시대를 연 것이 나부코였다. 이 작품의 엄청난 성공으로 베르디는 작곡가로서의 입지를 굳혔을 뿐 아니라 세계적인 명성을 얻기까지 했다. 이 이후 베르디의 인생은 그야말로 탄탄대로를 달렸고 몇 가지 어려움이 있긴 했지만 위대한 작곡가이자 애국자로서 이탈리아 국민의 존경과 사랑을 한 몸에 받는 일생을 살았던 것이다.

이 작품의 주제인 외세의 압제에 신음하고 해방을 꿈꾸는 히브리인(유태인)들의 심정은 곧바로 오스트리아의 압제에 신음하는 이탈리아인들의 해방에의 의지로 손쉽게 해석됐고, 특히 "노예의 합창"은 이러한 감정을 잘 표현해 주는 곡이기에 일약 이탈리아의 국가에 준하는 곡으로 칭송됐다. 사실 베르디가 이 오페라를 작곡하게 된 동기도 대본에서 바로 이 구절 "날아가라, 상념이여, 금빛날개를 타고"를 읽자마자였다. 이 구절을 본 순간 작곡을 시작했고 이렇게 시작된 작곡 작업은 순조롭게 진행되어 역사적인 초연 성공을 가져오게 된 것이다.

"날아가라, 상념이여, 금빛 날개를 타고,
고국의 산과 언덕에서 편히 쉬어라.
그곳에는 달콤한 산들바람이 불어오고 있다.
       ......
오! 나의 조국, 너무나 사랑스럽지만 잃어버린 조국!

너무나 소중하지만 절망에 가득 찬 기억이여……."

히브리인들이 노예상태에 빠져 유프라테스 강가에서 잃어버린 조국을 그리워하는 이 합창 뒤에 히브리인들의 대사제인 자카리아가

"주께서 나의 입술을 빌려 말하니,
절망에 빠진 동포들이여 일어나라.
그대들의 고통은 곧 사라지고 쇠사슬에서 풀려나리라……."
라고 얘기하니,

히브리 노예들은

"오, 행복한 미래여!"
라고 화답한다.

나부코에서 이 곡과 "Immenso Jeovha"와 같은 합창곡들은 단지 합창곡으로 끝난 것이 아니라 "민족의 절규"였던 것이다. 국민적 단결에의 은유로 써진 이 합창곡들은 당시 이탈리아인들에게 음악적 의미 이상을 제시했다. 나부코의 초연 다음날 밀라노의 유력지인 Gazzetta privilegiata di Milano 음악란에는 "마에스트로(베르디)의 합창들은 칭찬받아 마땅하다"라는 평을 싣기도 하였다. 노예의 합창은 음악적으로도 애절하면서도 장중한 명곡 중의 명곡이다. 이 곡은 현대에 와서도 나나 무스쿠리와 같은 크로스 오버나 팝 음악가들에 의해 여러 번 편곡되거나 연주될 정도로 친숙한 곡이 됐다.

이 합창곡들과 오페라로 베르디는 이탈리아 국민들의 영웅이 되고 이 이후 베르디는 애국적인 작품들을 연달아 발표하며 이 오페라들

에서 합창이라는 수단을 통해 이탈리아 국민들의 애국심을 자극했다. 하나 여기서 언급되어야 할 사항은 나부코의 작사가인 테미스토클레 솔레라(Temistocle Solera)의 역할이다. 그의 애국적인 성향은 이후 그의 대본을 바탕으로 한 베르디의 초기 애국적 걸작들인 "롬바르디", "잔 다르크(Giovanna d'Arco)", 그리고 아틸라(Attila)와 같은 베르디 초기 작품들의 탄생을 가져오는 바탕이 되었다.

이후에 발표된 애국적인 오페라를 다 열거할 수는 없지만 나부코에 버금가는 반향을 일으킨 오페라와 합창은 나부코의 속편 격인 '롬바르디'였다. 원제가 "I Lombardi alla Prima Crociata(첫 번째 십자군 전쟁 시의 롬바르디인들)"인 이 오페라는 1843년 밀라노에서 초연됐는데 역시 격렬한 반응을 일으켰다. 특히 4막에서의 합창 "O Signore, dal tetto natio(오! 주여 그대는 우리를 불렀도다)"는 나부코의 "노예의 합창"만큼이나 큰 인기를 얻었다. 이 합창 후에 아르비노가

"나를 들으라, 롬바르디의 사람들이여!
     ……
오늘 성지는 우리의 것이 될 것이다."
라고 외치자,
합창은
"그렇다. 전쟁이다! 전쟁이다!"
라고 화답하는 장면은 무대 밖에서 오스트리아에 대한 이탈리아 민중들의 외침으로 번져 갔다.

1840년대 베르디의 제자이자 조수였던 에마누엘레 무찌오는 훗날 "나부코와 롬바르디의 상연 이후 베르디는 밀라노에서 "합창의 아버

지"라는 별칭을 얻기도 했다"라고 회고했는데 이것은 베르디 오페라에서 합창의 중요성과 위치를 보여 주는 증언이다. 공교롭게도 올해가 베르디 서거 100주년이 되는 해인데, 1901년 베르디가 서거하고 안장될 때 베르디가 아끼던 지휘자였던 아르투로 토스카니니가 지휘하고 8,000여 명(!)의 합창단이 불렀던 것이 바로 "히브리 노예들의 합창"이었다는 사실만으로도 그가 얼마만큼 이탈리아인들의 사랑을 받았으며, 또 이 합창곡이 얼마나 이탈리아인들에게 큰 영향을 미쳤는지를 알 수 있다.

추천 판으로는 클라우디오 아바도가 지휘한 베르디 오페라 합창곡집(DG)과 얼마 전 타계한 쥬세페 시노폴리가 지휘한 오페라 합창곡집(DG)을 추천하고, 나부코 전곡 판으로는 베르디 스페셜리스트인 람베르토 가르델리가 베르디 초기 오페라집을 녹음할 당시 초기 녹음이자 가장 성공적인 녹음이기도 한 Decca/London판(합창단은 비엔나 국립오페라 합창단)을 추천한다.

그리스 출신으로 혜성처럼 나타났다가 사라졌고, 역시 그리스 출신인 칼라스의 목소리와 흡사해서 "칼라스의 부활"이라는 찬사를 받았던 엘레나 술리오티스의 목소리를 들을 수 있는 귀중한 판이다. 그 외에 시노폴리가 디미트로바, 카푸칠리, 네스테렌코, 도밍고 등의 명가수들과 베를린 독일 오페라 합창단을 기용한 DG판도 좋다. 롬바르디 전곡 판은 역시 가르델리가 도이테콤, 도밍고, 라이몬디와 암브로시안 합창단과 같이 녹음한 Phillips판을 추천한다.

[Choir & Organ] 2002년 8월호 vol.19

오페라와 합창 2 : 베르디 중기·후기 오페라의 합창

롬바르디 이후에도 베르디는 꾸준히 애국적인 오페라를 작곡했고 그 속에 애국적인 합창을 삽입했다. 대표적인 작품은 1849년에 초연된 <레가뇨의 전투>였다. 그런데 1851년에 초연된 <리골레토>와 더불어 베르디의 "중기(中期, middle period)"가 시작되고 베르디의 작곡성향은 변화한다.

그때까지의 이탈리아 오페라 사상 가장 걸작이라고 칭송받으며 거만한 로시니조차 베르디의 천재성을 인정하게끔 한 작품인 <리골레토> 역시 베르디의 애국적인 성향과 반(反)오스트리아적 성향이 있는 작품이었다. 리골레토의 주제는 방탕한 만투바 공작에 관한 것인데 이것은 당시 오스트리아 황실에 대한 풍자와 조소였던 것이다.

그러나 리골레토에서는 이러한 애국적 성향보다는 질다와 리골레토, 그리고 만투바 공작 등의 등장인물을 둘러싼 극적 전개와 인물묘사 등이 더 큰 의미를 갖게 된다. 즉 '드라마'가 오페라의 중심에 서게 되는데 이러한 성향은 이미 <맥베스> 등의 초기 작품에서도 드러났었다. 그래서인지 리골레토에서는 화려하고 웅장하며 애국적인 합창은 없고 대신 극의 전개를 도와주고 독창자들을 보조하는 합창들만 있다. 그러나 리골레토에서의 합창은 극의 전개와 유기적으로 결합되어 있어서 매우 중요한 역할을 한다.

리골레토는 베르디 작품에 있어서 중요한 분수령이었다. 이 이후 베르디는 그의 대표작들을 뿜어내기 시작한다. 1853년 1월에 초연된 <일 트로바토레>는 쉴 새 없이 아름다운 음악이 흘러나오는 작품이고 합창도 리골레토보다 훨씬 더 많은 비중을 차지한다. 엉성한 대본이 큰 결함인 작품이지만 엔리코 카루소의 "네 명의 가장 위대한 성악가 있어야 일 트로바토레를 공연할 수 있다"는 유명한 말이 있듯이 세계 최정상의 테너, 바리톤, 소프라노, 메조소프라노가 있어야 제대로 된 공연을 할 수 있는 고난도의 오페라이다.

이 오페라에서 가장 유명한 합창곡은 당연히 2막 1장 비스깔리아의 산속에서 집시들이 부르는 흥겨운 "대장간의 합창"이다. 이 자유분방한 집시들의 성향이 잘 표현된 유쾌한 합창이 나오면서 막이 오르고 곧이어 집시 여인 아주체나가 부르는 유명한 아리아 "불길은 타오르고"가 불러진다. 이 장면은 특히 인상적인 시퀀스인데 유명한 합창곡과 독창곡이 연이어 선사되는 많지 않은 예 중의 하나이다.

<일 트로바토레>의 초연이 끝나자마자 <라 트라비아타>의 초연이 1853년 3월에 베네치아에서 있었다. 이 초연의 실패는 역사적으로 잘 알려진 사실이지만 베르디의 믿음대로 이 오페라는 이후 가장 사랑받는 오페라 중 하나가 됐다. 여담이지만 이 초연의 실패는 캐스팅의 중요성을 얘기할 때마다 언급되는 케이스이다. 폐병으로 죽어 가는 가련한 여인을 노래하기에는 너무나도 '건장한' 소프라노가 마지막 죽는 장면을 노래할 때는 웃음이 터졌다고 한다.

이 오페라에서 합창의 역할은 주로 화려한 파티장에 초대받은 손님들이 맡는다. 1막의 아름답고 슬픈 전주곡이 끝나자마자 화려한 음악에 맞춰 "즐기는 것만이 인생살이"라는 합창이 나오고 1막의 하이라이트인 "축배의 노래"에서 합창은 테너와 소프라노를 따라 흥겹게 쾌락을 찬미한다. 이 장면은 합창이 독창자들의 노래와 얼마나

잘 어우러질 수 있는지를 보여 주는 좋은 예이다. 비올레타가 알프레도와 작별을 고하고 파리의 사교계로 복귀한 2막 2장에서 역시 파티장에서의 합창은 효율적으로 극의 전개를 도와준다.

라 트라비아타 이후 베르디는 엄청난 양의 오페라를 작곡하는데 이 오페라들에서도 역시 합창은 중요한 위치를 차지했다. 라 트라비아타 이후 시기의 대표곡들만 살펴보자면 1857년 베네치아에서 초연된 <시몬 보카네그라>는 저음 남성 성악가들이 주를 이루는 당시로써는 독특한 형식을 취했다. 오페라의 분위기도 묵직하고 어두침침하며 합창도 그런 기조를 따르고 있다. 피에스코(Bs)의 1막 아리아 "슬픈 아버지의 괴로운 영혼은"을 감싸듯이 뒤쪽에서 "기도의 합창"이 흘러나오는 장면은 인상 깊다.

베르디의 중기 작품들이 속속 발표되는 사이 이탈리아는 통일과 독립의 길로 힘차게 나아갔다. 1859년 꿈에 그리던 롬바르디와 밀라노를 획득하고 60년 봄 가리발디 장군은 시칠리아를 정복했으며 61년 드디어 베네치아와 로마를 제외한 이탈리아 통일왕국이 선포됐다. 흔히들 이탈리아 독립/통일 3영웅을 마치니, 가리발디, 카부르라고 하는데 여기에 하나의 영웅을 더 덧붙인다면 베르디의 이름이 들어간다. 이탈리아 통일/독립시의 베르디에 대한 민중의 사랑은 엄청난 것이어서 "이탈리아 사람들이 하도 베르디를 사랑해서 그들의 국기에 베르디(녹색)를 집어넣었다"라는 농담이 있을 정도이다. 이후 베르디는 본인은 별로 원치 않았지만 국민들의 열화와 같은 강권으로 통일 이탈리아의 상원의원을 잠시 지내기도 했다.

통일/독립 이후 베르디의 작품생활은 약간의 소강상태를 맞다가 1867년 파리의 국제만국박람회 개최를 기념하기 위해 작곡한 <돈 카를로스>에 이르러 다시 만개한다. 이 작품은 원래 불어로 작곡됐다가 나중에 여러 개정을 거쳐 불어, 이탈리아어 2언어의 여러 판본이 존재한다. 3막 2장에 나오는 "기쁨의 날이 밝아왔다(Spuntato ecco il di d'esultanza)"는 이단자를 처형하는 날 민중이 왕을 칭송하는 합창으로 이 오페라에서 제일 유명한 합창이다.

베르디 중기의 마지막 작품은 아이다였다. 1869년 수에즈 운하 개통기념으로 위촉된 이 작품은 1871년 카이로에서 초연됐다. 그랜드오페라의 정점이라고도 하고 오페라의 백화점이라고 하는 이 걸작에서 합창은 빛나는 역할을 한다. 특히 인상적인 장면은 1막에서 "전쟁이다! 전쟁!(Guerra! Guerra!)"을 외치며 라다메스가 총사령관으로 지명되는 장면과 아마도 "노예의 합창"과 더불어 가장 유명한 합창곡으로 칭송되고 있는 개선행진곡과 합창 부분이다.

"이집트와 우리 성스런 땅의 보호자이신 이시스 신께 영광을!
델타를 다스리는 왕께,
우리는 기쁜 송가를 부르네! ……"

필자가 처음으로 오페라 전곡을 실황으로 본 것은 70년대 말 파르마 오페라단이 한국에 와서 공연했을 때였는데, 이 개선행진과 합창 장면은 기억이 아직도 생생할 정도로 큰 인상을 남겼다.

아이다를 마지막으로 베르디는 사실상 은퇴를 했다. 그러나 당시 이탈리아 신문화운동의 기수로서 문필가였고 작곡가였던 아리고 보이토가 들고 온 <오셀로>의 대본은 그의 창작욕을 다시 불태우게 했다. 보이토 자신이 <파우스트>를 각색한 <메피스토펠레>의 작곡자였지만, <오셀로>를 각색하면서 이것을 작곡하는 것은 자신의 능력을 벗어나는 일이라 생각하여 베르디를 설득했다. 베르디가 <아이다> 작곡 후 16년 만인 73세에 인생을 걸고 매달리며 완성한 <오텔로(Otello, Othello)>는 많은 평론가들에 의해 기존 이탈리아

어법을 능가하는 이탈리아 오페라 최고봉이라는 찬사를 받으며 극과 음악의 완벽한 조화를 이루어 냈다는 찬사를 받는다. 이 오페라에서는 개선합창과 같은 유명한 합창곡은 없지만 1막 시작의 폭풍우와 오텔로의 사이프러스 도착 장면과 이아고의 "건배의 노래"의 후렴구와 같이 장엄한 군중들의 합창이 많다.

보이토와의 파트너십은 베르디 마지막 작품인 "팔스타프"까지 이어지고 베르디는 1901년 서거한다. 이탈리아와 음악을 누구보다 사랑했던 베르디는 그의 장기였던 합창을 애국적인 수단으로도 잘 활용했으며 극의 전개에 누구보다도 더 효과적으로 합창을 이용한 작곡가였다. 전회에도 얘기했듯이 그의 장례식 날 대규모 합창단이 "노예의 합창"을 부르는 가운데 그는 안장됐다. 이것은 진정으로 애국자이자 합창의 대가다운 마지막이었다.

추천 판으로는 역시 최근 도이치 그라모폰의 오리지날 리마스터 시리즈로 재발매된 클라우디오 아바도 지휘 "베르디 합창곡집"(라 스칼라 합창단)을 추천한다. 이 판에는 아이다, 오텔로, 롬바르디, 돈 카를로, 나부코 등에 있는 베르디의 대표적 합창곡들과 레퀴엠의 3곡이 들어 있다.

전곡 판으로는 리골레토는 칼라스/곱비/스테파노 트리오가 명장 세라핀의 지도 아래 녹음한 EMI/Angel 모노 판(라 스칼라 합창단)과 모포/메릴/크라우스 등의 가수진이 숄티의 치밀한 앙상블과 결합된 RCA 판(RCA 이탈리아나 오페라 합창단)을 적극 추천한다. 놀랍게도 숄티는 평소의 격한 스타일을 버리고 이 곡에 맞는 절제된 실내악적 모습을 보이고 있고 합창도 이러한 스타일에 잘 맞추고 있다.

일 트로바토레는 줄리니 판 (DG, 성 체칠리아 아카데미 합창단)과 세라핀 판(DG, 라 스칼라 합창단), 가면무도회는 파바로티 등이 출연한 숄티 판(Decca/London)이 좋고, 돈 카를로스는 줄리니 판(EMI/Angel,

암브로시안 오페라 합창단)과 카라얀 판(EMI/Angel, 독일 오페라 합창단)을 공히 추천한다.

<라 트라비아타>는 최근에 EMI가 리마스터한 칼라스의 해적판 녹음들은 음질상의 문제로 제외하고 싶다. 숄티가 혜성과 같이 등장한 안젤라 게오르규라는 신인을 기용하여 센세이션을 불러온 런던 코벤트 가든 실황 녹음(Decca/London)과 카를로스 클라이버 판(DG, 바바리아 주립 오페라 합창단)이 종합적으로 좋다. <시몬 보카네그라>는 유명한 아바도의 DG 녹음(라 스칼라 합창단)이 음질/독창/합창/지휘 등 모든 면에서 완벽한 레코딩이다.

<아이다>는 숄티 판(Decca/London, 로마 오페라 합창단)과 무티 판(EMI/Angel, 로열 오페라 합창단)도 좋지만 카라얀 구판(Decca/London, 빈 Singverein 합창단)을 적극 추천한다. 명프로듀서 존 컬쇼의 연출로 녹음된 개선 장면은 눈을 감고 듣다 보면 마치 실황을 듣는 듯한 착각에 빠진다. 레코딩 사상 가장 생생하게 녹음된 장면 중 하나가 아닌가 싶다. 베르곤치/테발디/시미오나토 등 데카 전성시대를 구가한 성악가들도 훌륭하다. 도저히 1959년의 녹음이라고는 믿겨지지 않는다.

마찬가지로 <오텔로>도 근년에 정명훈이 도밍고와 같이 녹음한 DG 판(바스티유 오페라 합창단)과 같은 여러 좋은 녹음들이 많지만 역시 컬쇼의 연출로 녹음된 카라얀 구판(Decca/London, 빈 국립 가극장 합창단)을 추천한다. 역사상 최고의 오텔로라는 "황금 트럼펫" 마리오 델 모나코와 청아한 테발디 등 명가수들의 노래가 훌륭하고, 처음 장면부터 청중을 휘어잡는 카라얀의 마력과 그에 걸맞은 합창의 위력이 넘치는 명판이다.

[Choir & Organ] 2002년 9월호 vol.20

오페라와 합창 3 : 바그너 오페라 속의 합창, 〈방랑하는 화란인〉과 〈탄호이저〉

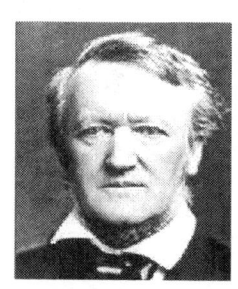

바그너(Richard Wagner)

1813년은 오페라 역사에 있어서 기억될 만한 해이다. 오페라의 양대 산맥인 베르디와 바그너가 바로 이해에 같이 태어났다는 사실은 우연치고는 묘한 느낌이 든다.

이탈리아 오페라의 정점이 베르디라고 하면 독일오페라의 정점은 리히아르트 바그너(Richard Wagner, 1813~1883)라는 것은 의문의 여지가 없는 사실이다.

둘 다 장수를 했고 둘 다 생전에 이루고자 하는 목표를 200% 달성한 행복한 인물이었고, 당대인의 무한한 사랑을 받았다는 사실도 공통점이라 할 수 있겠다. 비록 둘의 작곡성향이 달랐지만 서로는 서로에게 영향을 받았으며 오늘날 오페라라고 하는 장르의 최고 작곡가로서 만인의 사랑을 꾸준히 받고 있다고 말할 수 있겠다.

합창이라고 하는 장르에 있어서는 비록 베르디만큼 큰 스포트라이트를 받고 있지는 않지만 바그너 역시 그의 오페라 속에 합창을 잘 활용한 작곡가이다. 그는 후반기에 들어서서 오페라를 초월한 악극(樂劇, Musical Drama)이라는 형태의 작곡을 하면서 합창도 하나의 드라마 속에 용해시키려 노력했다는 것을 명기하고 싶다. 그리고 악극이라는 형식을 발표하기 이전에도 이미 그의 오페라는 기존 오페라 어법을 넘어선, 즉 음악이 극 속에 용해된 형식의 오페라를 추구했다.

그래서 바그너는 자신의 대본에 자신의 곡을 붙이기를 고집했다. 자기 자신만이 자기의 '위대한 음악'에 걸맞은 스토리를 구성할 수 있다는 자신감의 표현이기도 했다. 사실 작곡가 중에 자신의 대본을 쓸 만큼 문필력을 가진 사람은 거의 없다고 할 때 바그너는 예술가로서 특별한 재능을 갖추었다고 할 수 있을 것이다.

바그너의 첫 히트작은 리엔찌(Rienzi)였지만, 사실상 첫 번째 걸작은 1842년에 초연된 <방랑하는 화란인(Der Fliegende Holländer, The Flying Dutchman)>이었다. 초연이 대성공이지는 않았지만 이 오페라는 바그너 오페라의 전형을 보여 주며 훗날의 걸작들을 탄생시키는 초석의 역할을 했다. 저주받은 화란인 유령선 선장이 죽지 않고 영원히 바다를 헤매야 하지만 7년에 한 번 육지에 올라오는 것이 허락될 때 진정한 사랑을 찾는다면 저주가 풀린다는 중세의 유령선 전설을 소재로 한 이 어둡고 무거운 오페라에서 합창이 특히 중요한 역할을 한다. 주로 노르웨이 선원들과 유령선 선원들이 나오는 장면과 여주인공 젠타와 함께 나오는 동네 처녀들의 장면에 합창이 등장한다. 재미있는 사실은 바그너가 1839년 런던으로 여행 중 북해에서 거센 폭풍우를 만나 죽을 고생을 한 경험이 그로 하여금 이 오페라를 만든 배경이었고 따라서 곡의 분위기도 으스스하며 어둡고 오페라 사상 거친 바다의 분위기를 가장 잘 살린 작품으로 유명하다.

1막의 합창은 주로 선원들의 몫이다. 폭풍우를 묘사한 서곡이 끝나고 1막이 시작하자마자 달란트의 선원들의 "호요예" 하면서 외치며 일하는 장면이 나온다. 막 중간에 유령선 선장인 화란인이 나타나 자신의 저주받은 운명을 독백하면 유령선 선원이 거기에 "영원한 저주가 우리에게 떨어졌도다"라고 음산하게 맞장구를 친다. 1막은 달란트의 선원들(노르웨이인들)이 힘차게 뱃노래를 부르면서 마무리가 된다. 2막은 주로 처녀들의 합창이 주조를 이룬다. 달란트의 딸인 젠타의 등장 장면에서 처녀들은 흥겨운 "물레의 합창"을 부른다. 그러나 젠타는 여기에 신경 쓰지 않고 신비한 전설 속의 초상화를 보며 홀린 듯한 표정을 짓는다.

3막에서는 이러한 합창이 절정에 이르며 달란트의 선원들, 유령선원들, 처녀들이 모두 나와 도입부를 시작한다.

시작은 유명한 "선원의 합창"이다. 달란트의 선원들은 춤추며 마시며 경쾌하고 즐거운 노래를 부른다.

"조타수여 그만 망을 보아라.
여기 와서 우리와 함께 즐기자.
  ......
와서 같이 마시며 놀자."

여기에 처녀들이 먹을 것을 가지고 와 한바탕 시끌벅적한 대화가 오간다. 이 장면의 마무리도 역시 변주되는 "선원의 합창"이다.

하지만 유령선은 꿈적도 하지 않는다. 그러다가 갑자기 유령선 선원들이 나타나

"우울한 선장이여 육지에 가시오. 드디어 7년이 지났소.
금발머리 처녀의 손을 잡으시오.

　　　……

폭풍이여 불어라. 너는 우리의 항해를 방해하지 못한다네.
악마가 우리를 불사신으로 만들었도다."
라고 노래하며 분위기를 으스스하게 돌변시킨다.

달란트의 선원들은 공포에 질려

"…… 그들은 유령인가? 나는 공포에 질렸다네" 하며 자신들의 노래로 유령선원들의 노래를 압도하려 하지만 오히려 유령선원들의 노래에 압도당하면서 폭풍우가 분다.

이 3막의 도입부 장면은 정말로 인상적이면서 합창의 위력이 잘 나타나는 장면이다.

"방랑하는 화란인"에 나오는 합창을 듣기 위해선 바이로이트 축제의 실황공연을 들어 볼 것을 권한다. 그중 하나를 추천하자면 1971년 칼 뵘이 바이로이트 오케스트라와 합창단을 지휘한 도이치 그라모폰(DG) 판을 들겠다. 박진감 있게 터져 나오는 선원의 합창은 정말로 생생하다.

보다 새로운 녹음은 1985년도 바이로이트 축제 실황 녹음인 필립스 판이 의외로 좋다. 볼데마르 넬슨이라는 세계음악계에 덜 알려진 지휘자와 역시 덜 알려진 가수진을 기용한 이 판은 뵘 판보다도 더 스산한 분위기를 살리고 있다. 레이저 디스크와 DVD 등의 형태로도 즐길 수 있다. 최근 녹음으로는 싸게 수준 높은 녹음을 선사하기로 유명한 낙소스 레이블이 스타인버그 지휘로 부다페스트 라디오 합창단과 무명가수들과 함께 녹음한 판이 깨끗한 음질과 함께 수준급 연주를 선사한다.

1845년 초연된 "탄호이저(Tannhäuser)"는 엘리자베트와의 숭고한 사랑과 베누스(비너스)와의 육체적 사랑 사이에서 헤매는 탄호이저라는 민네징거(음유시인이자 기사)에 대한 전설을 대본으로 하고 있다. 1847년에 수정한 "드레스덴 판"과 1861년 파리 공연 때 발레를 좋아하는 파리사람들을 위해 발레와 더불어 좀 더 화려하게 각색한 "파리 판" 두 판본이 있고 두 가지 판본을 절충한 형식도 있다. 전작인 "화란인"보다 더 완성도 있는 작품으로 주옥과 같은 곡들로 가득 찬 이 탄호이저에는 바그너의 합창곡 중엔 로엥그린에 나오는 "결혼 합창"과 더불어 가장 유명한 "순례자의 합창"이 있다.

장중한 서곡이 끝날 즈음 베누스의 화려하고 음탕한 동굴에서 헤매는 탄호이저가 보이며 요정들이 관능적으로 부르는 합창이 나온다. 그러다가 가까스로 그 동굴에서 빠져나온 탄호이저는 바르트부르그 계곡에서 한가한 양치기의 노래를 듣는다. 그 노래가 끝나고 나서 로마로 향하는 늙은 순례자들의 조용하고 엄숙한 합창이 나온다.

"주 예수 그리스도여, 당신에게 우리는 여행을 떠납니다.
당신 때문에 순례자들의 희망이 있습니다!
     ......
진정으로 믿는 자에게 복이 있으라.
그는 회개와 참회로 구원받으리니."

탄호이저는 이 합창을 들으며 부끄러운 마음에 휩싸인다.

2막이 시작되고 탄호이저는 노래경연에 참석한다. 탄호이저가 돌아온 것을 안 엘리자베트는 기쁨에 넘치고 "고귀한 전당이여, 그대에게 인사를 보낸다"라는 곡을 부른다. 영주의 노래경연 개시를 알리고 청중들은 이에 화답한다. 2막에서는 주로 노래 경연자들의 노래에 대해 귀족과 귀부인인 청중들이 반응하는 장면에서 합창이 독창자들의 노래와 화합한다. 탄호이저가 베누스와의 관계를 말해 버려 곤경에 처하고 영주와 기사들이 그에게 순례를 떠나 사면을 받을 것을 명령하는 장면에서 젊은 순례자들의 합창(가사는 앞의 늙은 순례자들의 합창과 동일)이 들린다. 이에 탄호이저는 "로마로!"라고 외치고 노래의 전당에 있던 엘리자베트를 위시한 모든 이들이 합창으로 "로마로!"라고 화답한다.

3막에서 탄호이저를 애타게 기다리며 기도하는 엘리자베트와 그녀를 지켜보던 탄호이저의 친구 볼프람이 돌아오는 순례자들 중에 탄호이저를 찾지만 그는 없다. 이 장면에서 유명한 "순례자의 합창"이 들려진다. 이 순례의 합창은 오페라가 연주되는 동안 이미 몇 번 변주된 형태로 나타났던 주요 주제이다.

"내가 섬기고, 나의 참회를 축복해 주시고, 내가 노래로 찬양하는 주께서 고행과 회개를 한 나에게 사함을 주셨네.
⋯⋯
지옥과 죽음이 참회한 자에게는 두렵지 않네.
그래서 나는 주님을 영원히 찬양하네.
할렐루야! 영원히 할렐루야!"

이 곡은 대단히 장중한 곡인데 아마도 합창 사상 가장 큰 음량으로 불러야 하는 곡 중 하나가 아닌가 싶다. 유명한 탄호이저 서곡에도 이 주제가 큰 역할을 하고 있는데 이 모티프가 얼마나 큰 음량을 요구하는지 한 영화에서 동료를 몰래 탈출시키기 위해 오케스트라가 가장 큰 음량의 곡을 연주해야 하는 상황에서 바로 이 주제가 들어간 서곡을 연주하는 장면이 있었을 정도였다.

탄호이저가 이 순례자들 중에 없었던 이유는 그가 구원을 거부 받았기 때문이었다. 탄호이저는 자포자기의 심정으로 베누스에게 가버리려 하나 탄호이저의 구원을 위해 목숨을 바친 엘리자베트에 대한 합창이 성에서 들리자 탄호이저는 정신을 차리고 숨을 거둔다. 먼동이 트면서 "찬양하라 은혜의 기적을!"이라고 부르는 젊은 순례자들의 합창이 들리면서 탄호이저는 구원받는다. 마지막 부분에 "순례자의 합창"이 다시 울려 퍼진다. 이 3막에서도 합창은 주요전기를 마련하는 순간에 결정적으로 이용된다.

<탄호이저>에는 좋은 판이 많다. 일단 1962년 바이로이트 실황공연인 자발리쉬 판(Phillips)은 오랫동안 탄호이저의 스탠더드 녹음으로 군림했다. 스피디한 지휘로 전혀 지루하지 않게 들리는 연주이다. 바그너의 손자인 천재 연출가 빌란트 바그너의 연출로도 유명했던 공연이다.

파리 판의 녹음으로는 단연 숄티 판(Decca/London)이 압권이다. 1970년 녹음인데 빈 필하모니와 빈 국립가극장 합창단이 혼연일체가 되어 매우 관능적으로 이 곡을 요리했다. 탄호이저를 부르는 르네 콜로의 창창하고 정열적인 가창은 특기할 만하다. 스튜디오 녹음이라 생생한 느낌은 덜해도 좀 더 정돈된 인상을 주기도 한다.

요즘 녹음으로는 얼마 전 갑자기 타계한 쥬세페 시노폴리가 도밍고 등의 가수와 필하모니 오케스트라와 합창단을 기용한 판(DG)이 좋다. 시노폴리는 이탈리아인이지만 전혀 이탈리아적이지 않게 이 곡을 지휘했다. 세 판 다 웅장한 "순례자의 합창"을 잘 표현해 냈다.

비디오 판으로는 1978년 바이로이트 실황인 콜린 데이비스 판(Phillips)을 추천한다. 괴츠 프리드리히 연출이었고 특기할 것은 귀네스 존스가 엘리자베트와 베누스 역을 같이 부르며 청순함과 요염함을 넘나드는 연기를 펼친 점이다.

[Choir & Organ] 2002년 10월호 vol.21

오페라와 합창 4 : 바그너 오페라 속의 합창 2, 〈로엔그린〉부터 〈파르지팔〉까지

1845~48년에 걸쳐 작곡된 로엔그린은 로맨틱오페라의 정점이었다. 바그너 자신이 "로망 오페라"라고 명명하고 전통적인 오페라와 그의 "악극(Musical Drama)" 사이의 중간에 놓여 있기도 한 이 작품은 그리스도가 십자가에서 흘린 피를 받은 성배를 지키는 백조의 기사에 대한 독일의 전설에 기초한 오페라로 바이에른의 군주였던 루트비히 2세가 특히 좋아했던 작품이었다. 아마도 바그너나 루트비히나 루트비히를 "백조의 기사"로 인식하려 했던 것 같다. 바그너는 독일 전설에서 딴 스토리를 오페라로 작곡하는 것을 즐겨했는데 이 로엔그린도 그중 대표적인 작품 중 하나라고 할 수 있을 것이다.

1막에서는 남동생을 죽였다는 억울한 누명을 쓴 엘자를 보위하려는 꿈속의 기사가 나타나 악당 텔라문트를 쓰러트리는 과정이 묘사된다. 여기서 군중들은 이 과정을 묘사하는 화자로서 기능을 한다. 막 종반에는 군중들의 합창이 엘자의 결백과 로엔그린의 승리를 환호하는 것으로 마무리된다.

아마도 바그너 오페라 중에 가장 유명한 합창 장면은 이 <로엔그린>의 3막 1장에 불러지는 "혼례의 합창"일 것이다. 엘자와 로엔그린 그리고 왕이 막이 오름과 동시에 입장하며 사람들이 혼례의 합창을 부른다.

"충실히 인도되어 이리로 오세.
사랑의 축복이 당신을 감싸 안을 곳,
성공을 얻은 용기의 보답인 사랑은 진정 당신들을 가장 행복한 한 쌍으로 만들리니……."

요즘도 신부의 입장 때는 거의 예외 없이 이 곡이 연주되며 신랑 신부의 퇴장 때는 멘델스존의 "한여름 밤의 꿈" 중 "결혼행진곡"이 연주된다. 신부가 입장할 때의 고요하고 엄숙한 분위기에는 바그너의 곡이 정말 잘 어울리고, 부부가 된 한 쌍이 퇴장할 때는 즐겁고 활기찬 멘델스존의 곡이 잘 어울린다.

그러나 엘자의 호기심은 결국 묻지 말아야 할 질문, 즉 그 기사의 정체를 묻는 질문을 하게 된다. 다음 장인 3막 2장에서 왕을 찬양하는 군중들의 합창은 곧 시체를 끌고 온 기사에 대한 놀라움을 표현하게 되고, 로엔그린은 비통한 마음으로 자기가 "성배를 지키는 기사 로엔그린"임을 밝히며 떠날 수밖에 없게 된 자신의 처지를 설명한다. 이에 왕과 군중들은 이 엄청난 얘기를 들으며 놀람과 경이로 몸을 떤다. 곧이어 로엔그린의 작별을 만류하고 슬퍼하는 군중들의 합창이 계속되는 순간 백조가 이끄는 배가 도착하고 군중들은 다시 놀라움을 표시한다. 그 백조는 사라진 엘자의 동생이었고 로엔그린은 그를 사람으로 환원시켜 놓고 슬퍼하는 군중들의 외침을 들으며 괴롭게 떠나간다.

로엔그린은 리엔치부터 시작한 바그너의 낭만적 오페라작곡의 정점에 있는 작품으로 합창이 돌출되는 마지막 작품이기도 하다. 로엔그린을 감상하기 위해서는 3가지 녹음을 추천한다. 루돌프 켐페 지휘의 EMI/Angel 판(1963년 녹음)은 오랫동안 로엔그린의 대표적 녹음으로 군림해 왔다. 최고의 캐스팅과 치밀한 오케스트라와 합창의 앙상블은 타의 추종을 불허해 왔다. 그 이후 이 오페라를 과도하다 싶을 정도로 로맨틱 오페라로 해석한 라파엘 쿠벨릭 판(도이치 그라모폰)은 찬반이 극명하게 갈리는 판이었다. 완성도에 있어서 분명히 켐페 판보다는 좀 떨어지고 엘자 역을 부른 군둘라 야노비츠가 너무 공허하게 이 역을 불렀다는 비판이 있었으나, 필자는 오히려 자신의 운명에 대해 알지 못하고 이끌려 가는 엘자 역이야말로 공허하게 불러야 제격인 역할이라고 생각하기에 야노비츠의 목소리 성질과 성격 표현은 적절하다고 평가한다. 합창도 낭만적인 이 오페라를 잘 살리고 있다. 비교적 최근의 디지털 녹음으로는 플라시도 도밍고를 파격적으로 로엔그린에 기용한 1987년의 게오르그 솔티 판(Decca/Lonndon)을 추천한다.

로엔그린 이후에 바그너의 작곡양식은 혁명적인 변화를 겪는다. 전에 얘기한 본격적인 "악극(Musical Drama)"의 등장이 그것인데, 바그너는 이 악극이라는 형식 속에서 단지 대본에 음악을 붙이는 수준을 넘어서 음악과 극이 완전히 통합된 새로운 형식의 종합예술을 추구했다고 할 수 있겠다. 물론 무용과 무대미술도 이러한 종합예술에 융화된 것을 추구했다. 음악이 중단되지 않고 장면과 긴밀히 연결되면서 진행되고 라이트모티브, 즉 "유도동기"라는 주제가 극 중의 여러 주제들을 표현하며 서로 긴밀하지만 매우 복잡하게 얽히는 이러한 시도는 당시로써는 혁명적인 것이었다. 바그너는 이러한 종합예술적 시도를 "악극"이라고 부르고 이전의 다른 오페라와의 차별화를 시도했다.

이러한 악극에서 독창과 합창은 필연적으로 이전의 오페라에서의 돌출적이고 화려한 성격보다는 극 속에 용해된 모습을 보였기에 역설적으로 악극 시대의 바그너 작품에서 유명한 아리아나 합창곡은 찾아보기 힘들게 된다.

이러한 악극의 시도는 <니벨룽의 반지>의 작곡부터 시작됐으나, 먼저 완성된 작품은 1857~59년 사이에 작곡된 <트리스탄과 이졸데>였다. 격정적인 인간이었던 바그너는 비상식적 애정행각으로도 유명한 사람이었는데 이 작품은 그의 불타는 불륜의 산물이었다. 자신을 보호하던 베젠동크의 젊은 부인과 사랑하는 사이가 됐고 열병에 휩싸인 바그너는 "트리스탄과 이졸데" 전설 속의 두 연인의 이루지 못할 사랑을 오페라로 표현했던 것이다.

첫 악극 작품답게 쉴 새 없이 몰아치는 오케스트라의 무한선율 속에서 주인공들의 내면이 관능적으로 표현되는 이 극에서는 유명 아리아나 합창 대신에 독창과 합창이 작품 속으로 용해돼 들어간 모습을 보인다. 이 악극은 등장인물도 적고 무대도 단순하며 주인공들의 움직임도 적다. 단지 두 남녀 주인공 내면의 연애감정을 주로 묘사하고 있기 때문에 합창이 끼어들 여지가 많지 않다.

1막에서 합창은 주로 수부들로 나온다. 트리스탄의 충복 쿠르베날이 트리스탄의 무공을 찬양하자, 수부들은 화답을 하고, 배가 육지에 닿자 군중들은 마르케 왕을 찬양한다. <트리스탄과 이졸데>의 1막 이후에는 이 악극의 다섯 주요 배역인 트리스탄, 이졸데, 브랑게네, 쿠르베날, 마르케 왕이 주로 등장하며 그들의 입장과 감정이 펼쳐지고 합창은 거의 나타나지 않는다. 마지막 장면인 "이졸데의 사랑과 죽음"은 소프라노로서 초인적인 능력을 보여야 하는 난곡으로 알려져 있다.

트리스탄과 이졸데의 추천 판은 두 가지가 있다. 먼저 빌헬름 푸르트뱅글러의 전설적인 녹음(EMI/Angel, 1952년)과 칼 뵘의 1966년 바이로이트 실황녹음(도이치 그라모폰)이 그것인데, 이 두 판을 능가하는 판은 지금까지 나오지 못했을 만큼의 명연주라 할 수 있겠다. 이 두 판에서 이졸데를 부르는 키르스텐 플라그슈타트와 비르깃 닐손은 각 시대를 대표하는 이졸데였다.

1862~67년에 작곡된 <뉘른베르크의 마이스터징어>는 실존했던 음유시인인 한스 작스를 소재로 한 따뜻한 악극이다. 악극 시대의 작품으로는 앞뒤에 있는 무겁기 짝이 없는 작품들과는 달리 소박하고 유려한 작품으로 독특한 위치에 있는 작품이다. 그러나 역시 악극 시대의 작품답게 화려한 아리아와 합창보다는 극의 전개의 융합에 더 큰 중점을 둔 악극이다.

이 악극에서 합창은 주로 노래경연대회에 모인 가수들과 청중들의 역을 맡는다. 특히 피날레인 3막 5장 경연대회 장면에서 각 조합원들(길드 멤버들)이 합창을 하며 대회장에 들어오고, 작스가 나타나자 음유시인들이 그를 맞으며 "일어나라, 새벽이 다가온다"라고 노래하고, 경연대회에서 에바의 연인인 발터가 승리하자 군중들이

"당신들의 독일 장인들을 경배하라…….
신성로마제국이 해체된다 해도 신성한 독일 예술은 남으리니"

라고 노래하며 작스와 독일 예술을 찬양하며 이 악극의 마지막을 장식한다.

바그너 작품 중에 유일하게 유쾌하고 온화한 작품인 뉘른베르크의

마이스터징어는 묘하게도 결정적 명판이 존재하지 않는다. 헤르베르트 폰 카라얀의 모노 녹음과 스테레오 녹음(둘 다 EMI/Angel)이 그나마 카라얀의 능숙함이 돋보이는 판들이고, 최근 녹음으로는 볼프강 자발리시 판(역시 EMI/Angel)이 추천할 만하다.

바그너 악극 시대의 절정은 뭐니 뭐니 해도 4부작 또는 전야제와 3부작으로 이루어진 <니벨룽의 반지>이다. "반지"라는 약칭으로도 불리는 이 초대 거작은 바그너 예술혼의 집대성이기도 하다. 1853~74년 사이에 작곡된 이 작품은 한편 독일 오페라의 정상이기도 하다. 이 작품을 공연하기 위한 극장의 축성도 성공하니 그것이 바로 유명한 바이로이트(Bayreuth) 축제극장이다. "라인의 황금", "발퀴레", "지그프리트", "신들의 황혼" 순으로 연주되는 이 작품은 연주와 연출하기가 대단히 어려워서, 우리나라 애호가들은 실황으로 제대로 감상할 기회가 없었다. 인간과 신들의 권력욕과 탐욕이 빚어내는 이 드라마에는 인간의 온갖 희로애락과 갈등을 담고 있다고 한다. 이 거작은 해석에 따라 여러 가지 각도로 분석될 수 있는 다층적인 면모도 가지고 있다.

역시 이 작품에서 합창은 극의 유기적 요소로 작용하고 있기에 단독으로 집어낼 만한 곡이 있지는 않다. 그런 가운데에도 "라인의 황금"에서의 요정들의 중창, 반지 사이클 중에서 가장 인기 있는 작품인 "발퀴레"에 나오는 보탄의 딸들인 8명의 여전사 발퀴레의 합창, 그리고 "신들의 황혼" 2막에 나오는 기비히 일가(군터/하겐가)와 하겐이 호응하며 군터의 결혼을 축하하며 부르는 남성합창 "어째서 뿔피리를 부는가?" 등이 기억할 만한 합창 장면들이다.

"반지" 시리즈를 다 녹음하는 것은 지난한 일이고 완벽한 녹음이라는 것은 존재하기가 힘들다. 첫 스튜디오 전곡 녹음인 숄티 경의 "반지" 판(Decca/London, 1955~66년 녹음)은 몇 가지 약점이 있음에도 불구하고 명프로듀서 존 컬쇼의 지휘하에 수년에 걸쳐 한스 호터, 비르깃 닐손, 볼프강 빈트가센 등 당시 가능한 최고의 바그너 가수들을 모아 녹음된 판이다. 컬쇼의 특수효과와 더불어 이 판의 선명한 음질은 녹음된 지 꽤 됐음에도 아직도 데몬스트레이션용으로 쓰기에 전혀 손색이 없다. 비엔나 필하모니와 빈가극단 합창단도 최고의 기량을 발휘한다. 카라얀 판은 숄티 판만큼의 명성은 없지만 정치한 울림으로 독특한 매력이 있다. "라인의 황금"의 라인요정 장면과 "발퀴레"에서의 야노비츠(지그린데 역)의 공허하지만 신비한 목소리는 특기할 만하다. 비디오로는 너무 포스트모던적으로 생경한 불레즈 판보다는 정통적인 연출로 일반인들에게 친근하게 접근한 제임스 레바인 판(메트로폴리탄 실연, 도이치 그라모폰)이 더 추천할 만하다.

바그너의 마지막 작품은 그가 1877년부터 작곡해서 죽기 1년 전인 1882년에 초연한 <파르지팔>이다. 자신의 죽음을 예감한 듯 철저히 기독교적 구원을 추구한 걸작이다. 이 작품은 로엔그린에 나오는 백조의 기사의 아버지이자 십자가에 못 박힌 그리스도의 피를 받은 성배를 모시는 사원이 있는 몬살바트국을 통치하는 파르지팔(영어권에서는 퍼시벌(percival)이라고 부른다)이 그곳의 왕이 되는 과정을 그린 대단히 종교적인 작품이다. 신비스럽고 엄숙한 이 곡은 바그너 자신이 '무대 성축극'이라고 이름 붙이며 일반극장에서의 공연을 금지시켰기에 1913년까지는 연주회형식을 제외하고는 바이로이트에서만 상연이 된 작품이기도 하다. 이 극에서는 다른 악극에서보다는 합창이 조금 더 큰 역할을 한다.

1막 2장에서 기사들이 성찬식에서 "마지막 사랑의 성찬을 위해서"라고 노래하는 등 시종 사원 안에서의 엄숙한 종교적 합창이 여러 동기(라이트모티브)들을 노래하며 이어진다. 2막에서 요부 쿤드리가 나타나 이들을 내쫓을 때까지 꽃처녀로 둔갑한 마녀들이 파르지팔을 둘러싸고 관능적으로 "오라, 오라"라고 유혹하며 희롱한다. 3막 마지막 장면에서는 암포르타스의 마지막 가는 길을 보좌하는 기사들의 합창과 파르지팔이 암포르타스의 상처를 치유하자 이에 주위에 있던 기사들과 병사, 소년들이

"구원의 가장 숭고한 기적이여!
예수 그리스도에게 속죄를!"

이라고 기적을 칭송하는, 고요하지만 장중한 합창을 하면서 막이 내린다.

<파르지팔>에는 좋은 녹음들이 많다. 전설적인 한스 크나퍼츠부쉬의 두 개의 바이로이트 실황공연(51년 Teldec과 62년 Phillips)이 고전으로 칭송되고 있고, 최근 녹음으로는 카라얀(도이치 그라모폰), 바렌보임(Teldec), 솔티(Decca/London) 판을 추천할 만하다.

[Choir & Organ] 2002년 11월호 vol.22

셰익스피어와 음악

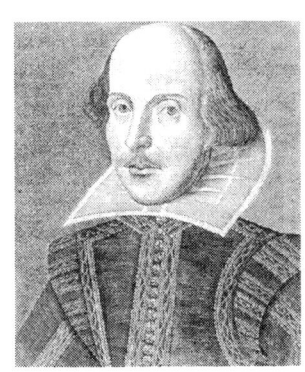

영국이 대영제국(British Empire)이라는 이름으로 전성기를 달리고 있을 당시 인도는 수많은 식민지 중에서도 특별한 중요성을 가지고 있었다. 당시 영국인들은 인도를 "제국 왕관에서 가장 빛나는 보석(crown jewel of the Empire)"이라 부르며 소중히 여겼다. 그러나 한편 영국인들은 셰익스피어를 이렇게 중요한 "인도와도 바꾸지 않겠다"라고 얘기할 정도로 그를 존경하고 사랑했다.

이탈리아의 북부에서 시작된 르네상스가 북서유럽에 전파될 때 당시의 국제공용어였던 라틴어를 대신하여 이른바 속어문학이 16세기에 유럽 각 지역에서 성행하였는데, 그중 영국에서 나타난 셰익스피어는 프랑스 지역의 라블레와 스페인 지역의 세르반테스와 더불어 가장 유명한 속어문학의 대가였다. 그가 남긴 문학작품들은 인간심리의 치밀한 묘사로써 불후의 명성을 얻고 이후 수많은 사람들의 사랑을 받게 된다. 그가 남긴 작품들이 하도 뛰어나서 '도저히 한 인간이 이 작품들을 다 쓸 수 없다'는 의구심으로 발전하고 급기야는 셰익스피어는 실존하지 않았던 인물이라는 가설로까지 발전하게 된다.

그가 남긴 주옥과 같은 작품들은 풍부하고 예리한 인간심리묘사로 인해 수많은 음악가들에게 영감을 불어넣는 존재가 됐다. 일단 제일 유명한 작품은 멘델스존에 의해 작곡된 극부수 음악인 <한여름 밤의 꿈>이다. 멘델스존은 불과 17세 때 이 극음악의 서곡(overture)을 작곡하고 이후에 전곡을 완성하는데 특히 유명한 것은 "녹턴", "스케르조", 그리고 결혼식 때 주로 연주되는 "웨딩마치"이다. <한여름 밤의 꿈>은 이미 영국음악의 선구자였던 헨리 퍼셀에 의해 오페라화됐으며("Fairy Queen"), 훗날 현대 영국작곡가인 벤자민 브리튼에 의해서도 다시 오페라로 작곡됐다.

아마도 셰익스피어의 작품 중 가장 음악에 많이 쓰인 작품은 <로미오와 줄리엣>일 것이다. 인류가 알고 있는 가장 슬픈 사랑이야기인 이 극은 많은 작곡가들에게 영감을 불어넣었으리라. 시대 순으로 살펴보자면 교향곡도 아니고 오페라도 아닌 극적 교향곡이라고 이름 붙여진 베를리오즈의 동명의 극음악, 빈센조 벨리니의 오페라 "캐퓰릿가와 몬태규가", 구노의 동명 오페라, 환상서곡이라고 이름 붙여진 차이코프스키의 동명 서곡, 그리고 프로코피에프의 아름다운 동명 발레 등이 전부 이 너무나도 유명한 고전극에 의거한 작품들이다.

<햄릿> 역시 많은 작곡가들이 다룬 작품이지만 묘하게도 빼어난 걸작은 존재하지 않는다. 리스트의 동명 교향시, 차이코프스키의 동명의 환상서곡, 그리고 쇼스타코비치가 코진쩨프 감독의 동명의 영

화의 배경음악으로 작곡한 곡들이 현재 남아 있다.

그 이외에도 영화음악 "헨리 5세", 그리고 "헛소동(Much Ado About Nothing)"에 의거한 베를리오즈의 오페라 <베아트리스와 베네딕트> 등이 셰익스피어의 작품을 기반으로 한 음악들이다.

아마도 근대 서양음악의 전성시대에 있어서 셰익스피어 작품의 가장 충실한 작곡가는 쥬세페 베르디일 것이다. 베르디는 이미 젊은 시절 비극의 걸작인 <맥베스>를 프란체스코 피아베의 각색으로 작곡을 했다. 당시로써는 혁신적인 이 작품에서 베르디는 극과 음악과 무대의 조화라는 측면을 강조했다. 이미 셰익스피어의 열렬한 찬미자였던 그는 이 극을 "인류가 만들어 낸 가장 훌륭한 창조물 중 하나"라고 찬양하고, 피아베에게 각색을 부탁하면서 '멋있고 창조적이며 간결하고 숭고한' 대본을 쓸 것을 요구할 정도로 이 작품에 전력투구를 했다. 그 이후 베르디는 "리어 왕"을 주제로 한 작품을 쓸 계획을 가졌고 실제 대본까지 완성됐으나 끝내 작품의 완성은 이루어 내지 못한다.

말년의 베르디는 <아이다>의 작곡을 끝내고 사실상 은퇴를 했었다. 그러나 당시 이탈리아 신문화 운동의 기수로서 문필가였고 작곡가였던 아리고 보이토가 들고 온 <오셀로>의 대본은 그의 창작욕을 다시 불태우게 했다. 보이토 자신이 괴테의 <파우스트>를 각색한 <메피스토펠레>의 작곡가였지만 <오셀로>를 각색하면서 이것을 작곡하는 것은 자신의 능력을 벗어난 일이라 생각하여 이미 은퇴한 베르디를 설득했고 베르디는 아이다를 작곡한 지 16년 만인 73세에 그의 인생을 걸고 매달린 이 오페라를 완성한다. 원작의 1막을 생략한 이 오페라 <오텔로>는 많은 평론가들에 의해 기존 이탈리아 오페라어법을 능가하는 이탈리아 오페라의 최고봉이라는 찬사를 받으며 극과 음악의 완벽한 조화를 이루어 냈다는 찬사를 받는다.

그 이후에도 계속된 보이토와의 파트너십은 베르디의 26번째이자 마지막 작품인 <팔스타프>로 결실을 맺는다. 셰익스피어의 "윈저의 유쾌한 아낙네들"에 기반을 한 이 작품은 그가 76세가 되던 해 완성됐다. 베르디는 치밀한 앙상블을 기초로 이 사랑스러운 희극을 원숙하게 그려냈다. 사실 "윈저의 유쾌한 아낙네들"은 이미 모차르트의 라이벌이었던 살리에리와 니콜라이에 의해 두 번이나 오페라화됐지만 보이토와 베르디의 협력으로 만들어 낸 "팔스타프"는 앞의 두 작품을 간단히 능가한다.

셰익스피어는 훌륭한 극작가였지만 훌륭한 시인이기도 했다. 그래서 슈베르트 등의 작곡가들이 그의 시를 자신들의 곡의 가사로 쓰기도 했다. 하지만 셰익스피어가 음악사에 미친 영향은 무엇보다도 그의 찬란한 극들로써 음악가들에게 극적 영감을 불러일으킨 점이다. 인간 심리를 꿰뚫는 성격묘사로 가득 차있고 유기적으로 통합된 그의 극들은 그 자체가 훌륭한 작곡의 대상이었던 것이다.

[Club Balcony] 2002년 7-9월호

02

문화 · 예술

기초학문 없이는 소프트파워도 없다

"소프트 파워를 키워 문화의 힘이 넘치는 매력국가를 만들자."

요즘 들어 학계와 언론에서 자주 들을 수 있는 얘기다. 필자가 대학에 다니던 1980년대에는 혁명, 노동, 경제결정론과 같은 단어가 인기를 끌었지, 문화나 매력과 같은 단어는 무시됐다. 문화와 같은 '상부구조'의 중요성을 경시하고 생산력과 생산관계라는 '하부구조'를 중시한 마르크시즘의 영향력이 대학가에 크게 미치고 있었기 때문이리라. 이런 생각에 동의하지 않는 막스 베버와 요한 하위징아 같은 사상가도 있었다.

새뮤얼 헌팅턴과 로런스 해리슨 같은 학자는 『문화가 중요하다』는 책을 통해 "문화적 가치가 인류 발전을 결정한다"라고 결론짓는다. "21세기는 문화의 세기가 될 것이다"라는 예언과 함께 요즘은 문화담론의 전성기가 구가되고 있다.

문화에 대한 재평가가 이루어지는 데 결정적 논거를 제시한 이는 하버드대의 조지프 나이 교수였다. 그는 『제국의 패러독스』, 『소프트 파워』 같은 저작에서 소프트 파워의 개념을 정립했다. 나이는 군사력, 경제력으로 대변되는 하드 파워(강성권력)와 스스로 따르고 싶은 마음이 들게 하는 문화와 이념, 정책에서 나오는 힘인 소프트 파워(연성권력)를 구분하고 둘을 조화롭게 육성해 '똑똑한 권력(smart power)'을 추구해야 한다고 주장했다. 문화와 같은 소프트 파워를 키워야 다른 국가가 선망하는 '매력국가'가 될 수 있다는 생각은 요즘 우리나라에서도 부쩍 많이 나타나고 있다.

소프트 파워의 중요한 일면은 막대한 경제적 이익을 창출한다는 것이다. 많이 인용되는 것이 현대차의 수출량과 영화 <쥬라기 공원>의 매출액이다. 1992년 당시 역대 최고 흥행기록을 세운 스티븐 스필버그의 <쥬라기 공원> 매출액은 무려 8억 5,000만 달러였다. 현대차 150만 대 수출액과 맞먹는 금액인데, 당시 현대차의 실제 수출량은 그 절반도 안 되는 64만 대였다. 힘든 제조공정을 거쳐 차를 만들어 많이 팔아도 영화 한 편이 창출하는 부가가치에 한참 못 미쳤다는 것은 문화상품의 가치를 깨닫게 한 계기였다.

다른 좋은 예는 1970년에 해체되고 이미 멤버 중 두 사람이 고인이 된 록 그룹 비틀스가 매년 벌어들이는 저작권료가 지금도 1억 달러를 상회한다는 사실이다. 죽은 제갈공명이 산 사마중달을 이긴다고, 존재하지도 않는 록 밴드가 창출해 내는 재화는 소프트 파워의 위력을 새삼 인식시켜 준다.

한국이 소프트 파워를 키우는 데 유념해야 할 점이 몇 가지 있다. 인종과 역사지리적인 요인 때문에 간혹 나타나는 폐쇄성의 문제, '문사철(文史哲)'과 같은 순수학문에 대한 경시는 진정한 매력국가가 되는 데 장애요인이 될 것이다. 정부나 국민이나 문화의 중요성을 인식하고 문화 강국이 되기 위한 노력을 경주하는 것까지는 좋으나, 소프트 파워를 창출하는 중요 베이스인 기초학문의 중요성은 철저히 간과되고 있다.

<쥬라기 공원>은 공룡에 대한 지식을 축적한 고생물학 및 지질학이라는 기본 위에 훌륭한 소설가, 시나리오 작가가 있었기에 가능했다.

문화적 상상력은 흔히 고전에서 나온다. 미국과 뉴질랜드에 막대

한 부가가치를 안겨 준 영화 <반지의 제왕> 시리즈는 J. R. R. 톨킨이라는 (이른바 돈 안 되는 전공인) 중세문학 전문가가 고대와 중세에 대한 깊은 지식을 기반으로 창작한 위대한 오리지널 소설 덕을 톡톡히 봤다. 자랑스러운 한류문화상품인 <대장금>도 이영애라는 명배우가 있기 전에 문사철에 능한 김영현이라는 빼어난 작가가 있기에 가능하지 않았나.

1971년부터 1990년까지 예비고사 및 학력고사의 전국 수석을 살펴보면 그들이 택한 전공은 매우 다양해 경제학 물리학 역사학 불어불문학 전자공학을 포괄하고 있다. 그러나 외환위기 이후 돈이 되고 안정적인 실용학문만을 맹종하는 풍조가 군건히 자리 잡으면서 문과건 이과건 문화의 진정한 토양인 기초학문이 무너져 가는 것이 현실이다. 우리나라가 소프트 파워를 가진 진정한 매력국가가 되기 위해서는 이러한 풍토부터 시정해야 하지 않겠는가.

[동아일보 동아광장] 2006년 8월 26일

한국영화, 규제와 보호만으론 경쟁력 못 키운다

"과보호 속에서 자란 아이는 경쟁력 있는 사회인이 되기 힘들다.
마찬가지로 규제와 보호만 받아온 산업은 경쟁력이 떨어지게 마련이다."

박정희·전두환 시대는 한국영화의 암흑기였다. 방화(邦畵)라고 통칭되던 한국영화는 국가의 보호를 받았다. 그러나 과보호된 방화의 질은 형편없었고, 관객들은 이를 외면했다. 몇몇 예외는 있지만, 기껏해야 전두환 체제의 3S(Screen, Sports, Sex)정책과 맞물린 <애마부인> 시리즈 같은 에로영화에나 관객이 들었다. 대신 관객들은 제도적으로 한해에 몇 편밖에 수입될 수 없는 외화에 열광했다. 외화들을 통해 발전된 서구사회를 보면서 우리도 언젠가 저렇게 살 수 있으리라는 희망을 가졌고, 영화인을 지망하는 할리우드 키드도 양산됐다.

이러한 상황은 초기산업을 보호한다는 점에서 이해할 만하다. 그러나 한국경제규모는 점점 커졌고, 그에 따라 다른 나라들이 공정경쟁을 요구하기 시작했다. 결국 다국적 영화배급사인 UIP가 88년 9월부터 <위험한 정사> 같은 영화를 직배하기 시작했다. 영화인들은 직배를 격렬히 반대했으며, 시위는 물론 방화, 심지어는 직배 영화 상영관에 뱀을 투척하는 극한투쟁을 벌였다. 그런데 결과는 의외였다. 오히려 부분경쟁체제에서 한국영화는 질적·양적으로 발전을 거듭했고 경쟁력도 강화됐다. 예를 들어 올해는 조금 고전하고 있지만, 지난해 한국영화의 시장점유율은 60%가 넘었으며 직배영화는 30%도 안 됐다. 한국영화가 자국 시장에서 강력한 힘을 발휘하는 상황에서 직배사들은 공동 배급이나 한국국적 회사에 배급을 일임하는 우회 전략을 쓸 정도로 약화됐다.

1998년 일본영화 부분개방도 마찬가지였다. 우리와 감성이 비슷하고 더 세련된 일본 영화가 들어오면 한국영화는 초토화되리라는 공포심이 만연했고, 영화계는 다시 반발했다. 그러나 최초로 공식 수입된 기타노 다케시 감독의 <하나비> 개봉 이후 일본영화의 흥행 성적은 좋지 못했다. 영화를 비롯한 일본대중문화의 위력은 기대 이하였으며, 오히려 한국의 대중문화가 일본에서 한류를 만들어냈다. 얼마 전 타계한 거장 이마무라 쇼헤이, 젊은 감성의 이와이 슈운지, 수오 마사유키 감독의 영화들이 한국영화계에 영향을 미치고 수준을 높이는 구실을 했을지라도 일본 영화의 점유율은 고작 2%대에 머물고 있다. 한국영화를 잘 만들면 굳이 일본영화나 미국영화를 볼 이유가 없는 것이다.

지난해 문화예술계의 스크린쿼터 축소 반대집회도 마찬가지다. 정부가 한미 자유무역협정(FTA) 협상카드로 활용한 스크린쿼터 축소에 대한 격한 반발과 우려는 이해할 만하지만, 그 결과는 과거의 전철을 밟을 것이다. 일단, 학습효과를 거친 대다수 국민이 이러한 반발을 '제 밥그릇 챙기기'로 폄훼하면서 냉담한 시선을 보냈다. 반대집회에 나선 연예인 상당수가 외제차를 타고 다닌다는 가십성 기사는 사람들을 실소(失笑)케 했다.

일관성이 부족한 예는 또 있다. 일부 영화인들은 요즘 한참 문제시되고 있는 일본계 고금리 대출업체의 광고에 고액을 받고 출연했다. 가장 격하게 스크린쿼터 축소를 반대하던 한 배우도 마찬가지였다. 일본계 대부업체들은 우리나라에서 지난해만 2,000억 원이 넘는 순익을 올리며 한국 업체들을 압도했다. 영화인들의 평소 주장대로라면 일본 대부업체 쿼터부터 만들어야 할 판이다.

이제 자기 좋은 것만 할 수 있는 시대는 지났다. 위의 에피소드들은 우리가 원하든 원치 않든, 인식하든 못하든 이제는 국제화된 경쟁세계에 살고 있다는 사실을 일깨워준다. 한국영화는 아직도 많은 내적 문제를 안고 있지만, 적절한 시점에 적절한 경쟁을 이겨내며 눈부시게 성장했다. 적어도 국내시장에서는 완전경쟁 아래서도 버텨낼 만한 역량을 갖췄다. 과보호 속에서 자란 아이는 경쟁력 있는 사회인이 되기 힘들다. 마찬가지로 규제와 보호만 받아온 산업은 경쟁력이 떨어지게 마련이다. 영화를 포함한 모든 분야가 세계화 체제에서 살아남을 수 있는 경쟁력 강화에 힘쓸 때다.

[주간동아] 2007년 7월 24일

대학가요제, 그 열정 어디 가고…

1977년은 제1회 대학가요제로 기억되는 해이다. 가족과 대학가요제를 보던 나는 전기에 감전된 듯한 체험을 했다. 대상인 샌드 페블즈의 '나 어떡해'는 산울림의 노래를 처음 듣고 느낀 충격과 비슷했다. 나중에 안 사실이지만 그 노래는 산울림의 김창훈 씨가 작사와 작곡을 했다. 대상 곡은 물론이고 거의 모든 곡이 대학생다운 신선함과 창의력을 발휘했고, 몇몇 곡은 높은 예술성을 보였다. 그것은 거대한 문화 충격이었다. 이후 나는 다른 동년배와 마찬가지로 대학가요제의 열혈 팬이 됐다.

내 취미 중 하나는 아직도 1970, 80년대 대학가요제 노래를 듣는 것이다. 당시 노래를 들어 보면 유명세를 치른 곡이건 아니건 정말 대단하다는 생각이 든다. 본선 수상에 실패한 곡이 인기가요로 오늘날까지 사랑을 받는 경우도 많다. '그때 그 사람'이 대표적이다. 대학가요제는 열정, 순수성, 창의성, 매력이라는 키워드를 가지고 하나의 트렌드로 자리 잡았고 한국 가요의 젖줄 역할을 훌륭히 해냈다. 지금은 사라졌지만 강변가요제, 해변가요제 같은 유사한 이벤트도 계속 생겨났고 여기서도 좋은 노래가 양산됐다.

대학가요제가 어느덧 30주년이 됐다. 언제부턴가 대학가요제는 과거의 명성과 위세를 잃어 갔다. 아직도 매력적인 이벤트이고 좋은 곡이 간혹 나오긴 한다. 그러나 몇 년 전 심사위원으로 참여한 심수봉 씨가 요즘 대학가요제 노래에 대해 선배로서 어떻게 생각하느냐는 질문에 대한 솔직한 언급은 정곡을 찌른다. "저희 노래 부를 때처럼 '짠한'(감동적인) 노래는 없네요."

대학가요제는 사람들이 별 관심을 기울이지 않는 그저 그런 가요제로 전락했다. 얼마 전 열린 올해 무대도 '이해할 수 없는 심사 결과' 정도가 얘깃거리가 됐다. 왜 그럴까? 지난해 한국과학기술원(KAIST)에서 열린 대학가요제 대상 곡 '잘 부탁드립니다'처럼 과거의 명성을 잠시 확인하는 순간도 있었다. 날카로운 문제의식과 신선한 음악, 수준급의 가창으로 반짝 열기를 일으켰다. 그러나 아쉽게도 다시 예년의 평범한 수준으로 돌아갔다. 또한 기성가수들의 무대가 너무 많고 주(主)가 된 듯한 착각도 들었다.

근년의 대학가요제에 나오는 노래는 대부분 구태의연하다. 젊은이다운 창의성은 찾기 힘들고 다 비슷비슷하거나 기존 가요의 모방에 그친다. 잊기 쉬운 음악이 양산된다. 대학가요제를 사랑하는 사람으로서 아쉬운 일이 아닐 수 없다. 툭하면 랩 몇 마디 부르고 가끔가다 (문법에도 안 맞는 국적 불명의) 영어 몇 마디 하면 최첨단 음악인 줄 착각하는 팀이 많았다. 올해 수상 곡에서조차 수준 이하의 곡이 있었다. 심사위원의 역할이 중요하다는 것을 새삼 깨닫는다. 대학가요제가 사랑받았던 이유 중 하나는 상을 받아야 할 곡이 받았다는 점도 있었다.

이런 상황은 요즘 대학의 풍속도를 보는 것 같아 묘한 기분이 든다. 물질적 풍요를 구가하는 요즘 젊은 세대는 다양성과 진취성보다는 오히려 획일성과 안정성을 선호한다. 안정지향적인 대학과 전공 선택은 어제오늘의 일이 아니다. 장래 희망도 판에 박은 듯이 똑같다. 고시를 통한 입신양명, 의사 약사 교사와 같은 자격증 선호, 유명 컨설팅 회사 직원이나 돈 좀 만지는 펀드매니저, '철밥통'이라는 공무원 또는 신이 내린 직장이라는 공기업 직원. 이런 직업에 목매는 사람이 넘쳐 나는 획일화된 문화가 현재 한국 대학의 자화상이다.

외환위기의 충격 이후 이런 문화가 강해졌고 숨 막히는 청년실업이 이런 현상을 부채질했기에 대학생만 탓할 수 없는 상황이다. 그러나 도가 심하다. 개방적이고 패기만만하며 다양성을 추구해야 할 젊은이가 창의성을 상실한 채 따분해져 가는 분위기가 대학가요제의 천편일률적인 노래에 투영된 것은 아닐는지.

도전의식이나 실험정신의 부재, 노래한다는 것에 대한 고민과 진지함의 부족이 요 몇 년간 낮아진 대학가요제의 수준을 설명하는 이유일 것이다. 그래도 나는 애정을 버리지 않았다. 대학가요제가 그냥 사라지기에는 정말 소중한 문화 자산이다. 대학가요제가 50주년, 100주년을 맞고 그때도 대중의 꾸준한 사랑을 받기를 기대한다. 그러기 위해서는 분발이 필요한 시점이다.

[동아일보 동아광장] 2006년 10월 20일

'논다는 것'의 참된 의미를 아십니까?

≪(편집자) '여가'와 '음악'이라는 멋스러운 교집합을 가진 두 사람이 있다. 명지대학교에서 역사와 문명을 가르치며 오랫동안 크레디아의 숨은 후원자로 있는 강규형 교수는 대학에서 음악 교양 과목을 강의할 만큼 절실한 음악애호가. 그가 추천한 사람은 '한국여가문화학회'에서 만난 김정운 교수다. 최근 『노는 만큼 성공한다』의 저서로 세간의 화제를 낳고 있는 인물. 그들의 사랑방인 명지재단 LG연암문고에서 만나 남다른 음악 사랑이야기와 진정한 여가문화, 휴테크에 대한 이야기를 들어보았다.≫

*강규형 교수님은 올해로 7년째 크레디아의 열성 후원자라고 들었습니다. 어떻게 크레디아와 인연을 맺게 되셨나요?

강규형 교수(이하 강) 유학을 마치고 돌아왔을 때 한국이 IMF를 겪고 있었어요. 그땐 모든 것이 어려운 상황이었기 때문에 사람들의 정서도 아주 삭막했어요. 물론 문화예술 분야가 위축되는 것은 당연했죠. 기획하던 음악회도 무더기로 취소되는 경우가 허다했어요. 그런데 그런 상황에서도 꾸준히 공연을 기획하고 열심히 뛰었던 기획사가 크레디아였어요. 오랫동안 꾸준히 좋은 공연을 기획해준 크레디아가 대견스럽습니다. 이후에 이곳 LG연암문고에서 작은 음악회를 열었던 기억도 나네요.

*두 분이 같은 대학에서 교편을 잡고 계시지만 '여가문화학회' 창립 회원이 되어 더욱 가까워지셨다는데, 여가문화학회는 어떤 곳인가요?

김정운 교수(이하 김) 2002년에 창립했으니까 올해로 만 3년째네요. 여가문화학회는 한마디로 어떻게 하면 행복해지는지, 즐거워지는지 연구하는 곳입니다. 여가 시간이 늘어나면서 생겨날 사회문제를 함께 논의하자는 취지로 많은 사람들이 동참하게 되었어요. 처음엔 여가라는 단어가 주는 통념 때문에 고민이 많았는데 여가의 사회적 의미를 바꾸자는 의미에서 '여가문화학회'라는 이름을 붙이게 됐어요.

강: 우리나라에는 제대로 된 여가문화가 없다는 걸 인식했던 것이죠. 주5일제 근무 시대가 되면서 건전한 여가문화 정착이 필요한 시기에 의미 있는 일을 하게 된 것 같습니다.

*교수님의 저서, 『노는 만큼 성공한다』도 그런 맥락에서 집필되셨겠군요. 주로 어떤 내용이 담겨 있나요? 어떻게 놀아야 성공할 수 있죠?

김: 우선 한국 사람들의 여가문화에 대한 잘못된 인식과 함께 '논다'는 개념을 제대로 정립하고 싶었어요. 우리나라 여가문화의 가장 큰 문제점은 돈이 없어서 못 논다는 생각이에요. 그 다음은 시간이 없다는 것이죠. 사실, 그렇지 않거든요. 상업주의적인 여가 문화에 길들여져 있기 때문에 돈을 써야 잘 논다는 생각을 갖는 것입니다. 여가를 보내는 것은 생산과 소비가 함께 일어나야 해요. 하지만 생

산은 생각지 않고, 소비에만 집중하기 때문에 돈이 필요하다고 생각하는 것이죠. 투잡, 쓰리잡이 생기는 이유가 그거예요. 그러나 그런 사람들이 돈이 많으면 여가를 제대로 보낼 수 있을까요. 돈을 어떻게 써야 하는지 몰라 생활은 달라진 게 없을 거예요. 책은 평소 이러한 제 생각을 묶은 것이에요. 노는 시간을 어떻게 제대로 경영하는가에 대한 이야기를 풀었어요.

*여가문화의 맥락으로 요즘 최고의 화두인 '웰빙'을 떼어놓을 수 없을 것 같은데요. 진정한 참살이의 방법은 무엇인가요? 노하우를 알려주세요

강: 우리나라 사람들은 '노는 것'이라고 하면 폭탄주 마시고, 고스톱 치는 거라고 생각하는 것 같아요. 왜냐하면 대화 문화가 정착되지 않았기 때문이에요. 그런데 대화라는 게 하려고 해서 되는 게 아니거든요. 공통 화제나 관심사가 없으면 할 수 없는 것이죠. 부모 자식 간의 세대 단절 역시 대화의 부족에서 오는 현상이에요. 우선 공유하는 감정과 공유하는 경험을 만드는 것이 중요하다고 생각해요.

김: 찜질방이니 스파니, 유기농 음식이니 하는 것들이 웰빙처럼 되어버렸어요. 건강하게 오래 사는 것이 웰빙이라고 착각하고 있어요. 왜 오래 사는가 하는 삶의 목적을 잃은 채 말이죠. 삶의 절대적인 가치인 행복을 갖기 위한 의욕과 희망을 찾는 것이 우선이에요.

*그렇다면 어떻게 하는 것이 잘 쉬고 잘 노는 것인가요?

김: 자기가 좋아하는 것이 무엇인지 알아야 해요. 그냥 영화 보는 게 아니라, 구체적으로 어떤 영화를 누구랑 보는 게 좋은지 자신의

취향을 정확히 판단하는 것이죠. 시간이 없어서 혹은 있는데도 그 시간을 잘 활용해야 한다는 강박증을 가질 필요는 없어요. 못 노는 사람들이 대개 시간에 대한 강박증이 있어요.

강: 그게 우리 386세대들이 가진 딜레마일 거예요. 김 교수님도 책에서 "못 노는 386이 문제다"라고 하셨는데 노동운동이나 정치경제 등 거대담론적인 사회적인 가치관과 사상을 가진 이들이 비교적 일찍 사회의 주류로 자리 잡으면서 요즘 세대들의 개방적인 가치들과 괴리감을 느끼는 현상이죠. 386(이제는 486)은 그런 가운데서도 문화의 다양성이 존재하는 특이한 세대이기도 합니다.

*여가문화에 대한 이야기가 이렇게 심오한 방향으로 흘러버렸네요. 교수님들의 개인적인 여가 이야기를 듣고 싶어요. 두 분 모두 음악과는 남다른 인연을 맺고 계신 듯한데요.

강: 저는 혼자서도 잘 놀아요.(웃음) 여러 가지 취미를 갖고 있는데, 그 중 음악을 빼놓을 수가 없죠. 기본적으로 클래식 음악은 고급이고 대중 음악은 저급이라는 생각을 갖고 있지 않아요. 모든 장르의 음악을 즐겨 들어요. 그러다 보니 글도 쓰게 되고, 지금은 강의까지 맡고 있으니, 취미가 준직업이 된 것이나 다름없는 경우죠. 주로 음악회에 가는데 아이들도 좋아하는 편이에요. 영화도 좋아하는데 극장에 갈 시간은 거의 없고 DVD를 이용하죠. <로마의 휴일>이나 <사운드오브뮤직> 같은 고전은 자주 보아도 볼 때마다 느낌이 달라요. 그것이 고전이 주는 매력인 것 같아요. 또 야구 축구 등 스포츠는 직접 하지는 않아도 아주 즐겨보는 편이죠. 스포츠 전문 기자가 됐어도 밥은 먹고 살았을 것 같아요.

김: 저 같은 경우는 음악을 조금 편식하는 편인데 주로 사람의 목

소리를 듣는 것이 좋아요. 아내가 성악을 해서 조금 영향을 받았는지도 모르겠어요. 하지만 음악을 듣는 것보다 더 즐거운 건 음악을 들으며 좋은 사람들을 만나는 것입니다. 여가는 자기가 좋아하는 것을 어떻게 즐기느냐 하는 것입니다. 여가·휴가는 일상의 '낯설게 하기' 예요. 익숙하고 반복된 일상을 떠나 주말이나 휴가에는 다른 방식으로 살아볼 필요가 있어요. 저는 가족들과 여행을 자주 다니는 편이에요. 우리나라든 외국이든 방학엔 아이들을 데리고 떠나요. 집에서는 대화를 나눌 틈이 없는데 여행을 가면 함께 있는 시간이 많으니까 자연스럽게 대화하는 시간이 늘어나요. 아이들을 행복하게 해주는 비결이 뭔지 아세요? 먼저 부모가 행복하고 재밌어야 아이들도 행복하게 사는 법을 배운다는 것이죠. 여가를 즐기지 않으면 자기가 좋아하는 것이 무엇인지 몰라요. 그래서 사는 재미가 없고 행복하지 않은 것이죠. 무엇이든 몰두할 수 있는 뭔가가 필요해요, 재미있는 것 말이에요.

*진정한 행복은 어디에서 찾을 수 있을까요?

김: 문화심리학적으로 볼 때 사람들은 재미있을 때 가장 행복하다고 느낍니다. 그런데 어떻게 하면 재미있어지는지 몰라요. 그러다 보니 스트레스 푸는 것이 노는 것인 줄 아는 것이죠. '사는 게 노는 거다'라는 생각을 가져야 합니다. 돈이 많으면 좋겠지만, 정말 재미있는 일을 꼭 돈만 갖고 할 수 있는 건 아니에요. 음악 들으면서 재미를 느끼는 것이면, 돈이 많이 없어도 상관없잖아요. 놀이와 재미를 적극적으로 찾아내어 즐기는 것이 행복입니다.

강: 긍정적 의미에서 볼 때, 잘 노는 사람들은 어떤 사람들보다도 행복하게 사는 것 같아요. 돈만 많다고 해서 정말 행복한 것은 아니

에요. 잘 놀려고 노력하는 것이 필요하다고 생각합니다.

    *삶의 절대적 가치는 무엇일까? 과연 나는 행복한 인생을 살고 있는 것일까? 서둘지 않고 깜냥껏(?) 시간을 즐기고, 또 지배하며 휴식 같은 삶을 누릴 수 있을까? 짧은 시간에도 그들의 대화는 깊고도, 신랄했으며 경쾌한 리듬을 타는 것처럼 흥이 나기도 했다. 내 인생 어느 한 부분, 웃음과 감동으로 충만한 여백을 만드는 것. 그것이 진정한 휴테크가 아닐까? 한국의 여가문화가 이들의 글과 움직임 속에서 한 단계 업그레이드되길 바란다.

[Club Balcony] 2005년 10-12월호

정철과 음악사랑 : 서울 스프링 실내악 페스티벌

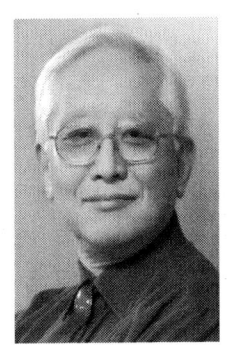

정철

　서울 스프링 실내악 페스티벌(SSF)이 벌써 5회를 넘어서 6회로 치닫고 있다. 그 동안 많은 프렌즈들의 열성적인 참여가 있었기에 가능한 일이었다.

　프렌즈 중 가장 열성적인 분 중 하나를 고르라면 당연히 정철 선생님이다. 가장 높은 '출석률'을 보여주고 혹시 페스티벌에 문제가 보이면 가차없이 지적하는 '군기 반장'의 역할도 해주시는 페스티벌에 없어서는 안 될 분이다. 저번 "프렌즈 온 프렌즈"의 대상이었던 신홍순 선생님(LG사장, 예술의 전당 사장 역임)과는 중 고등학교(경기중고) 동기 동창으로 절친한 친구사이다. 사실 필자가 정철 선생님을 처음 알게 된 것도 신 사장님이 주관하시는 재즈파크 공연에서였다. 트레이드 마크인 나비넥타이와 거의 플래티넘 색깔에 가까운 백발을 가진 멋쟁이 노신사셔서 한눈에도 인상적인 분이셨고, 음악과 국제정세를 비롯한 여러 면에서 박식한 분이라 얘기도 잘 통했기에 필자와는 나이와 세대 차에도 불구하고 급속히 가까워 질 수 있었다.

정철 선생님은 서울대 법대 졸업 후(1959년 입학, 65년 졸업) 삼성그룹에 입사 상사 맨으로 베트남 근무(1971~73) 브라질/아르헨티나 근무(1975~78) 등 전 세계를 돌아다니셨다. 삼성물산과 삼성전자 이사에 오르고, 효성으로 옮겨 홍콩 중국 일본현지법인 사장을 지내면서(1990-94) 무역입국의 최전선에서 활약했다. 한보철강의 에너지부문 법정관리인과 "동화기업"의 법정관리인 등을 끝으로 2004년 현역에서 은퇴했다.

최근 명지대 국제한국학 연구소에서 "무역입국의 최전선에서"란 제목의 구술 증언을 했고 그 생생한 증언 내용은 얼마 전 출간된 책(안영섭 편 『박정희 리더십 재조명을 위한 시도』(선인 2010)의 한 챕터(4장 박정희 시대 수출의 현장에서)로 출간됐다. 이렇게 세계를 누비고 다닐 수 있었던 이유 중 하나는 뛰어난 외국어 실력 덕분이었다.

이미 대학교 학창시절 영어칼럼을 쓰고 영어소설을 탐독하는 등 영어에 대한 열정을 불태웠고, 이후 종합상사 맨으로 세계를 누비면서 몸으로 익힌 외국어 실력은 은퇴 후에 취미생활을 넘어선 고전 영시번역으로 이어졌다. 영시에 대한 사랑은 안타깝게 요절한 서강대 장영희 교수님과의 교분을 맺는 계기를 마련해 주기도 했다. 매주 한편씩 지난 6년간 한번도 거르지 않고 어김없이 필자를 포함한 여러 지인들의 e-메일로 배달되는 "정철의 英詩 광장"은 이제 300회를 넘어 7차년으로 들어섰다. 고금의 영어권 명시를 정철 선생님의 해설과 각 시에 어울리는 멋진 그림과 음악으로 치장한 e-메일로 받아보는 것은 많은 분들에게 소중한 체험으로 느껴진다.

음악에 대한 이 분의 정렬과 지식은 별나고도 엄청나다. 1977-8년 간 아르헨티나에서 주재하는 동안은 부에노스 아이레스 부임 첫날 오후에 호텔에 체크인 하자마자, 짐도 풀지 않고, Teatro Colon (세계 5대 오페라 극장 중의 하나)에서 <피가로의 결혼> 둘째 날 공연을 보셨단다. 그리고 주재기간 동안은 한 달에 2-3번씩은 거기서 오페라 발레 교향곡 등 고전음악 연주를 실컷 감상 하셨다 한다. 그 당시 아르헨티나의 화폐가치가 폭락하고 인플레이션이 격심하여 미국 달러로 주재수당을 받고 있었기에 오페라 극장 2층의 6석 발코니를 20불 선에서 예약하여 가족 4인과 본사 출장자 등이 같이 관람 하였다고 한다.

일본에 주재하는 동안 NHK의 Bs-2 위성 방송에서 매주 토요일 19:00부터 4-6 시간씩 방송해주는 Classic Royal Seat 프로그램을 "예약 녹화한 것이 180분짜리 비디오 테이프로 약 300개 가까이 된다. Bs-2에서는 세계각지 (물론 주로 유럽 무대)에서 공연되는 클래식을 생 중계, 녹화중계 해 주는 위성방송 TV프로그램이다. 그러다 보니 같은 곡목이라도 연주장소, 연주자 등에 따라 다른 version을 여러 개씩 갖고 있다.

2003년 7월부터 1년간은 자유기업원에서 객원연구원으로 봉사하면서 영한/한영 번역을 도와주기도 했고, 오랜 영자 시사잡지 구독을 통해 (The Economist와 The Korea Times는 63년도부터 읽기 시작하여 현재 연속구독 30년이 넘어 아마도 개인으로서는 최장 구독자일 것이다) 쌓은 내공을 통해 현재는 시사 격주간 "미래 한국"의 객원 해설위원으로 '유럽논조' 칼럼을 담당하고 계신다. 이 글의 필자와는 의기투합해 명저번역을 같이 해오고 있는데, 그 첫 결실인 존 루이스 개디스 (예일대 석좌교수)의 걸작인 『냉전의 역사: 거래, 스파이,

거짓말, 그리고 진실』(정철 · 강규형 옮김, 에코리브르, 2010)"이 최근 번역돼 출간됐다. 정철 선생님의 "옮긴이의 글" 중 일부를 인용하면 아래와 같다.

이 책을 공동으로 번역한 경험은 학문적 이론과 현장 경험이 결합한 즐겁고 생산적인 작업이었다. 우리는 음악 동호인으로 만났지만 문화 예술은 물론 국제 관계와 역사를 논하는, 나이와 세대를 초월한 친구가 되어 이 책을 번역하기에 이르렀다……

연전에 강규형 교수에게 이 책의 원서 ≪The Cold War≫를 처음 소개받고 첫 페이지를 읽는 순간부터 전율에 휩싸였다. 도저히 중간에 손을 놓을 수가 없었다. 공포스러운 냉전의 대립구조와 역사의 흐름이 파노라마처럼 전개되고, 공산주의의 본산인 소련이 마치 지구 온난화로 녹아 내리는 남극의 빙산처럼 허무하게 무너 지는 끝부분에서는 바그너의 오페라 <신들의 황혼> 마지막 장면처럼 페이소스 (비장감)를 느꼈다……

나는 6.25전쟁 미아로 1년간 방황했고 친척 가운데는 납북된 분도 계셨다. 1960년대 초반에는 백석산 최전방 고지에서 군복무를 하던 중 베를린장벽, 쿠바 미사일 사태로 데프콘이 발동되어 완전 무장 상태로 근무한 적도 있었다. 무역입국의 최전선에서 종합상사에 근무하는 동안에는 아랍 · 이스라엘 분쟁으로 인한 원유 수출금지 파동이 남긴 경제위기를 직접 체험했다. 냉전의 격전장이던 베트남에 주재하면서는 헨리 키신저의 평화회담 추진과 중국 비밀 방문, 이후락의 북한 비밀 방문이 진행되었다. 베트남이 공산화 통일되면서 탈출한 베트남 난민 (보트 피플)들이 부산으로 피난 왔을 때는 그들을 찾아가 위로했고, 1989년 유럽 출장 중에는 동구권이 도미노 현상으로 무너지는 소리를 듣기도 했다. 이런 이야기는 모두 냉전의 크나큰 와류(渦流)속에서 일어났고 개인적으로 역사 현장 에서 경험한 구체적 사실이지만, 1940년에 태어난 내 세대가 공유하고 공감하는 역사적 사실이기도 하다…….

이런 번역작업은 요즘도 계속 진행되고 있다. 한마디로 은퇴 후에도 현역시절 못지않게 활발하고 생산적인 삶을 살고 있는 드문 예이다.

음악은 그의 일생에서 빼놓을 수 없는 요소였다. 요즘도 내외분이 고교 1학년 때부터 교회성가대원으로 봉사해 오면서 단장도 역임했고, 지금은 평 대원으로 열심히 봉사 중이고, 여러 음악회에도 꾸준히 참석하는 진정한 음악 애호가이다. 서울 스프링 페스티벌에는 1회부터 사모님과 한해도 빠짐없이 열심 히 참여해오시고 많은 지인들을 프렌즈로 이끈 열혈 멤버이다. 올해 5회 음악회 에서도 5월 8일 "가족음악회 (Family Concert)"의 [데일리 리포트]를 집필 해주셨다.

정철 선생님 같은 분이 있어서 서울스프링 실내악 페스티벌이 매년 더 풍성한 축제로 커나가고 있는 것이다. 정철 선생님과 가족들의 건강을 기원하면서 글을 맺는다.

[Seoul Spring Festival Friends newsletter] Vol.6 (2010 December)

재즈파크와 신홍순

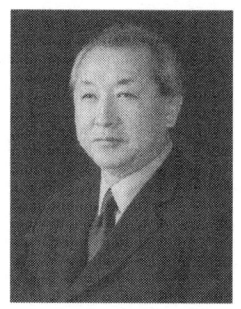

신홍순

올해(2007년) 서울 스프링 실내악 페스티벌(SSF)도 성공적으로 막을 내렸다. 이렇게 성공을 거둔 데에는 SSF Friends들의 헌신적인 협조가 큰 몫을 차지했다. 모든 Friends들이 열심히 참여했지만, 그중 유독 눈에 띄는 분이 있었으니 바로 신홍순 고문님(현, 예술의 전당 사장 – 편집자)이었다. 댁인 용인 수지에서 거의 매일 출근하다시피 참석하셨고, 본인 부담으로 지인들을 초청하셨다. 댁에서 세종체임버홀까지 차를 몬 거리만 2,000리가 넘는다니 얼마나 헌신적으로 참여하셨는지 쉽게 감이 올 것이다.

신 고문님은 이 시대의 진정한 '멋쟁이'이다. 일단 나이를 초월해 스타일이 살아있는 분이다. 일찍이 LG패션 사장시절에 CEO로서 직접

신사복 모델로 방송을 타 유명세를 타셨고, 요즘은 HSBC의 모델로 신문지상을 장식한다. 수려한 외모에 패션회사 사장출신답게 옷을 맵씨 있게 입는 것으로 유명하다. 그리고 트레이드마크인 온화한 미소와 인자한 성품으로 주위 분들에게 인기가 높은 내면적인 멋쟁이기도 하다.

*놀라운 것은 신 고문이 뒤늦게 어렵게 얻은 아들로 어렸을 적 몸이 무척 허약하고 가냘퍼서 부모님의 마음을 조마조마하게 했다는 사실이다. 지금 모습을 뵈면 상상키 어려운 일이다. 경기고와 연세대 정외과를 졸업하고 ROTC 1기로 장교생활을 마치고 투신한 LG그룹에서 33년간 근무한 골수 LG맨으로 LG 함부르크 지사장을 역임하면서 한국기업의 러시아 동유럽시장 진출의 발판을 마련하기도 했고, LG패션 사장으로 한국의 패션산업을 업그레이드 시킨 대표적 패션맨으로 회자되기도 했다. LG에서 은퇴한 후에도 바쁜 나날을 보내고 계신데, 패션컨설팅 및 문화전시공연 기획사인 CMG(Culture Marketing Group)의 고문으로 활동하고 계시고, 얼마 전까지 전주에 소재한 "예원예술대학교 문화영상 창업대학원장"으로 재직하셨다. 그 이외에도 ROTC 1기 동창회장, 경기고등학교 100주년 기념 사업단장 등으로 활발한 사회 활동을 하고 계신다.

*그런데 이런 활동 중에 특히 눈에 띄는 것은 신 고문님 주관으로 매달 삼성동 섬유센터 이벤트 홀에서 열리는 재즈파크 콘서트이다. 디지털 경제의 중심지이면서도 문화의 불모지인 강남 특히 삼성동 지역에 글로벌 문화인 재즈를 확산시키고 이를 통해 새로운 시대의 문화운동을 펼쳐보려는 취지로 CMG가 까르프 블랑슈, 섬유센터, 몰리나리 커피 등의 스폰서들과 함께 2002년 3월부터 꾸준히 여는 것이 바로 재즈파크 콘서트이다. 이 콘서트의 특징은 일단 입장료가 매우 저렴하고 (1,000원 균일로 예약 필수. 홈페이지인 www.jazzpark.co.kr에

서 선착순 등록), 이변이 없는 한 매달 셋째 화요일 섬유센터 이벤트홀에서 열리는데, 매번 다른 컨셉트의 공연이 계속되는 특징이 있다. 예를 들어 "클래식과 재즈", "국악과 재즈", "빅밴드 공연" 등 매번 신선한 주제로 팬들에게 다가가는 콘서트이다. 이 콘서트의 강점 중 하나는 재즈피아노계의 대부인 신관웅, "한국의 베니 굿맨" 신광식, 재즈 보컬의 실력파인 말로, 웅산 등이 게스트로 꾸준히 참여한다는 것이다. 그래서 선전을 하지 않아도 입소문을 듣고 한번 온 사람들을 꾸준히 오게 하는 매력이 있어서 언제나 좌석이 빽빽이 차는 단점 아닌 단점을 가지고 있기도 하다. 필자는 2003년부터 재즈파크공연에 꾸준히 참석했다.

 *신홍순 고문님과 이 재즈파크 콘서트가 이룬 업적 중 하나는 한국의 1세대 재즈 뮤지션들을 규합해 인기 상품으로 만들었다는 것이다. 그 중 한사람인 한국의 대표적 재즈 클라리네티스트인 이동기 선생 고희 헌정공연인 62회 재즈파크 콘서트가 2007년 5월 29일 열렸다. 서울스프링 페스티벌 조직위는 신 고문님의 열성에 감사함을 표시하기 위해 이 공연을 방문했다. SSF를 대표해서 신동엽 공동대표께서 참석하셨고, SSF Friends중에는 박영석 명지대 방목기초교육대 학장님 부부가 참석하셨다. 입추의 여지없이 들어찬 관객들 속에서 많은 TV카메라가 이 공연을 녹화 중이었는데, 강남TV에서 몇 일 후 이 공연을 방영한다고 했다.
　위에서도 얘기했듯이 관록과 명성의 명인들인 1세대 재즈 아티스트들의 현란한 무대는 재즈파크의 최고 인기 상품이다. 최연장자인 "트럼본의 마술사" 홍덕표선생께서 얼마 전 타계하셔서, 이제는 일흔 일곱의 최세진 선생(드럼)이 가장 연장자이다. 몇 년 전 재즈파크에서 고희 헌정기념공연을 한 트럼펫의 강대관, 그리고 색소폰의 김수열, 피아노의 신관웅이 이 그룹의 고정 멤버들로서 피아노의 신관

웅을 제외하고는 전부 이날 공연에 동참했다.

4부로 구성된 이날 공연의 차례는 다음과 같았다. 1부는 제자들로 구성된 밴드, 2부 라틴 재즈 그룹인 "카리브"의 열정적인 무대. 3부는 색소폰의 젊은 명인 이인관의 프로젝트 밴드, 4부가 메인이벤트인 "1세대 재즈 뮤지션들의 무대." 사회는 얼마 전 2집 앨범을 낸 여류 재즈피아니스트 지나(Gina)였다. 첫무대가 끝나고 공연장에 들어온 필자는 "카리브"의 흥겨운 라틴 댄스 재즈부터 들을 수 있었다. 3부에서는 이인관의 능숙한 색소폰과 함께 말로, 나윤선과 함께 한국을 대표하는 재즈 보컬인 웅산이 참여해 특유의 파워 넘치는 가창으로 큰 박수를 받았다.

그리고 하이라이트인 1세대재즈밴드의 공연. 필자는 몇 년 전 세종문화회관에서 이동기가 연주한 "When you wish upon a star"를 가장 훌륭한 재즈클라리넷 실황공연으로 기억한다. 우수에 가득 찬 그의 클라리넷은 원숙함이 넘쳐흐르는 멋이 있다. 4부에서 코코 브라더스의 보컬이었던 장우도 가세했고, 20여 년 전 대학 재학시절에 이동기 밴드의 보컬로 활약했다는 한 교수님은 고희공연 소식을 보고 달려와 20여 년 만에 재회를 하고 즉석에서 연습 없이 조지 거쉰의 섬머타임(Summertime)을 멋있게 불러재꼈다. 재즈가 즉흥의 예술이라는 것을 보여준 좋은 예였다.

특히 인상적인 것은 이동기 선생의 부인인 60년대 인기가수 조애희 여사가 자신의 왕년의 히트 곡 두곡("내 마음은 소녀"와 "사랑해 봤으면")을 재즈풍으로 불러줬다는 것이다. 고등학교를 졸업하자마자 스타덤에 오른 조애희는 당시 청순한 미모로 뭇 남성들의 인기를 한 몸에 받았는데, 배우자로 가난한 음악인인 이동기를 택해 항간의 화제가 되기도 했다. (인터넷에 들어가 조애희를 치면 그녀의 어린 시절 앳된 방송 모습 등이 올라와 있다.) 필자가 예전에 읽은 어떤 소설의 한 구절은 이렇게 시작했다. "우리 이모는 이미자나 조애희보다 더 노래를 잘 불렀다……." 아무런 음악교육이나 전문적 연습 없이 엉겁결에 KBS 전속가수가 되고 단번에 스타가 된 것을 보면 타고난 재능이 있었던 듯하다. 오랫동안 노래를 못 불렀을 텐데도 그의 노래는 아직도 구성진 가락이 살아있었다. 한국에서 재즈뮤지션으로 살아가는 것이 매우 힘들었는데, 조애희 여사는 결혼과 함께 은퇴하고 나서 이동기를 내조하느라 어려움을 많이 겪었을 것이다. 연습만하고 사는 남편을 보며 속상한 적도 많았다는 조여사의 말에, '마누라, 미안해~'를 연발하며 미안함을 표시하는 이동기 선생님의 얼굴이 해맑았다.

즐겁고 흥겨운 무대는 계속 됐다. 다른 1세대 뮤지션들과 수백 번도 같이 했을 재즈의 스탠더드 넘버들을 신나게 연주하면서 이날 공연이 끝났다. 올해 4월 1일 79세를 일기로 타계한 홍덕표의 능수능란한 트럼본을 더 이상 못 듣는다는 것이 아쉽게 느껴졌다. 이날 공연은 DVD로 제작돼(재즈파크 홈페이지 참조) 발매될 예정이다.

*삭막한 도심, 그것도 강남 한복판의 빌딩에서 이러한 문화행사가 무료로 행해지고 있다는 것 자체가 신선한 시도이고 언제나 수준 높은 공연이 매번 다른 컨셉으로 지속되는 것 또한 칭찬받아야 할 일이라고 생각한다. 이 공연을 나오면서 다음 달 공연이 기다려지는 것은 아마 필자만 느끼는 감정이 아니리라. 앞으로도 재즈파크가 계속 강남의 '문화 오아시스'가 되기를 기대한다. 이러한 수준 높은 음악회를 무료로 제공해주는 CMG와 신홍순 고문, 그리고 여러 협찬자들에게 고마운 생각을 느끼면서 연주회장을 나왔다.

(후기: 신홍순님은 이 글이 나온 이후인 2008년 예술의 전당 사장으로 임명됐다.)

[Seoul Spring Festival Newsletter] Vol.3 (2007)

짜릿한 상상 : 국립극장과 나

아마도 내게 첫 공연의 경험은 남산 국립극장이었던 듯싶다. 생긴 지 얼마 안 됐을 때 위용을 자랑하던 국립극장은 어린 내게 신천지로 보였다. 원래 어렸을 때는 모든 것이 커 보이는 법이지만 밖에서 보더라도 당시 국립극장은 위풍당당한 모습으로 기억된다. 빛바랜 컬러 사진에서 국립극장 안의 좌석에 앉아있는 모습이 찍힌 것을 보니 무슨 행사였던 것 같다.

그리고 첫 클래식 공연도 역시 남산 국립극장에서였다. 김만복 선생의 지휘로 서울 시립교향악단의 연주로 베토벤의 "에그몬트 서곡"이 연주됐던 것 같고, 당시 신동으로 이름났던 초등학교 동기인 손은수가 피아노협연을 했던 것으로 기억된다. 피아노라고는 도레미파솔라시도밖에 못 쳤던 나에게 동기인 어린 초등학생이 어려운 협주곡을 쳐가는 것을 보고 내심 경악했던 기억도 나고 처음 들어본 에그몬트서곡이 하도 웅장해서 그 곡목을 아직도 기억하고 있다. 남산 국립극장은 당시로서는 첨단의 대형 음악당이었던 것 같다. 남산이라는 천혜의 조건과 맞물려 아늑하고 쾌적한 인상을 주는 분위기 있는 장소였다. 그래서 나는 요즘도 국립극장을 갈 때는 고향에 오는 느낌이 든다. 어렸을 적 추억과 더불어 화려하지도 않고 한적한 분위기 속에서 포근한 감을 주기 때문에 그런 느낌이 생기는 것 같다.

이후 세종문화회관, 예술의 전당 등 초대형 연주장들이 생겨나서 국립극장의 위상이 떨어진 것은 사실이지만 다른 연주회장이 갖지 못하는 아우라가 아직도 존재하는 것 같다. 생각해보니 그래서 그런지 나는 20세기의 마지막 밤과 21세기의 처음을 국립극장에서 보냈다. 당시 개인적으로 아주 마음이 복잡하던 때라 20세기의 마지막 밤을 멋있게 보낼 생각은 없었지만 국립극장 멤버들이 송년의 밤을 하고 앞마당에서 달집태우기 등의 행사를 하니 같이 가자는 벗의 권유도 있고 해서, 그리고 또 장소가 국립극장이라는 말에 엉겁결에 송년을 거기서 보낸 기억이 생생하다. 그날 조금 늦게 합류한 신문 기자 후배가 러시아 대통령 보리스 옐친이 20세기의 마지막 밤에 영예로운 용퇴를 한다는 소식을 전해주어서 대국의 정치인은 뭔가 다르다는 생각을 했던 곳도 이곳이었다.

시일이 많이 지나 이제는 낡은 느낌을 주는 것이 조금 아쉬웠고 사람들의 관심으로부터 조금 멀어진 것도 역시 아쉬운 일이었다. 유명공연 유치가 많이 없었고 간혹 좋은 공연이 유치돼도 상대적으로 다른 음악당보다 관심을 덜 끌었던 것 같다. 예를 들어 작년 모스크바 국립 클래시컬 발레단의 <로미오와 줄리엣> 공연은 질적으로 우수한 공연이었는데도 음악·발레 팬들의 무관심 속에 지나갔던 기억이 새삼 든다. 그런데 국립극장이 내년부터 대대적인 보수에 들어간다는 반가운 소식이 들리니 79년에 생긴 세종문화회관의 대보수와 더불어 남산 국립극장이 강북권 문화의 새로운 메카로 거듭 태어나길 기대해본다.

몇 가지 제언을 하자면 요즘 공연장이 대형화 되는 추세인데 이것은 음향의 질이라는 측면에서 꼭 긍정적이지 만은 않다. 예를 들어 예술의 전당 오페라 극장은 오페라를 상연하기에는 다른 음향상태와 더불어 너무 크고 턱없이 천장이 높아 대단히 불만족스러운 음향을 제공하고 있으며 예술의 전당 콘서트홀이나 세종문화회관 역시 독주회나 독창회 또는 실내악을 하기에는 큰 느낌이 든다. 설립당시에는 대형공연장이었지만 현재 다른 공연장보다 아담한 사이즈인 국립극장은 오히려 이런 상태를 장점으로 전환시킬 수 있는 이점이 있다고 생각한다. 그리고 비슷한 맥락에서 보수를 할 때 음향에 큰 신경을 써야한다는 점 역시 강조하고 싶다. 우리나라에는 일본의 산토리 홀 (Santory Hall)처럼 음향사정이 빼어나기로 유명한 음악당이 없다. LG Art 센터조차 투명하고 깨끗한 울림을 가지고 있지만 질감이 부족하다는 결함을 가지고 있다. 다른 점이 조금 모자라더라도 이 부분의 대대적인 투자와 보수가 있다면 국립극장이 새로운 명소로 자리매김하고 청중들을 끌어들이는데 큰 도움이 되리라는 생각이다. 생각해보시라. 남산에 아늑하게 자리 잡은 "아담한 사이즈의 국립극장"이 음향시설이 빼어나 음악팬들과 발레팬들 연극팬들의 특별한 사랑을 받는 곳이 된다면…….

생각만 해도 짜릿한 상상이라 아니할 수 없다.

남산이전 30주년과 더불어 내년에 대보수에 들어가는 국립극장에 무궁한 발전과 영광 있기를 기대한다.

[월간 미르] 2003년 11월호 "미르 에세이"

소프트파워, 문화퓨전 그리고 매력국가

요즘 들어 많이 인구(人口)에 회자(膾炙)되는 말이 소프트 파워, 문화퓨전, 매력국가이다. "소프트 파워를 키워 문화의 힘이 넘치는 매력국가를 만들자", "퓨전문화가 강하다". 이런 얘기들은 요즘 언론지상에서 심심치 않게 볼 수 있다. 필자는 이글에서 이러한 세 단어를 중심으로 문화의 힘과 문화퓨전 현상에 대해 글을 풀어나가려 한다.

필자가 대학에 다니던 80년대 초반에는 "문화"에 대한 인식이 낮았던 시기였다. 경제력, 사회구조, 운동, 노동 이러한 단어들이 인기를 끌었지, 문화나 매력과 같은 단어들은 왠지 생경하게 들렸고 문화의 힘을 과소평가했던 시기였다. 그러나 2000년대는 바야흐로 문화의 전성시절을 구가하고 있다. "21세기는 문화의 세기가 될 것이다"라는 예언과 함께 문화의 중요성이 점차 강조되고 있다. 그 차이를 어떻게 설명할 것인가? 아마도 80년대는 마르크시즘의 영향이 대학가의 인식을 규정했기 때문이었던 것 같다. 일찍이 카알 마르크스(Karl Marx)는 "하부구조결정론"을 주장했다. 경제력과 경제관계라는 하부구조가 법, 정치체제, 사상, 종교, 문화와 같은 상부구조에 절대적인 영향을 미친다는 그의 생각은 그 이후 인간의 사고체계에 상당한 영향을 미쳤고, 특히 급진주의의 시대였던 우리나라의 1980년대는 그의 영향을 크게 받았던 시기였기에 문화의 가치에 대한 인식이 낮았던 듯싶다.

그러나 이러한 마르크스의 생각에 동의하지 않는 사람들이 그 이후 계속 나타났고 그 중 대표적인 것이 막스 베버(Max Weber)였다. 베버는 상부구조도 하부구조에 영향을 미칠 수 있다고 주장했고 특히 그의 대표작 중 하나인 『프로테스탄트 윤리와 자본주의정신』은 '개신교 윤리'라는 상부구조가 '자본주의'라는 하부구조의 형성에 영향을 미쳤다고 주장하기에 이르렀다. 이러한 베버의 논리는 그 이후 수많은 변주를 통해 표출됐다. 그 중 하나 언급하고 넘어갈 사람은 요즘 레저시대에 들어와 특히 각광을 받고 있는 네덜란드의 사상가 요한 호이징하(Johan Huizinga)이다. 그는 이미 고전이 된 그의 저서 『호모 루덴스: 놀이와 문화에 관한 한 연구』에서 인간은 기본적으로 놀기 위해 존재하는 '호모 루덴스(유희적 인간 또는 놀이의 인간)'이며 인간은 놀이를 통해 문화를 태동시키며 이러한 문화는 인간행동의 중요한 요소라는 논리를 폈다. 이러한 생각은 노동가치설의 신봉자답게 휴식(레저)이란 일을 잘하기 위한 재충전 과정으로만 파악한 마르크스의 생각과는 전혀 다른 것이었고 나름대로 상부구조의 중요성을 다른 형태로 피력한 것이라 하겠다.

이러한 논리는 그 이후에도 수없이 생겨났으며 현대에 들어와서도 예외는 아니었다. 가장 최근에 이러한 논리가 극대화 된 것은 '문명충돌론'으로 유명한 새뮤얼 헌팅턴(Samuel Huntington) 등이 펴낸 『문화가 중요하다: 문화적 가치가 인류발전을 결정한다』이다. 헌팅턴은 『저개발은 마음의 상태이다』라는 기념비적인 저작으로 '마음의 상태'라는 상부구조가 '저개발'이라는 경제적 하부구조의 절대적 원인임을 주장했던 경제학자 로렌스 해리슨(Lawrence Harrison)과 이 책을 공편했다. 헌팅턴은 "문화는 정말로 중요하다"라는 제목의 이 책 서문에서 20세기 중반 비슷한 경제수준을 가지고 있었던 남한과 가나라는 두 극빈국(極貧國)을 비교하고 있다. 오히려 사정이 더 나아보였던 가나가 그 이후에도 계속 저개발과 가난에 허덕일 때 남한은 비약적인 성장을 보여 현재 두 나라의 경제력이 현격한 차이를 보이는 것을 보며 헌팅턴이 내린 결론은 결국 두 나라의 문화적 토양의 차이가 이러한 차이를 낳은 결정적 요인이었다는 것이다. 예일대학교 사학과의 석좌교수인 폴 케네디(Paul Kennedy)도 『21세기 준비』라는 그의 베스트셀러의 한 장인 "개발도상권의 승자와 패자"에서 가나와 남한이라는 똑같은 예를 들며 그 격차의 원인을 문화의 차이에서 찾고 있다.

이렇듯 문화에 대한 재평가가 이루어지고 있는 가운데 문화의 힘과 중요성에 대한 결정적 논거를 제시한 것은 하버드대학의 조지프 S. 나이 (Joseph S. Nye)였다. 『강대국의 흥망성쇠』라는 저작에서 미국의 쇠퇴를 예견한 폴 케네디의 의견에 반대하는 논쟁을 통해 이미 80년대에 미국의 지속적인 상승세를 주장하고 또한 문화력을 그 중요한 이유 중 하나로 지목한 그는 최근 들어 『제국의 패러독스』, 『소프트 파워』와 같은 저작에서 문화를 위주로 한 소프트 파워의 개념을 정립시키며 그것을 인기어로 등극시켰다.

나이는 이 책들에서 군사력, 경제력으로 대변되는 하드파워(hard power, 강성(强性)권력)와 스스로 따르고 싶은 마음을 들게 하는 문화와 이념, 정책에서 나오는 힘인 소프트 파워(soft power, 연성권력)를 구분하고 미국은 이 두 가지 권력이 다 강한 국가였고 앞으로도 두 개를 조화시켜 '똑똑한 권력(smart power)'을 행사할 줄 알아야 한다고 권고했다. 또한 이러한 소프트 파워를 키워야 다른 국가들이 선망하는 매력국가가 될 수 있다는 생각은 우리나라에서도 얼마 전부터 부쩍 많이 나타나고 있다. 그 한 예가 21세기평화연구소가 펴낸 『평화포럼』지의 2005년 여름호인 "매력국가 만들기"이다.

사실 미국이라는 전대미문의 초강대국이 가지고 있는 힘의 원천 중 중요한 것이 소프트 파워였다. 일례로 할리우드의 영화들은 지구상에 감히 대적할만한 상대가 없으며 부지불식간에 '할리우드 키드'를 전 세계에 양산시키고 있다. 스타벅스, 코카콜라, 나이키와 같은 브랜드들은 세계의 트렌드를 결정짓고 있다. 반미감정이 강한 우리나라에서도 스타벅스가 성황을 이룬다던가, 미군부대에서 기습시위를 하는 한총련학생들이 나이키와 같은 미국 브랜드 신발을 신고 있는 모습들은 전혀 생소한 풍경이 아니다. 미국의 대학을 위시한 교육이라는 상품은 많은 세계인들의 선망의 대상이며 수많은 유학생들을 미국으로 유인하는 요인이기도 하다. 이렇듯 소프트 파워는 강제하지 않는 힘이라는 이점을 갖고 있다.

소프트파워의 다른 중요한 일면은 그것이 막대한 경제적 이익을 창출한다는 것이다. 그 예로서 많이 인용되는 것이 1992년 현대차의 수출량과 <쥬라기 공원>의 매출액이다. 92년 당시로서는 역대 최고의 흥행기록을 세운 스티븐 스필버그의 영화 <쥬라기 공원>의 그 해 매출액은 무려 8억 5,000천만 달러였다. 이 금액은 현대차의 150만대 수출량과 맞먹은 어마어마한 재화였는데, 92년 당시 현대차의 실제 수출량은 그 절반도 안 되는 64만대였다. 너무나 힘든 제조공정을 거쳐 차를 만들어 많이 팔아도 영화한편이 창출하는 부가가치에 못 미친다는 것은 문화상품의 가치를 인식시켜주는 계기였다. 다른 좋은 예는 이미 멤버 중 두 사람이 고인이 되고 70년에 해체된 록 그룹 비틀즈이다. 비틀즈가 1년에 벌어들이는 저작권료는 아직도 1억 3,000만 달러이다. 믿기 힘들만큼 많은 액수이다. "죽은 제갈공명이 산 사마중달을 이긴다"고 이미 존재하지도 않은 록밴드가 지속적으로 창출해내는 재화는 소프트 파워의 위력을 새삼 인식시켜주고 있다.

미국의 소프트 파워를 얘기할 때 언제나 나오는 우려의 목소리도 있다. 세계화 시대에 미국의 자본과 결합된 미국의 막강한 문화가 세계를 지배하지 않을까 하는 우려가 그것이다. 다른 말로 표현하자면 미국의 강력한 주류문화가 타 세계의 하부문화를 지배한다는 걱정이 있다는 것이다. 그러나 문화는 그렇게 단순한 존재가 아니다. 문화라는 것은 기실 살아있는 생물로서 다른 문화와 상호작용하며 융화되거나 갈등하며 결국은 새로운 형태를 띠고 다시 태어나는 존재인 것이다. 이미 예전에 토인비가 주장했듯이, 문명과 문화는 생명체로서 탄생, 성장, 쇠퇴, 소멸하는 존재인 것이다.

내가 어려서부터 많이 들어본 얘기 중 하나가 "우리의 독창적인 고유문화를 지켜내자"였다. 당시에는 그 얘기가 참 일리가 있어 보였으나 시간이 갈수록 그 주장의 타당성은 적어져갔다. 어떤 문화건 독창적인(original) 것처럼 보이지만 사실은 상호작용 속에서 퓨전돼 가면서 새로 형성되는 존재인 것이다. 한국의 대표적인 민속학자 김광언은 최근 나온 그의 저서 『동아시아의 놀이』에서 너무도 당연히 '우리의 것'이라고 여겨진 전통놀이 중의 대부분이 사실은 외부에서 들어온 것이라는 사실을 보여주고 있다. 예를 들어 그네·씨름·윷놀이·제기차기·팽이치기 등은 모두 중국에서 들어온 것들이었다. 강강술래는 중국 남부의 소수민족, 줄다리기는 동남아시아, 공기놀이는 서양, 숨바꼭질은 일본으로부터 전파됐다. 또한 우리 문화의 가장 근본이라 할 유교문화도 사실은 정착된 지가 그리 오래지 않다는 것도 이미 상식적인 얘기이다.

또한 세계화과정도 반드시 세계를 획일화·단순화시키지는 않는 것 같다. 독일의 인류학자들은 세계화가 전 세계에 미치는 영향에 대한 연구를 진행했고 그 결과는 얼마 전 우리나라에도 출간된 『춤추는 문화』란 책이다. 그들의 경험적 연구에 따르면 외부의 주류문화가 전통문화와 만날 때도 전통문화를 파괴하기보다는 융합해서 그 문화를 다양하게 한다는 것이다. 이러한 결론은 연구자들이 연구 전에 예측했던 결과와는 전혀 다른 것이었다. 즉 문화의 영역은 어떤 문화가 다른 문화를 공격하고 집어 삼키는 전쟁의 과정이라기보다는 뒤섞여 보편과 특수의 영역이 조화를 이룬다는 것을 봤을 때 세계화 과정은 문화지배라기보다는 문화퓨전을 촉진시킬 것이다.

이러한 문화의 퓨전성을 가장 잘 나타내는 예술장르가 바로 재즈다. 원래 흑인음악, 유럽음악(특히 프랑스 음악), 미국전통음악 등이 퓨전돼서 나타난 재즈는 그것이 외부로 수출되면서 그 지역의 전통문화와 다시 결합하는 모습을 보여 왔다. 브라질의 삼바와 합쳐져서 나타난 보사노바(Bossanova)는 이미 안토니오 카를로스 조빔(Antonio Carlos Jobim)이라는 대가의 탄생을 통해 세계 음악계의 무시할 수 없는 조류로 굳어졌고, 쿠바에 간 재즈는 그곳 음악과 결합해 아프로-쿠반 재즈라는 형태의 음악을 탄생시켰다. 심지어는 한국의 국악과 재즈가 퓨전되는 모습도 나타나고 있는데 이런 것을 선도한 것은 퇴근 "손기정 추모음반"을 펴내기도 한 독일의 유명 재즈그룹인 살타첼로(Salta Cello)였다.

사실 이민의 나라인 미국이 갖는 문화의 힘의 기저에는 이러한 퓨전성이 뿌리 깊게 자리하고 있다. 흔히 용광로(melting pot)라고 과장되게 표현되는 미국의 대중문화는 여러 이질적인 인종, 민족, 문화가 뒤엉켜 퓨전적인 경향이 강하다. 따라서 미국에서 성공하는 문화상품은 이미 보편성을 획득해서 세계시장에서 거의 예외 없이 성공을 거두고 있는 현상을 쉽게 볼 수 있다. 퓨전성이 미국 다음으로 강하다고 얘기되는 프랑스조차 세계시장에서 이러한 보편성을 획득하고 있지 못하는 것을 보면 미국 문화의 퓨전성이 갖는 위력을 쉽게 상상할 수 있다.

　한국이 소프트 파워를 키워 매력국가로 가는 데 있어서 유념해야 할 점이 몇 가지가 있다. 먼저 퓨전성을 키우기 위해 개방적인 사고를 가질 필요가 있다. 인종과 지리적인 요인 때문에 간혹 나타나는 폐쇄성은 한국이 진정한 매력국가가 되는데 큰 장애요인이 될 수도 있다. 다행히 이런 면에서 요즘 괄목할만한 인식변화가 있는 것은 다행이라 하겠다. 그리고 정부나 국민이나 문화의 중요성을 인식하고 문화강국이 되기 위한 노력을 경주하고 있는 것까지는 좋은데 소프트 파워를 창출시키는 중요 베이스가 순수 인문학에 있다는 것을 간과하는 경향이 있다는 것을 지적하지 않을 수 없다. 예를 들어 미국과 뉴질랜드에 많은 부가가치를 창출시켜 준 <반지의 제왕>이라는 영화 시리즈가 인기를 끌게 된 데에는 J. R. R. 톨킨이라는 중세 문학가가 그의 중세에 대한 지식을 기반으로 해 만든 오리지널 소설이 있었다는 사실을 잊지 말아야 할 것이다. 그러나 문화력의 진정한 토양인 순수 인문학을 고사시키는 우리나라의 현실을 생각하면 참담한 심정까지 든다.

[진리 자유] 2005년 가을호 (58호)

엘리아 카잔(Elia Kazan)과 매카시 狂風

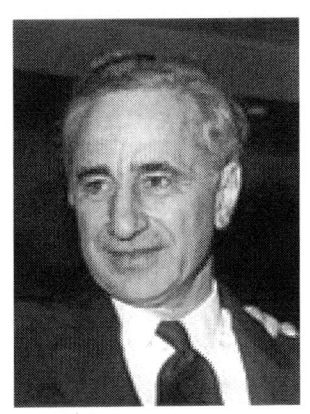

1999년 아카데미 시상식

위대한 영화감독 엘리아 카잔(Elia Kazan)이 어제 아흔 네살의 나이로 타계했다. 1999년 아흔에 뒤늦게 아카데미 시상식에서 평생공로상을 받으러 나올 때 관객의 반은 박수를 쳤고 (그 중 상당수는 기립박수였다), 반은 그를 환대하기를 거부했다. 특히 홀리 헌터와 닉 놀테 등이 팔짱을 끼고 앉아서 차가운 시선으로 카잔을 바라보는 장면은 필자의 기억에 강하게 각인돼 있었다.

<에덴의 동쪽>, <초원의 빛>, <워터 프런트>, <신사협정>, <욕망이라는 이름의 전차>의 명감독이자 브로드웨이 최고의 연기

지도자이자 연출가로서 제임스 딘, 워렌 비티, 말론 브란도, 로버트 드니로 등을 키워냈던 그는 왜 이런 상반된 대접을 받아야만 했던가?

그는 터키 이스탄불에서 태어난 그리스인 이민자의 아들이었다. 당시 터키에는 많은 그리스인이 그리스에는 많은 터키인들이 살고있었다. 1차세계대전 이후 양국이 상호 추방전을 벌였던 것은 이러한 배경이 있었던 것이다. 다행히 추방전이 일어나기 전에 미국에 이민온 그의 부모덕에 그는 평탄히 미국 예술계의 거장이 됐던 것이다.

그러나 그의 화려한 인생은 한 번의 커다란 전기를 맞게 되니 그것이 매카시 狂風이었다.

1950년 2월 위스컨신주 출신 상원의원이었던 조 매카시는 "국무성 안에 205명의 공산주의자가 있다"는 폭탄선언을 하게 되고 이후 미국에서는 "빨갱이 때려잡기"라는 마녀사냥이 벌어진다. 매카시 광풍은 분야를 가리지않았다. 트루먼 대통령, 딘 애치슨 전 국무장관, 조지 마샬 전 국무장관까지 피해를 입었으니 다른 사람들은 더 말할 필요도 없었다. 이러한 광풍은 연예계도 예외는 아니었고, 많은 예술가들이 공산주의자, 또는 공산주의 동조자라는 죄목으로 인고의 삶을 살아야 했다.

30년대 공산당원이었던 카잔에게도 시련은 왔다. 그는 52년 의회에서 공산당원이었음을 고백하고 동료 예술인 중 과거 공산당원이었던 사람들의 이름을 실토하기에 이른다. 그의 실토로 많은 예술인들이 어려움을 겪었고 그에게는 '배신자'라는 낙인이 평생 따라다녀야 했다.

그의 행동을 옹호하기 위해 만든 말론 브란도의 <워터프런트>, "반항아"의 아이콘이 돼 버린 제임스 딘의 <에덴의 동쪽>, 그리고 워렌 비티와 나탈리 우드를 청춘 심벌로 만든 <초원의 빛>, 반유태주의를 비판하는 <신사협정>. 하나같이 영화사상에 찬연히 빛나는 걸작을 만들어낸 그도 시대의 흐름 속에서 상처를 입을 수밖에는 없었던 것이다.

광대와 같은 선동가 매카시가 50년 의회에서 흔들어 댄 소위 "국무성의 공산주의 동조자 리스트"에는 사실 아무것도 없었다고 한다. 그러나 그는 시대분위기를 이용해 한동안 막강한 권한을 가졌고 그 분위기 속에서 훗날 미국 대통령이 되는 리처드 닉슨이 하원에서 성장해 갔다.

매카시 광풍은 미국역사의 치욕으로 평가돼 왔다. 하지만 최근 미국에서는 "매카시의 주장은 과장됐을 뿐이지 진실에 근접했었다"라고 주장하는 책이 큰 주목을 끌기도 했다.

사상대립과 체제경쟁의 시대였던 냉전시대에 대한 평가는 아직 학계의 큰 숙제로 남겨져있다. 카잔이 자신의 지위를 보전하기 위해 동료를 배반한 배신자인지? 아니면 <워터프런트>에서 말론 브란도가 외친 "난 내가 한 일을 후회하지 않는다"라는 대사처럼 한 때의 사상적 방황을 반성하며 신념에 찬 폭로를 한 것인지? 아니면 그 둘 다인지? 아직도 역사의 평가는 내려지지 않고 있다.

[업코리아] 2003년 10월 1일

전위예술의 가능성과 한계 :
백남준 예찬과 미래주의의 본질XXX

관객들이 무대를 옮겨 다니면서 보는 공연예술

캐나다의 명작영화 <몬트리올 예수>를 보면 나오는 장면이다. 필자는 이 영화를 본 이후 이러한 컨셉의 공연예술을 보고 싶어 했다. 재일교포 연극인들로 구성된 '양산박'이라는 극단이 그러한 것을 시도했다는 것을 알고는 있었으나 당시 유학 중이라 그것을 볼 기회는 없었다.

그런데 9월 18일과 19일, 21세기 악회와 독일의 문화단체인 EarPort가 공동 주최하는 음악극이 토탈 미술관에서 공간과 공간으로 이동하며 진행된다는 얘기를 듣고 많은 기대를 했다. "공연예술, 무대를 떠나 새로운 공간으로"라는 캣치 프레이즈 하에 미술관에서 열리는 새로운 형식의 공연. 구미가 아니 당길 수 없었다.

예상보다 훨씬 많은 관객들이 모인 가운데 (그래서 필자는 두 시간 꼬박 까치발로 서서 공연을 봐야 하는 괴로움도 함께 맛봐야 했다), 1부 백남준 예찬에서는 존 케이지, 심근수, 브레히트와 같은 전위예술가들의 음악과 극이 이어졌으며, 2부 미래주의 본질×××(futuressence ×××)도 역시 덜 알려진 전위 예술가들의 작품이 혼재된 전위적인 음악극예술이었다.

공간과 공간을 이동한다는 광고는 사실 좀 과장된 측면이 있었던 것 같다. 1부와 2부의 무대가 변화돼서 관객들이 이동한 것밖에는 진정한 이동은 없었으니까.

공연자체에 대해 얘기하자면 이날 공연은 소위 아방가르드 예술 (전위예술)의 한계와 가능성을 공히 보여주었다고 요약할 수 있겠다. 전위예술은 그 독특함으로 인해 사람들에게 큰 흥미를 끄는 장점이 있다. 그러나 기존의 정형화된 예술의 한계를 넘어서는 시도자체는 매우 신선하지만 난해하다는 근본적인 한계를 벗어나기는 어려운 것이 이 장르의 특징이다.

음악과 행위예술이 합치된 이날 공연에서 특히 필자의 관심을 끈 것은 공연예술에서의 후각을 자극하는 '향기의 이용'이었다. 1부에서 심근수씨가 여러 음료수를 자기 몸에 붓는 과정에서 나오는 여러 가지 향취들이 공연장을 메울 때, 그리고 2부에서 여러 야채들을 난도질하는 과정에서 공연장 그득히 야채의 싱그러운 내음이 후각을 즐겁게 하는 부분 등이 시각과 청각을 넘어선 새로운 감각기관의 충족이라는 측면에서 새로운 가능성을 제시했다

그러나 과도한 불협화음의 사용, 난해함을 넘어선 기괴함이 주는 당혹성 등 전위예술의 특성 때문에 대중에 파고들기 힘든 근본적인 한계도 이날 공연은 같이 노정시켰다. 한번 보기에는 흥미있지만, 비록 다른 연출가에 의한 공연이라 할지라도 다시 보기에는 괴로울 것 같은 느낌은 예술이 갖는 영속성이라는 측면에서 많은 의문을 제기했다. 혼란스러운 가운데 얼얼해진 마음과 다리를 함께 부여잡으며 미술관을 나서며 많은 생각이 스쳐갔다,

일단 아방가르드 예술은 극히 소수의 추종자를 가질 수밖에 없다는 생각이 새삼 들었고, 두 번째 든 생각은 이 공연의 주장인 공연

예술이 음악당이나 연극무대를 떠나 주위의 미술관이나 다른 공간에서도 이루어 져야 한다는 취지는 매우 긍정적인 메시지를 던진 것이라 할 수 있겠다. 굳이 아방가르드예술이 아니더라도 전통적인 일반 공연예술도 이러한 시도를 해야 한다는 점에서 그리고 비록 매우 제한적으로 이루어졌지만 관객들이 공간을 이동하면서 공연예술을 즐기는 컨셉의 시도는 기존 공연예술계가 적극적으로 벤치마킹해야 할 사안이 아닌가 한다.

[업코리아] 2003년 9월 19일

사진 산문집 『파리의 투안 두옹(Paris, Tuanh Duong)』

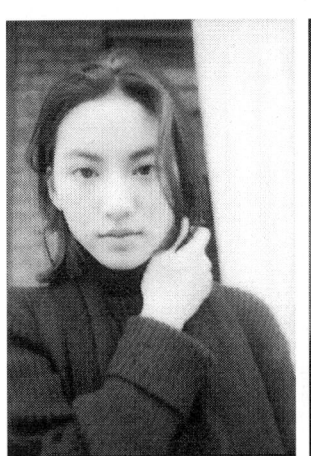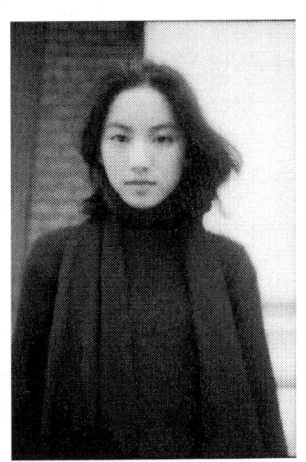

사진, 김상수 제공

극작가, 연출가, 설치미술가인 전방위 예술가 김상수는 대종상 각본상(학생부군 신위) 수상자이자 지난 4월 일본 동경에서 연극 <섬, 島, isle>을 일본스탭, 일본배우들과 일본어로 공연해서 화제를 모은 사람이다. 그가 차린 Kim Art Institute Publishing (김 아트 인스티튜트 퍼블리싱, www.kimsangsoo.com)이 첫 번째 책으로 낸 것이 사진 산문집 『파리의 투안 두옹』이다.

저자는 이미 1998년 동아일보에서 동명의 책을 낸 바 있다. 그 책은 1995년 파리에서 있었던 김상수의 미술전시 중에 비디오아트에 출연했던 베트남계 프랑스 소녀 '투안 두옹'의 7년전 18세의 모습을 담고 있었다.

95년 1월 개선문 지하 샤를르 드골 지하철 역 6번 플랫폼.

파리 전시회를 앞둔 김상수의 눈에 한 미모의 동양계 소녀가 비쳤다. 우연히 길에서 만난 베트남계 프랑스 소녀를 모델로 프랑스문화와 젊음에 대한 탐구를 했던 저자는 7년의 시간이 흘러 2002년 여름, 20대 중반으로 변모한 '투안 두옹'의 모습을 작가가 직접 사진을 찍고 그 사진들을 배경으로 해서 산문을 쓴 내용이다. 새 책의 1부는 18세 때 모습, 2부는 이십 중반의 모습을 주제로 하고 있다.

저자는 투안 두옹이라는 사람을 통해 그 개인이 가지고 있는 '아우라'와 더불어 그녀를 둘러싸고 있는 문화를 파악하려 노력했다고 한다.

1부의 사진들은 흑백모노톤으로 처리하면서 해상도를 98년판보다 더 흐리게 처리해서 시간의 흐름을 표현하려 했다. 반면 2부에서는 7년 후 의대를 졸업하고 성형외과 전문의가 되기 직전의 (현재는 전문의이다) 그녀의 모습을 프랑스의 일상적이거나 특별한 풍경들과 같이 칼러사진으로 포착하면서 한 인물의 변모과정도 보여주려 하고 있다. 한없이 맑게 보이는 소녀에서 성숙한 여인으로 변모된 그녀의 사진들만으로도 이 책은 보는 재미가 있다. 전문모델과는 사뭇 다른 풋풋함과 생생함이 잘 살아있는 듯한 느낌이다.

또한 현란한 사진들과 더불어 필자의 프랑스문화를 통해본 한국문화 비판은 스피디한 문체와 더불어 깔깔한 맛을 내고 있다. 그의 베트남계 프랑스 소녀/여인을 주제로 한 "프랑스 문화를 통해 본 한국사회 들여다보기"는 저자 특유의 산성(酸性)의(acid한) 수필과 아름다운 사진예술, 그리고 약간의 이국취향(exotism)이 결합된 흥미 있는 책이다.

참고로 이 책은 일본에서 번역출간 될 예정이고 시세이도사가 이 책의 모델인 "성형외과 전문의 투안 두옹"을 전속모델로 초빙하고 싶은 계획이 있다는 후문이다.

(후기: 이 사진들은 2004년 5월 5일~5월 18일, 인사동 가나아트센터에서 전시됐었다.)

[업코리아] 2003년 10월 09일

어느 호모 루덴스의 음악사랑 이야기

"저는 일을 잘하기 위해 여가를 즐기는 것이 아니라 여가를 잘 즐기기 위해 일을 합니다. 즉 제 인생은 여가 자체입니다."

내가 속해 있는 여가문화학회 모임에서 자기소개를 하면서 한 말이다.

네덜란드의 명사상가이자 역사학자 요한 호이징하(Johan Huizinga 1872∼1945, 하위징아)는 요즘도 꾸준히 팔리는 스테디셀러인 『호모 루덴스: 놀이와 문화에 관한 한 연구(1938)』라는 명저(名著)를 썼다. 그는 이 책에서 인간은 기본적으로 놀기 위해 존재하는 '호모 루덴스(Homo Ludens)', 즉 '유희적 인간' 또는 '놀이의 인간'이라는 주장을 폈다. 인간이 다른 동물과 다른 본질은 놀이를 하는 것이고, 한편으로 인간은 놀이를 통해 문화를 태동시키며 이러한 문화는 인간 행동의 중요한 요소라는 것이다. 이러한 생각은 노동가치설의 신봉자답게 휴식(레저)을, 일을 잘하기 위한 재충전이라 파악한 카를 마르크스(Karl Marx)의 생각과는 전혀 다른 것이었다.

내가 인생에서 제일 좋아하는 것은 나의 천직인 가르치는 것과 공연예술을 통해 여가를 즐기는 것이다. 원래 전공인 역사, 문명 이외에도 공연예술에 대한 과목을 가르치고 있고, 또 음악, 연극, 영화, 스포츠 등을 즐기며 그것들에 대해 글을 쓰는 것이 내 일상의 일부분이기도 하니, 나야말로 호이징하가 얘기한 진정한 '호모 루덴스'가 아니겠는가?

감수성이 유달리 예민했던 어렸을 적 사랑에 빠진 음악과 영화는 지금까지 나의 삶을 윤기 있게 해준 소중한 활력소였다. 취학 전인 어린 시절, 태어나서 처음 부모님 손을 잡고 영화관에 가서 본 영화는 '사운드 오브 뮤직'이었다. 영화의 건강하고 청순한 여주인공 줄리 앤드류스를 중심으로 벌어지는 음악과 극의 향연에 뜻도 제대로 모르고 넋을 잃고 보았던 기억이 생생하다. 아마도 내가 음악과 사랑에 빠진 데에는 이 영화가 결정적인 역할을 한 듯하다. 그 이후 이 영화는 몇 십 번을 봤는지 모를 정도로 여러 번 봤지만 볼 때마다 즐겁다. 작년 봄에는 가족과 함께 이 영화의 무대였던 오스트리아의 잘츠부르크를 여행했다. 미라벨 정원, 쉔브른 궁전, 그리고 잘츠부르크 시내같이 '사운드 오브 뮤직'의 장면이 찍혀진 곳들을 방문하면서 옛 추억을 회상하기도 했다.

초등학교 고학년 시절부터 나의 마음을 사로잡은 것은 고전음악이었다. 레코드판으로 들은 마리아 칼라스, 안나 모포, 군둘라 야노비츠, 프랑코 코렐리와 같은 성악가들의 목소리, 지휘자 카를 뵘과 헤르베르트 폰 카라얀, 피아니스트 아르투르 루빈슈타인과 블라디미르 아슈케나지와 같은 대가들의 연주들은 나를 마법의 세계로 인도했다.

그리고 부지런히 찾아다닌 음악회에서 들은 유진 오먼디의 필라델피아 사운드와 콜린 데이비스 지휘/로얄 오페라단의 마술피리, 그리고 전성기의 빛났던 호세 카레라스의 카바라도시(토스카의 남자주인공)를 찬미했던 것이 초등학교, 중학교 시절과 고등학교 초반이었으니 돌이켜보면 나는 그런 면으로 참 조숙했던 청소년이었던 것 같다.

특히 까까머리 중학생 때 세종문화회관 개관기념으로 초청된 필라델피아 오케스트라의 유려한 음향이 준 감동은 아직도 마음에 아련하다. 당시 레퍼토리가 바르토크의 '현과 타악기와 첼레스타를 위한 협주곡', 레스피기의 '로마의 소나무', 그리고 스토코프스키가 관현악으로 편곡한 바흐의 '파사칼리아와 푸가'라는 상당히 어려운 곡들이었다. 오늘날까지 수없이 많은 음악회를 갔지만, 그날의 감동을 넘어설 만한 공연은 아직까지 없었다. 그래서 어렸을 적 풍부했던 감수성이 퇴화되어 이제는 감성이 메말라 가는 것이 아닐까 하는 걱정까지 든다.

고전음악뿐만 아니라 비틀즈, 비지스를 위시한 팝송, 앙리코 마시아스와 같은 프렌치 샹송, 청명한 음색의 질리오라 칭케티 등의 이탈리안 칸초네를 들으며 세계의 문화를 간접 경험하는 기쁨도 누렸다. 루이 암스트롱의 재즈, 앤드류 로이드 웨버의 '지저스 크라이스트 수퍼스타'와 같은 뮤지컬, 송창식과 산울림으로 대표되는 한국 가요와 같은 대중음악도 못지않게 즐겼다는 사실을 빠트릴 수는 없겠다.

나는 대중음악이 고전음악보다 열등하다고는 생각하지 않는다. 다만 좋은 음악과 그렇지 않은 음악이 있을 뿐이라 생각한다. 불완전한 인간들이 사는 이 불완전한 세상에서 장르가 무엇이건 아름다운 음악만큼 완벽한 존재가 또 있을까?

이제 추운 계절이 지나가고 만물이 생동하는 봄이 우리를 기다린다. 유난히 추위를 타는 체질인 내가 움츠렸던 몸과 마음을 펼칠 시기이다. 따뜻한 봄바람이 부는 이 계절에 음악회를 더 부지런히 다닐 생각을 하며 벌써부터 기분이 좋아지는 것을 보니 나는 어쩔 수 없는 호모 루덴스인가 보다.

당선소감

어렸을 적부터 문학은 음악과 더불어 내 인생의 동반자였다.

유난히 병약하고 감수성이 예민한 소년은 자녀교육에 관심이 많은 부모님과 연배가 위인 네 형제 덕분에 집에 좋은 책들이 많았기에, 나이에 걸맞지 않은 독서를 마음껏 할 수 있었다.

집에 있는 책들을 손에 잡히는 대로 읽었기에 체계적인 독서는 아니었지만 그때 읽은 소설, 시, 역사서, 사상서, 수필 등은 훗날 나에게 큰 도움이 됐다.

중고등학교 국어 수업시간에 단편적으로 읽은 이양하, 피천득, 찰스 램의 글들은 나를 단아한 수필의 세계로 인도했다. 문학이면서 자신의 일상을 담담히 적어나갈 수도 있고, 약간은 무거운 사회비평도 할 수 있는 수필의 세계는 진정 매력적인 것이었다. 그래서 요번에 등단 심사작들도 경수필(미셀러니)과 중수필(에세이)을 같이 제출했었다.

하교 후 집에 오는 길에 서점에 들러 사서 읽었던 수필집들은 아직도 기억에 생생하다. 「페이터의 산문」, 찰스 램의 「엘리아 수필집」, 칼 힐티의 「잠 못 이루는 밤을 위하여」, 그리고 마르쿠스 아우렐리우스의 「명상록」은 읽고 또 읽고 했던 책들이라 특히 기억에 남는다. 이러한 글들은 내가 학창시절 열심히 읽었던 주요 일간지의 여러 논객들의 시론들과 함께 나의 글쓰기의 모범이 됐고, 근년에 내 자신이 일간지에 칼럼을 쓸 수 있는 자양분이었다. 앞으로도 계속 수필을 쓰면서 한편으로는 사회비평을 해나가고, 다른 한편으로는 인생을 관조하는 삶을 살고 싶다.

등단을 허락해 주신 『수필춘추』에 감사드린다.

심사평

추천인: 서정범, 정동화, 이현복

강규형님의 응모작 <어느 호모 루덴스의 음악사랑 이야기>, <보

험사기와 대중의 반역>, <다시 노벨상을 생각한다> 세 작품을 읽고, 작가의 현상(現狀)에 대한 통찰력과 자아를 바라보는 눈이 남다름을 느꼈습니다. 문장이나 구성이 수준 높은 것은 오랜 문자생활을 한 결과라 봅니다.

그중에서도 음악을 통한 자아발견, 자아실현의 과정을 보여주는 <어느 호모 루덴스의 음악사랑 이야기>를 추천작으로 선정하였습니다. 이 작품의 마무리 "……나는 어쩔 수 없는 호모 루덴스인가 보다."는 불완전한 세상에서 자기구원을 암시하는 여운을 줍니다.

작가가 문학을 통하여 세상의 은밀함을 나타내고, 누구도 말할수 없는 것을 말할 때 인간의 삶은 새로워집니다. 이 점이 문학이 존재하는 이유입니다.

강규형 님은 이미 학계와 예술계에서 많은 성과를 내놓은 중견학자입니다. 수필문단의 또 다른 출발점에서, 서정수필과 서사수필을 아울러 쓸 수 있는 작가와의 만남을 기쁘게 생각합니다.

몸으로 익혀온 예술 감각과 시공을 초월하는 영감으로, 계속 좋은 작품을 쓸 수 있으리라 기대합니다.

[수필춘추] 2008년 봄호 신인 당선 및 등단작

03

스포츠

야구 돔구장 건립, 더 이상 공수표 안 돼야

필자가 박사과정에서 수업을 들었던 찰스 알렉산더(Charles Alexander) 교수는 미국 지성사의 석학이면서 동시에 야구 전문가이기도 했다. 『미국 야구사』와 『타이 콥(전설적인 안타제조기) 평전』 등 수많은 야구 관련 명저를 저술했다. 수업 중에 "야구의 인기와 문명의 정도는 정비례한다", "미국 문명의 쇠퇴는 미식축구의 인기가 야구의 인기를 능가하는 데서도 알 수 있다"고 언급하자 야구를 하지 않는 나라인 영국 학생이 이의를 제기해 격한 토론이 이어졌었다. 두 가지 스포츠를 다 좋아하는 필자로서는 미소를 머금은 채 두 사람의 토론을 지켜봤던 기억이 새롭다.

축구는 이해하기 쉽고 가장 야성적인 구기 종목으로 알려져 있다. 우리나라에서는 국제경기에서 가장 높은 인기를 누리고 있다. 반면 국내경기에서 압도적 인기를 얻고 있는 야구는 가장 지적(知的)인 구기 종목으로 룰이 복잡하고 경기 전개가 아기자기해 사전지식이 있어야 제대로 즐길 수 있다. 그래서인지 세상에는 야구를 하는 나라가 많지 않다. 야구가 최근 올림픽 종목에서 탈락한 이유도 그것이었다.

한국인의 지적 수준이 높아서인지는 모르겠지만, 현재 야구의 인기는 하늘을 찌르고 있다. 올림픽 금메달, WBC 준우승에 이어 올해

프로야구는 정규시즌 최다관중 동원(592만 명)을 달성했다. 포스트 시즌도 성황리에 진행됐고(41만 명), 한국 시리즈도 7차전 명승부 끝에 기아 타이거즈의 우승으로 마무리됐다. 성적과 상관없이 언제나 최고 인기구단인 롯데 자이언츠는 홈관중 동원 138만 명을 기록하는 기염을 토했다.

그런데 타이거즈는 홈관중 동원이 58만 명에 그쳤다. 광주의 야구 열기가 부산만 못해서가 아니고 무등구장의 수용인원이 1만 3,000명밖에 안 돼 그런 것이다. 게다가 1965년에 건립돼 안전상의 문제도 있다. 다른 몇 개 구장의 상황도 비슷하다. 대구 · 대전구장도 협소하고 노후해 각각 1만 명밖에 수용하지 못하고, 안전진단에서도 B등급을 받았다. 한국의 대표적인 구장인 잠실야구장(82년 개장)은 아예 C등급을 받아 충격을 줬다.

WBC 이후 돔구장에 대한 논의가 계속되고 있다. 돔구장에 익숙지 않았던 김광현이 굉음이 울리는 5만 5,000명 수용의 도쿄돔구장에서 난타당하는 모습은 애처로움을 느끼게 했다. 날씨와 상관없이 야구를 즐길 수 있는 돔구장이 건립된다면야 좋겠지만, 현실은 돔구장 이전에 낙후하고 협소한 구장을 대신할 번듯한 구장이라도 건립해야 할 상황이다. 미국 프로야구가 연 7,000만 명대, 일본 프로야구가 연 2,000만 명대의 고정관중을 갖고 있는 이유는 그것을 받쳐주는 인프라가 구비돼 있기 때문이다. 관중 600만 명대에 진입한 한국 프로야구는 거기에 어울리는 인프라를 갖추고, 일정한 고정관중을 확보해야 하는 숙제를 갖고 있다. 그러나 광주의 경우만 보자면 선거 때만 되면 새 구장 건립을 약속하고, 결과는 언제나 흐지부지였다. 광주시민들은 위대한 전통을 가진 타이거즈의 명성에 걸맞은 구장에서 야구를 즐겨야 한다.

포퓰리즘에도 좋은 포퓰리즘과 나쁜 포퓰리즘이 있다. 예를 들어

무리하게 공항건설을 추진한 실세들의 이름을 따서 "한화갑공항"이라는 오명을 가지고 있는 무안공항(이용률 2.5%)과 "유학성공항"이라는 비난을 듣는 예천공항(완전 폐쇄)은 수천억, 수백억 예산 낭비의 전형이고 나쁜 포퓰리즘(populism)의 상징이다. 훌륭한 구장 몇 개를 건립하고도 남을 돈이다. 진정으로 시민들이 이용하고 즐기는 야구장을 건립하는 것은 제대로 된 포퓰리즘이다. 새 야구장 건립을 차일피일 미루며 수많은 야구팬의 행복권을 박탈하는 것은 정치공학적인 측면에서도 어리석은 일일 것이다. 한국야구는 합당한 대우를 받을 권리가 있지 않은가. 광주에 돔구장을 건설한다는 발표가 또 있었으나, 아직은 MOU 수준이라고 한다. 이 약속이 예전처럼 공수표가 안 되기를 바랄 뿐이다.

[중앙일보 시론] 2009년 10월 30일

"축구는 축구로서 즐겨라"

　내가 축구를 좋아하게 된 계기는 1970년 멕시코 월드컵이었다. 병약하고 감수성이 예민한 소년은 녹화 방영된 이 대회의 멋진 경기들을 뒤늦게 보면서 축구의 마력에 빠져들었다. '걸어 다니는 월드컵 백과사전'으로 불리는 카를 하인츠 하이만(82) "키커지" 발행인을 비롯한 축구전문가들은 역대 최고의 월드컵으로 1970년을, 역대 최고의 팀으로 이 대회 브라질 팀을 꼽는 데 주저하지 않는다.

　또한 "월드컵 역사상 최고의 명승부는?"이라는 질문에 1970년의 세 경기가 빠지는 경우를 보지 못했다. 브라질과 이탈리아의 결승전, 브라질과 잉글랜드의 예선전, 그리고 젊은 프란츠 베켄바우어가 골절된 팔에 붕대를 감고 연장 투혼을 발휘한 서독과 이탈리아의 준결승전이 그것이다. 이번에도 이탈리아와 독일은 준결승전에서 연장전 명승부를 다시 연출했다.

　이 중 필자는 펠레가 이끄는 브라질과 역대 가장 빼어난 골키퍼 중 하나인 고든 뱅크스가 속한 잉글랜드 간에 벌어진 예선전을 역사상 가장 위대한 경기로 평가한다. 펠레, 자이르지뉴, 토스탕과 같은 초특급 브라질 공격수들의 파상공세를 기적과 같은 선방으로 막아낸 뱅크스의 신들린 듯한 플레이가 특히 기억에 남는다. 밀물과 썰물이 자연스럽게 교체되듯 물 흐르듯이 진행되는 가운데 건강한 격렬함이 가미된 이 경기는 축구라는 야만적인 스포츠가 우아한 '예술'이 될 수도 있다는 것을 증명해 보였다.

그러나 아쉽게도 1974년 서독 월드컵을 기점으로 축구가 타락하기 시작했다. 우선 지지 않는 수비 위주 전략이 득세했다. 이기기 위해서 반칙도 마다않는 행태도 점점 심해졌다. 1982년 스페인 월드컵에서 (미셸 플라티니의) 프랑스와 (카를 하인츠 루메니게의) 서독의 준결승 명승부와 같은 몇몇 경우를 제외하고는 (물론 이 경기에서도 서독 골키퍼 토니 슈마허의 혐오스러운 반칙이 있었다) 월드컵에서 진정한 아름다움과 재미는 사라져갔다. 특히 3, 4위전은 물론이고 결승전은 으레 재미없기 마련이었다.

최악의 예는 1990년 이탈리아 월드컵에서 독일과 아르헨티나의 결승전이었다. 실력이 처지는 아르헨티나의 '비기고 보자식' 공 돌리기와 반칙이 난무했던 이 추악한 경기를 보면 축구의 미래가 없어 보였다. 다행히 백태클, 오프사이드, 백패스 등에 관한 경기 룰의 비약적 발전으로 야비한 반칙행위에 대한 제재와 원활한 경기진행이 촉진돼 경기수준이 많이 나아지고 있다. 예를 들어 2002년 한일 월드컵은 결승전을 포함해서 전반적인 경기의 수준이 그런대로 높은 편이었다.

한국선수들은 2006 독일 월드컵에서도 사력을 다했고 표면상으로는 어느 정도 성과를 올렸다. 그러나 전반적인 경기 수준은 다소 실망스러웠다. 패한 스위스전에서의 경기력이 이기거나 비긴 앞서의 두 경기보다 그나마 나았다. 그동안 한국축구에 대한 팬들의 기대와 열정은 높았지만 경기력은 그만큼 따라오지 못했다. 2002년에 개최국으로서 체면을 살리기 위해 거스 히딩크라는 '족집게 고액 과외교사'를 채용해 큰 효과를 봤으나, 그러한 방식도 이제 한계에 다다랐다. 부유층 자제가 족집게 과외로 명문대에 가는 데 성공했더라도 막상 대학에 들어와 진짜 실력이 모자라면 교수들과 동료들에게 낮은 평가를 받는다.

한국축구에는 근성과 스피드, 그리고 끈끈함이 있지만 아직 '아름다움'은 결여돼 있다. 창조적인 면이 결여된 기계적이며 도식적인 플레이는 마치 '노동집약형 산업'을 보는 듯하다. 이번 월드컵에서 세계의 축구팬들이 코트디부아르와 트리니다드토바고에 대해 찬사를 보내고 있다. 그들이 비록 좋지 못한 성적으로 예선 탈락했지만 수준급의 경기력을 보였기 때문이다. 떠나는 딕 아드보카트 감독이 조언했듯이 한국축구는 "국제경험을 많이 쌓아 경기력을 향상"해야 하는 숙제가 있다 하겠다.

그리고 팬들도 축구를 진정으로 즐기기보다는 승패에 과도하게 집착하며 지나친 스포츠 애국주의를 종종 드러낸다. 또한 응원문화의 무질서와 월드컵의 상업화도 우려할 수준에 다다랐다. 이제 우리나라는 축구와 월드컵에 올인하는 과열상태에서 벗어나 진정한 경기력 향상과 건전한 응원문화의 정착에 신경 써야 하지 않을까. 그런 의미에서 독일 월드컵 개시 직전에 히딩크 감독이 우리에게 준 충고는 적절하다 하겠다.

한국인들이여, "축구는 축구로서 즐겨라."

[동아일보 동아광장] 2006년 7월 10일

[내 마음속의 별] "찼다 하면 차범근" :
골목축구 꼬마들의 영웅 '백넘버 11'

강규형 교수의 '영원한 삼촌' 차범근

독일서 활짝 핀 '차붐'은 우리시대의 서구 콤플렉스를 날려주었으니… 종횡무진 차범근.

초등학생인 나의 두 아들은 차범근 축구교실에서 축구를 배웠다. 나를 닮아서인지 축구를 무척 좋아하지만 역시 아비를 닮아 축구실력은 그저 그렇다. 그런데도 장래 희망을 물으면 둘 다 축구선수란다. 하긴 나도 어렸을 때 차범근 선수를 보면서 축구선수가 되고 싶다는 터무니없는 꿈을 잠시나마 꾸었으니 그 치기를 탓할 일도 아니리라.

1970, 80년대에도 축구 열기는 지금에 못지않았다. 문제는 축구실력이 세계수준과 현격한 격차를 가지고 있었다는 점이다. 문전처리 미숙과 체력 저하에 따른 뒷심 부족은 고질이었다. 이 시절 한국 축구에 불세출의 스타가 나타났다.

국민 대다수가 아직은 잘 못 먹고 헐벗던 1970년대 초반에 차범근은 만 19세로 역대 최연소 국가대표가 됐다. 놀라운 스피드와 발군의 돌파력, 빼어난 슈팅, 지칠 줄 모르는 체력, 타고난 성실성, 폭발적 헤딩으로 한 시대를 풍미했다. 나에게 그의 '백넘버(등번호) 11'은 100m를 11초대에 주파하는 무서운 스피드를 나타내는 표지였다.

2006 독일 월드컵 취재진에 제공된 '질레트 미디어 통계책자'가 세계 각국 선수들에 대한 평가를 하면서 차두리 선수에 대해 언급한 부분은 나를 미소 짓게 만들었다. "아버지에게서 신체적인 장점은 물려받았지만 불행하게도 골 넣는 솜씨는 물려받지 못했다."

솔직히 차두리 선수뿐이겠는가. 우리나라 역사상 차범근 선수에게 미치는 공격수는 단 한 명도 없었다. 필자는 초등학생시절부터 아시아 무대가 좁다며 종횡무진 그라운드를 휘젓는 그를 보며 열광했다. 답답한 한국 축구에 구세주처럼 나타난 해결사의 모습은 그를 축구에 관해서는 뭐든지 할 수 있는 신처럼 보이게 했다.

"찼다 하면 차범근, 떴다 하면 김재한."

그가 뛰었는데도 지는 경기가 있으면 야속했다. "에이~ 차범근도 사람이구나." 그러나 이제는 전설로 남겨진 1977년 대통령배 축구대회 한국 대 말레이시아전. 1:4로 뒤지던 상황에서 종료 5분을 남겨놓고 3골의 소나기 골을 넣어 무승부로 만든 그는 곧 다시 신(神)의 위치로 돌아갔다.

내가 그를 더욱 숭상하게 된 계기는 물론 당시 서독 분데스리가에서 '차붐'이란 애칭으로 펼친 활약상이었다. 아시아무대에 만족하지 않고 당시 세계 최고 리그인 분데스리가로 가기로 한 것은 대단한 모험이었다. 많은 이가 그 결정은 어리석은 것이라고 비웃었다. 하지만 나는 그가 큰 무대에서 성공해서 "대한 남아의 기백을 세계에 떨치기를"(지금 생각해보면 참으로 유치한 구호였다) 기대했다. 유난히 병약했던 나는 그가 세계무대를 주름잡는 것을 보며 아마도 대리

만족을 느꼈던 것 같다.

1979~80시즌 명문 구단 프랑크푸르트에서 본격적으로 펼쳐진 그의 활약은 처음부터 눈부셨다. 차범근은 이후 소속 팀(아인트라흐트 프랑크푸르트와 바이엘 레버쿠젠)을 둘 다 팀 역사상 처음으로 유럽 축구연맹(UEFA) 챔피언스컵에서 챔피언으로 만들었다.

이런 쾌거를 무엇에 비유할까. 적절한 비유인지는 모르겠으나 박찬호가 LA 다저스와 샌디에이고 파드리스의 에이스로 결정적 역할을 해서 두 팀을 월드시리즈에서 우승시키는 것에 비견될 수 있을까. 그리고 지금은 깨진 기록이지만 분데스리가 사상 외국인 최다골 기록(308경기 98골)을 세우며 1989년 영예롭게 은퇴했다. 그래서 나는 2002년 한일 월드컵 조 추첨식에서 그가 제외된 것을 보고 분노했다. 그를 추첨자에서 배제한 사람들은 뭐가 그리 잘나서 우리의 영웅을 그 자리에 못 서게 했던가.

지금처럼 위성중계를 마음껏 보는 젊은 세대는 이해 못하겠지만 당시는 나라 사정이 넉넉지 못해 그의 활약상을 녹화중계로 볼 수밖에 없었다. 서양 사람들에 대해 깊은 열등감도 존재했다. 그러나 그가 그라보스키, 휠첸바인, 페차이와 같은 당대의 대스타들과 같은 팀에서 어깨를 나란히 하는 모습을 보면서 나는 뭔지 모를 뿌듯함을 느꼈다. "한국인도 세계무대에서 꿀리지 않고 경쟁할 수 있구나!" 그때 일본의 오쿠데라라는 스타플레이어가 분데스리가에 먼저 진출해 FC쾰른에서 뛰고 있었는데, 차 선수가 그와의 경쟁에서 압도적 우위를 점하는 것에서 묘한 쾌감을 느끼기도 했다.

그리고 차 선수가 큰 부상으로 선수생활이 위태로워졌을 때 우리 일처럼 걱정했다. "아~ 이대로 끝나서는 안 되는데." 1980년 6월 그가 소속팀 프랑크푸르트의 일원으로 한국 국가대표팀과 친선경기를 했을 때 나는 만사 제쳐놓고 동대문운동장에 갔다. 마치 장원급

제해 금의환향한 삼촌을 보면서 자랑스러워하는 심정이랄까. 이 경기가 끝난 뒤 얼마 안 돼 들이닥칠 집안의 우환은 상상조차 못한 채 그 경기를 보며 마냥 즐거워했다. 공교롭게도 아버지(강창성 전 국군 보안사령관-편집자)가 집에 들이닥친 신군부 수사관에 의해 체포된 그 우환이 일어난 순간은 '차범근의 후계자'인 최순호가 차범근의 최연소 기록을 깨는 국가대표 데뷔전을 하면서 첫 골을 성공시켰을 때였다. 그리고 그 순간 나의 평범한 청소년기는 종말을 고했고, 병마와의 기나긴 싸움은 다시 시작됐다.

1970, 80년대 당시 한국은 아직 절대적 기준에서는 못살았지만 무섭게 성장해 나가고 세계 속으로 뻗어가던 시대였다. 차 감독이 얼마 전 한 언론에 기고한 대로 그때는 '성공'에 모든 것을 걸고 '전투'처럼 살았던 시대였다. 그래서 요즘 세대가 누리는 여유는 생각지도 못하고 각박하게 살았던 시대였지만, 한편으로는 불가능한 것을 이루고 후대에 번영을 안겨준 시대이기도 했다. 차범근씨도 풍요와 여유를 누리는 지금의 젊은 세대가 부럽지만 그런 세상을 "그들에게 물려준 우리 세대가 자랑스럽다"라고 했다.

이러한 시대정신과 겹쳐진 그의 이미지는 단순한 스포츠 스타의 그것이 아니라 시대를 규정짓는 하나의 아이콘이요 우상이었다.

차범근, 그는 내 마음속의 영원한 '등번호 11'의 영웅이다.

[인터뷰]

"지금도 내 맘을 두근거리게 만듭니다"

역사학자인 강규형 교수는 소문난 클래식 마니아다.

그런 그에게 '내 마음 속의 별'은 당연히 클래식 스타일 것으로 짐작했다. 강 교수는 처음엔 마리아 칼라스와 군둘라 야노비츠 같은 소프라노 가수에 대한 열정을 말했다.

국내 인물 중 선정해 달라는 이야기를 듣고 지휘자 정명훈과 바이올리니스트 정경화를 떠올렸다. 클래식계 인물이 아니라도 좋다고 하자 송창식과 '산울림'에 대한 열정도 말했다.

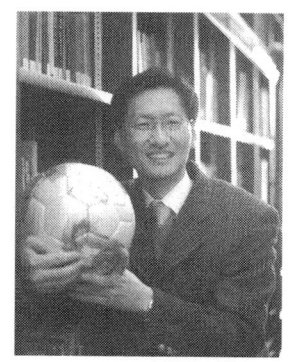
히딩크 사인볼과 함께,
LG연암 문고에서

그렇게 한참을 고민하던 강 교수는 "지금도 내 맘을 두근거리게 만드는 진짜 스타는 차범근"이라고 털어놨다. 의외였다. 클래식 마니아 중 축구팬이 많다는 것은 알았지만 차범근이라….

강 교수는 어릴 적부터 병약했다. '스티븐 존슨 증후군'이라는 희귀 알레르기 질환을 포함해 여러 질병을 안고 살았다고 했다. 그럼에도 불구하고 동네 축구경기엔 빠지지 않을 정도로 축구를 좋아했다. 그런 그에게 지칠 줄 모르고 달리는 차범근은 일종의 대리만족을 안겨주는 영웅이었다. 비록 차범근이 뛰는 독일 분데스리가의 경기를 직접 보지는 못했지만 어쩌다 한번 TV에서 보여 준 녹화중계는 모두 봤고, 국내 경기가 열릴 때면 거의 빠짐없이 동대문운동장을 찾았다고 한다.

"차범근 씨가 독일에서 넣은 98골이 페널티킥이나 프리킥은 하나도 없이 필드골뿐인 거 아세요. 그만큼 스스로 뛰어다니며 골을 만들어 냈다는 점에서 더욱 훌륭한 선수입니다."

강 교수는 선수 차범근이 아니라 감독 차범근에 대한 평가가 인색한 것을 두고 "스타 선수 출신으로 명감독이 된 경우가 드문데 특히 공격수 출신이 명감독 반열에 오른 사람은 독일의 위르겐 클린스만 정도"라며 "이를 감안하면 감독으로서 차 감독의 선전은 높이 평가해 줄 만하다"고 말했다.

[동아일보] 2006년 11월 25일

메이저 리그의 스테로이드 파문 :
돈, 명예, 여자를 앞에 둔 악마와의 거래

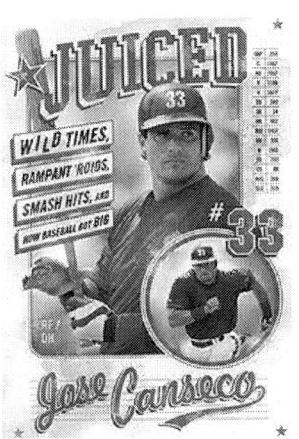

칸세코의 스테로이드 남용 폭로 책

메이저 리그 당대 최고의 슬러거였던 호세 칸세코(Jose Canseco)가 메이저리그 스타들의 스테로이드 사용사실을 폭로하는 자서전을 출간해 미국 스포츠계를 뒤흔들고 있다.

자신은 물론 마크 맥과이어, 제이슨 지암비, 이반 로드리게스 같은 대스타들이 직접 스테로이드를 사용했고 배리 본즈, 브렛 분, 새미 소사 등도 그랬다는 것을 간접적으로 안다는 것이다.

스테로이드는 남성호르몬제로 먹으면 사람들이 수퍼맨이 되는 듯한 효과를 주지만 치명적인 후유증을 갖고 있어서 금지약물이고, 병원에서 쓸 때도 극히 조심해야하는 물질이지만 그 엄청난 효과 때문에 운동선수들이 심심치 않게 사용하는 약물이다.

대표적인 예로 서울올림픽에서 세계신기록을 세우며 금메달을 받았다가 스테로이드 복용사실이 드러나 금메달 박탈을 당한 벤 존슨이 있고, 여자로는 역시 서울올림픽 100m 금메달을 받고 세계신기록을 세운 (이 기록은 아직도 깨지지 않고 있다) 그리피스 조이너는 얼마 후 급사했는데 사인이 스테로이드 과다복용 후유증으로 추정됐다. 그리피스 조이너는 화려한 의상에 긴 손톱 등으로 유명한 스타였는데 스테로이드 사용으로 목소리가 아예 남성목소리로 변하기까지 했다. 그녀가 인터뷰할 때의 괴기스러움이란….

운동선수들이 이러한 위험을 무릅쓰고도 스테로이드를 사용하는 이유는 순전히 그 탁월한 효과 때문이다. 이 약물을 투여하고 좋은 성적을 거두면 부와 명예가 쉽게 한꺼번에 오기 때문이다.

오랫동안 깨지지 않던 메이저 리그 한 시즌 최다 홈런 기록을 차례로 갱신한 마크 맥과이어, 새미 소사, 배리 본즈는 전성기를 훨씬 넘긴 지긋한(?) 나이에 오히려 더 홈런을 많이 치는 상식적으로 납득이 되지 않는 결과를 보였다.

현재 최고기록을 가지고 있는 본즈는 신체적으로 최절정기에는 한 시즌 40~50여 개의 홈런을 때렸는데, 최근 연로한 나이에 한 시즌 70개 정도의 경이적인 기록을 보여 의혹을 사더니 칸세코의 폭로 이전에 이미 스테로이드 복용사실이 드러나 위기에 빠졌다. 또한 메이저 리그 특급 투수인 제이슨 슈미트는 운동능력이 급격히 쇠퇴하는 장년(?)에 구속이 10여 km 더 빨라지는 자연현상에 역행하는 모습을 보이고 있다.

"스테로이드 없이 메이저 리거가 못 됐을 것이다"라는 칸세코의 실토는 이 모든 것을 응축적으로 보여주고 있다.

그저 그런 2~3류 선수로 인생을 마감하느냐 아니면 스테로이드 좀 먹거나 주사해서 일류 스타가 되느냐. 참으로 매혹적이지만 치명적인 악마의 선택이 아니라 할 수 없다. 돈, 명예, 여자 앞에서 약해질 수밖에 없는 것이 남자인 것 같다. 칸세코는 자서전에서 그의 팬인 수백 명의 여자들과 성관계를 가진 것을 시인했다. 마돈나와 같이 잔 것이 사진기자들에게 들통 나 곤욕을 치르기도 했는데, 자서전에서는 "마돈나의 방에서 밤을 같이 지냈을 뿐이지 성관계는 없었다"라고 알쏭달쏭한 증언을 했다.

개인적인 생각이지만 약물로 인한 부정기록들은 취소돼야 할 것 같다. 배리 본즈의 한 시즌 최다홈런 기록부터 취소하는 것은 어떨까?

그리고 우리나라에도 암암리에 운동선수들의 스테로이드 복용이 있지는 않은지 우려된다. 이제 우리나라도 약물에 대한 철저한 대비가 있어야 할 것이다. 언젠가는 터질 일이기 때문이다.

[업코리아] 2005년 2월 13일

한신 타이거스 센트럴 리그 우승이 갖는 의미

　필자는 근래에 한 존경하는 분으로부터 한신 타이거스 연필을 선물 받았다. 일본에 다녀오셔서 한신열풍을 체험하고 지인들에게 기념품으로 사오신 것이었다.

　우승을 하기도 전이었는데 왜 사람들은 한신의 선전에 열광했는가? 왜 한신의 우승이 그렇게 큰 의미를 가지고 있는 것일까?

　사람들에게는 약자를 응원하는 심리가 있는 것 같다.

　맨날 이기는 팀이 이기는 것은 별다른 감흥을 못 주지만 약체팀이 주위의 조소와 우려를 뒤로하고 극적인 승리를 이끌었을 때 그 감격은 배가되기 마련이다. 그러나 한신의 우승에는 더 큰 의미가 있다.

　일본 프로야구의 절대지존은 두말할 필요 없이 도쿄를 대표하는 "국민 팀" 요미우리 자이언츠다. 한 일본-미국합작 야구영화를 봤을 때 다른 팀 선수들이 요미우리팀에 대해 보이는 태도는 거의 선배를 대하는 것과 다름이 없는 장면이 나온다. 심판들도 요미우리에 대해서는 관대한 판정을 한다고 한다. 요미우리는 일본의 "뉴욕 양키즈"인 셈이다.

　그런데 요미우리의 세칭 라이벌 팀이지만 우승과는 거리가 먼 오사카와 간사이 지방을 기반으로 한 한신 타이거스는 언제나 언더독 (underdog)이었다. 명문팀이긴 한데 승리와는 거리가 멀었다. 한신이

소속리그인 센트럴 리그에서 우승한 것은 무려 18년 전이었다. 우승 이후 17년간 무려 10번의 꼴찌를 기록하는 치욕을 맛보기도 했다. 노무라라는 맹장이 몇 년 전 한신의 감독을 맡으면서 근성 있는 팀으로의 변신에 성공하는 듯했으나 팀의 우승은 이루지 못했고 노무라 열풍도 그의 개인적인 사생활문제 등과 겹쳐 곧 수그러들었다.

그런데 선동렬이 뛰던 주니치 드래건스의 감독이어서 한국팬들에게도 무척 낯이 익은 호시노 센이치가 작년 한신을 맡으면서 분위기는 반전됐다. 호쾌한 성격이지만 관리야구와 이기는 야구에 능한 호시노는 드디어 어제 15일 한신의 센트럴리그 우승을 확정지었다. 지금 간사이 지방은 축제분위기이고 덩달아 일본열도 전체가 축하하는 분위기라고 한다.

각 방송은 정규방송을 중단하고 한신우승을 보도한다니 그 열기는 가히 상상할 만하다. 한신이 리그우승을 차지한 64년과 85년은 공교롭게도 일본경제의 호황기와 겹쳐졌던 기억이 있어 일본인들은 한신의 우승이 장기불황에 빠진 일본경제에 단비와 같은 존재가 되기를 원한다. 이미 간사이 지방의 경제에 1,100억 엔 정도(한화 약 1조 1,000억 원)의 경기부양효과가 있다하고 일본전체에 파급될 순기능적 파급효과는 최대 6,355억 엔(약 6조 3,550억 원) 정도가 될 것이라 한다.

일본 스미토모 신탁은행은 최근 '한신이 우승하면 일본이 변한다'라는 이색 보고서를 내기까지 했다. 한신이 우승한 64년은 도쿄 올림픽 직후 장기 호황을 맞으면서 비약적인 성장을 이룬 때이고, 85년은 일본은행의 금리 인하를 계기로 활황세를 이어간 해였다.

한신의 우승과 일본의 호황이 시작된 시점이 절묘하게 맞아떨어진 셈이다. 이 은행의 보고서는 올해 이미 일본경제가 닛케이 평균 주가가 1만 엔대를 회복한 데다 2·4분기 국내총생산(GDP)도 2.3%

성장하는 등 이미 회복세에 있다고 진단하며 한신우승이 가져올 순기능에 큰 기대를 걸고 있다. 따라서 최근 일본의 고위관료들이 특정 팀인 한신의 우승을 기원하는 등의 괴상한 일이 벌어지다가 결국 어저께 일을 쳤던 것이다.

한국인의 피가 흐르는 '열혈남아' 호시노의 한신이 이제 내친 김에 일본 시리즈를 제패할 것인가? 귀추가 주목된다.

[업코리아] 2003년 9월 16일

한 위대한 서사시의 대본 : 김병현과 밤비노의 저주

보스턴은 미국에서도 가장 독특한 도시 중 하나이다. 일단 유명대학이 많고 지식인들이 많이 사는 지역이고, 뉴잉글랜드 지역이라는 특수성 때문인지 자존심이 매우 강한 도시이다. 특히 뉴욕이라는 도시를 매우 싫어한다.

보스턴 사람들은 야구를 무척 좋아해서 보스턴 레드삭스라는 명문팀을 가지고 있지만 희한하게도 1918년 이후에 우승을 한 번도 한 적이 없고 우승할 기회가 있음에도 묘한 일이 생겨서 우승을 놓지는 일들이 빈번히 일어났다.

미국인들은 이러한 현상을 "밤비노의 저주"라고 부르기 시작했는데 보스턴이 역사상 가장 위대한 선수라고 하는 베이브 루스를 뉴욕 양키즈에 판 이후 이런 일이 일어났다고 믿어서 베이브 루스의 애칭인 "'밤비노(아기)'를 붙여 '밤비노의 저주'"라고 불렀던 것이다.

루스가 양키즈에 간 후 이뤄낸 업적들은 여기서 자세히 얘기하지 않아도 야구를 조금이라도 아는 사람들은 다 아는 얘기일 것이다 (최다 홈런, 양키즈의 전성시대와 여러 번의 월드시리즈 우승 등등).

(참고: 베이브 (밤비노)는 루스의 본명이 아니고 얼굴이 애기 얼굴 같다고 팬들이 붙인 애칭이다. 나중에 이 애칭이 공식 이름이 된다. 그런 예는 유명한 블랙삭스 사건 때 화이트 삭스의 선수였던 슈리스

(Shoeless) 조 잭슨 등의 극히 드문 몇 가지 경우만 있다.)

보스턴 사람들은 이 저주가 풀리기를 간절히 기원한다. 대표적인 사람은 얼마 전 작고한 야구광이자 "진화론의 대가"이자 명 수필가였던 하버드의 스티븐 제이 굴드 교수 같은 이들일 것이다.

그런데 언제나 보스턴인들의 열망은 양키즈라는 막강한 팀에 의해 좌절됐다. 최근에 아메리칸리그 동부 조에서 양키즈가 계속 1위를 하고 보스턴이 2위를 한 사실만 보더라도 이러한 현상은 자명하다. 그래서 보스턴인(Bostonians)들은 뉴욕 양키즈를 '악의 제국(evil empire)'이라고 부른다.

올해도 양키즈 못지않은 좋은 멤버를 가지고도 양키즈에 질질 끌려가는 보스턴 레드삭스에 대해 보스턴인들은 비난을 퍼부었다. 특히 마무리 투수가 마땅한 사람이 없어 집단마무리 체제로 갔다가 난타를 당했다.

이때! 바로 이때 아리조나에서 한 젊은 한국인 잠수함 투수가 트레이드 돼 오는데 그가 바로 김병현이었다. 김병현은 선발을 원했지만 곧 마무리 투수로 보직 변경이 되고 한동안 눈부신 피칭을 했다.

그런데 문제는 양키즈와의 경기였다.

주지하듯이 김병현은 재작년 월드시리즈에서 극적인 순간들에 양키즈에게 철저히 공략당하면서 '전국적인 스타'가 됐다. 5차전에서 홈런을 맞고 주저앉은 그의 모습은 정말로 처절했다.

양키즈와의 악연은 끊어질듯 하면서 계속됐는데 올해에도 김병현은 비록 잘 던졌지만 양키즈에게는 유독 약한 모습을 보였다.

여기서 하나의 대하 서사극(epic)의 구조가 완성된다.

보스턴과 뉴욕의 대립구도. 레드삭스와 양키즈의 대립구도. 지긋지긋한 "밤비노의 저주"라는 하나의 전설. 그리고 양키즈에게 철저히 유린당했던 한국의 어린 '잠수함' 투수. 잠수함 투수는 사실 메이저

리그에서는 거의 멸종한 존재이다.

이러한 비극의 구도에서 만약 언젠가 어리고 한국에서 온 멸종한 스타일인 "잠수함 투수"인 김병현의 활약으로 레드삭스가 "악의 제국" 양키즈를 누르고 아메리칸 리그 챔피언에 오르고 더 나아가 월드 시리즈에서 우승해서 "밤비노의 저주"를 풀 수만 있다면 하나의 서사극은 완성되는 셈이다.

야구를 국기로 여기는 미국인들에게 이러한 서사극의 완성은 하나의 전설(legend)을 확립하는 데 모자람이 없으리라.

여기에 내가 김병현의 레드삭스로의 이적과 활약에 주목하는 이유가 있다.

독자분들도 이 서사시 대본의 완성이 이루어질지 한번 지켜보기를 권한다. 올해가 아니더라도 내년, 내년이 아니더라도 내후년에 이런 일이 벌어질 수 있다면…….

바로 이것이 29살의 매우 어린 보스턴 레드삭스의 구단주인 씨오 엡스타인(Theo Epstein)이 셰이 힐렌브랜드라는 인기있는 유망주를 내주고 과감히 김병현을 데리고 온 이유 중 하나라고 할 것이다.

(후기: 김병현의 모험은 결국 실패했지만, 보스턴 레드삭스는 2004년 월드 시리즈 우승으로 86년 만에 밤비노의 저주를 깨트렸다.)

[업코리아] 2003년 9월 15일

21세기 첫 십년의 기록

목차

강규형 ————————————————————————————————————

서울 출생
연세대학교 사학과 졸업
인디애나대학교 역사학 석사
오하이오대학교 역사학 박사 (서양현대사, 러시아사, 국제관계사 전공)
오하이오대학교 현대사연구소 연구원
연세대학교 통일연구원 연구교수
연세대학교 의과대학 의학행동과학연구소 객원연구원
명지대학교 방목기초교육대학 조교수, 부교수, 주임교수
KBS 교향악단 운영위원
동아일보 조선일보 중앙일보 고정 칼럼니스트
진실·화해를위한과거사정리위원회 위원

현) 명지대학교 기록정보과학전문대학원 교수
     유네스코 한국위원회 위원
     서울 스프링 실내악 페스티벌(SSF) 집행위원
     동아일보 객원논설위원
     기후변화·에너지대책포럼 국제협력위원장
     "수필춘추" 등단 수필가

개정 증보판

21세기에서
문화와 예술을
바라보다
음악 · 문화 · 예술 · 스포츠 편

초 판 인 쇄 | 2009년 5월 1일
초 판 발 행 | 2009년 5월 1일
개정판발행 | 2011년 9월 1일

지 은 이 | 강규형
펴 낸 이 | 채종준
펴 낸 곳 | 한국학술정보㈜
주   소 | 경기도 파주시 교하읍 문발리 파주출판문화정보산업단지 513-5
전   화 | 031) 908-3181(대표)
팩   스 | 031) 908-3189
홈 페 이 지 | http://ebook.kstudy.com
E - m a i l | 출판사업부 publish@kstudy.com
등   록 | 제일산-115호(2000. 6. 19)

ISBN   978-89-268-2474-0 04070 (Paper Book)
            978-89-268-2475-7 08070 (e-Book)